著作権の税務

法令出版

はしがき

　近年は、特にインターネットを介して著作権に関連するさまざまな取引を行うということが増えており、それに伴い、必然的に、著作権の税務を巡って、さまざまな問題が生ずるようになってきています。

　このような近年の著作権の税務を巡って生ずるさまざまな問題の中には、税について定めた法令の条文等を読んだだけでは解決に至らないというものも、少なくありません。

　このため、近年は、税について定めた法令の条文等の文言を更に深めて解説をしたものが求められるということになっていたわけですが、残念なことに、著作権の税務に関してまとまった解説を行った書籍は見当たらないという状況にありました。

　本書は、このような状況を少しでも改善することができないのかと考えて、著作権の税務に関係する論考等を著しておられた方々にお声を掛けさせて頂き、ここに上梓する運びとなったものです。

　第1章においては、著作権法における著作権に関する取扱いを踏まえつつ、税について定める法令等における著作権に関する取扱いの正確な理解に資することができるように、税について定める法令等における著作権に関する用語と文言について、それらの内容と用い方の確認を行うこととしています。

　第2章においては、著作権の使用料に関する課税と著作権法上のさまざまな権利規定、権利制限規定を概観した上で、著作物に関して締結されることが実務上多いと思われる契約を類型化して、課税の帰結を記載しています。また、近時、ＡＩ生成物に関して契約が締結されるケースも生じてきたことから、これについても検討しています。

第3章においては、税について定める法令等の条文として数多く用いられている「著作権の使用料」という文言について、実務上よく問題となる所得税法161条1項11号ロを取り上げ、その文理及び趣旨等からみてしかるべき解釈を検討することとしています。

　第4章においては、第3章の「著作権の使用料」の解釈論に著作権の本質論等を加味した上で、コンピュータ・プログラムの取引対価の「著作権の使用料」該当性に関する裁決で示された国税不服審判所の判断について検討することとしています。

　第5章においては、外国IT事業者が開発したコンピュータ・ソフトウェアを国内ディストリビューターが国内消費者に販売する場合に、国内ディストリビューターが源泉徴収をすることが必要となるのか否かについて、租税条約の解釈に絞って論じています。長年にわたって不明確なままとされているこの論点について、近時の裁判例を掘り下げることによって、OECDモデル租税条約コメンタリーに沿って源泉徴収を不要とするべきことに明確な根拠を与えることを意図しています。

　外国子会社合算税制における著作権の取扱いについては、現在、争訟等まで生ずることとなっており、今後も、さまざまな問題が生ずる可能性がありますので、第6章においては、外国子会社合算税制における著作権の取扱いについて解説をすることとしています。

　そして、消費税法においては、「著作権」に該当するのか否か、また、「著作物」に該当するのか否かということにより、その取扱いが異なるものがありますので、最後に、第7章において、消費税法の条文に基づき、その取扱いの違いを確認するとともに、消費税法における「著作権」及び「著作物」の定義及び内外判定について解説をすることとしています。

本書の内容については、引き続き、内容を充実させる必要があると考えていますが、本書によって冒頭に述べた状況がかなり改善されることも、間違いないと考えています。

　このような本書が著作権の税務に携わる皆様方に僅かなりともお役に立つようであれば、幸いです。

　ところで、本書の各章の解説の内容には、章が異なると著作権法と税法との関係の捉え方や用語の解釈の仕方がやや異なるなど、執筆者によって見解の相違があるところがあり、読者の皆様方の中には、戸惑いを感ずるという方もいらっしゃるかもしれませんが、このように、執筆者の見解を統一することとしていないのは、著作権の税務に関しては、他の多くの分野の税務とは異なり、まだまだ検討や議論を深める必要がある状態にあると考えられるためです。

　本書の次版以降の書籍においては、解説の範囲を更に広げたり、深度を更に深めたりすることが必要であると考えられますので、本書の初版の各章の執筆者が自ら検討を進めることはもとより、本書の解説の範囲を広げたり深度を深めたりすることに資する方々がいらっしゃって本書の次版以降の執筆者となることを希望されるということであれば、本書の初版の執筆者の見解とは異なる見解を持っておられるということであったとしても、執筆者に加わって頂くことの可否について、本書の初版の執筆者の方々にお諮りしたいと考えています。

　最後になりましたが、本書の刊行にご助力を賜りました法令出版の皆様方に、厚く御礼を申し上げます。

令和5年2月

執筆者を代表して

日本税制研究所　代表理事

税理士　朝長　英樹

総目次

凡　　例

著作権法	著法
法人税法	法法
法人税法施行令	法令
法人税法施行規則	法規
法人税法基本通達	法規通
所得税法	所法
所得税法施行令	所令
所得税法施行規則	所規
所得税基本通達	所基通
消費税法	消法
消費税法施行令	消令
消費税法施行規則	消規
消費税法基本通達	消基通
租税特別措置法	措法
租税特別措置法施行令	措令
租税特別措置法施行規則	措規
租税特別措置法基本通達	措基通
東日本大震災からの復興のための施策を実施するために必要な財源の確保に関する特別措置法	復興財確法
労働者派遣事業の適正な運営の確保及び派遣労働者の保護等に関する法律	労働者派遣法

第1章

税法等における
著作権に関する用語と文言

（朝長 英樹）

第1章　目次

はじめに

　税について定める法令等（以下、本章では、税法全般のことを総称して「税法等」と記することとします。）における著作権に関する取扱いは、基本的には、著作権法等における取扱いを参照しつつ、それらの取扱いを、税法等における様々な取扱いの中に取り込んできたというものとなっていると考えられます。

　そのため、税法等において、著作権がどう取り扱われているかを正確に理解するには、まず、著作権法等において、税法等がどのような取扱いになっているかということを確認しておく必要があります。

　こうした事情にあることを前提として、本章においては、著作権法における著作権に関する取扱いを踏まえつつ、税法等における著作権に関する取扱いの正確な理解に資することができるよう、税法等における著作権に関する用語と文言について、それらの内容及び用い方の確認を行うこととしています。

　このように、最初に、税法等における著作権に関する用語と文言の内容と用い方の確認を行うこととしているのは、税法等において著作権に関する取扱いを定めている条文等の中には、著作権法等において用いられている用語や文言と同じものが用いられているにもかかわらず、その内容や用い方が著作権法等におけるそれらと同一ではないものがあったり、「著作権の使用料」という文言のように、著作権法等にはない表現が用いられていたりするという事情があるためです。

　換言すれば、税法等において著作権に関する取扱いを定めている条文等に用いられている用語や文言には、その内容や用い方に特有なものがあるため、それらの条文等を正しく理解するためには、それらの条文等を読む前に、その特有なものを正しく理解しておくことが必要となる、ということです。

　そこで本章では、まず第1節で、著作権法及びその関連法における著作権に関する用語の成立過程の概要の確認を行います。

　次に、第2節で、昭和19年に税法等で初めて「著作権」という用語並びに「著作権ノ使用料」という文言を用いた旧所得税法施行規則4条の3（丙種ノ事業所得）で、その用語と文言の内容及び用い方がどのようなものとなっているのかという確認を行います。

　更に、第3節で、著作権法において用いられている用語と文言の中で、税法等を正しく理解するために必要となると考えられるものについて、それらの内容及び用い方がどのようなものとなっているのかという確認を行った上で、最後に、第4節で、第1節から第3節までにおいて確認したことに基づき、税法等における著作権に関する条文等に用いられている用語と文言について、それらの内容と用い方がどのようなものとなっているのかということを確認することとします。

　ところで、税法等には、著作権について、「著作権（出版権及び著作隣接権その他これに準ずる権利を含む。）」というように、著作権に、出版権・著作隣接権・著作隣接権に準ずる権利の3つを含めているものが多く存在しますが、本章では、これらの3つの権利を含まない本来の著作権について記述することとしており、これらの3つの権利については必要に応じて必要な範囲で言及するのみとしているということを予め確認しておきます。

　なお、本文（各節末の後注を含みます。）における下線及び圏点等については、本章の執筆者である朝長が付したものであることをお断りしておきます。

第1節
著作権法及びその関連法における著作権に関する用語の成立過程の概要の確認

　税法等においては、著作権に関する取扱いについて、「著作権」や「著作物」という用語などを用いて定めが設けられているわけですが、これらの用語については、一部、著作権法の規定を引用して定義が設けられていることもあるものの、それらを除き、税法等に定義が設けられているわけではありません。

　そのため、基本的には、著作権法及びその関連法において用いられている用語と同じ意味内容のものであるが、常に著作権法およびその関連法において用いられている同じ用語の意味内容と同じものとは限らない、と解する必要があると考えられます。

　このような事情にあることを踏まえて、最初に、本節において、著作権法及びその関連法における著作権に関する用語の成立過程の概要を確認しておくこととします。

1　明治32年の「著作權法」の制定まで

　「著作権」に含まれる出版権に類似した権利が存在するということは、既に江戸時代から認識されていました*1。

　明治政府も、慶応4年に、出版統制のための太政官布告を出していますが、明治2年になって、出版条例を制定しています。この出版条例は、明治26年に、出版法となっています。

　「著作権」という用語は、明治17年5月16日に農商務省が外務省に対してベルヌ条約*2に関する事項について回答をした際の添え書きにおいて、「「文芸及工芸上ノ発明権」とあるのは「美術上ノ著作権」とした方がよい」と助言したのが最初の使用例とされています*3。

　明治32年には、我が国がベルヌ条約に加盟するに当たり、著作権法が制定されます。

　旧著作権法（昭和45年の改正前の著作権法をいいます。以下、同じです。）においては、「著作権」[*4]となる権利として、「著作物ヲ複製スルノ権利」、「翻譯権」、「興行権」、「寫眞著作権」があることが明確になりました。

　しかし、旧著作権法には、現在の著作権法とは異なり、著作物がどのようなものであるのかということを知る手掛かりとなる定めが存在していませんでした。

　このため、旧著作権法の下では、著作物に該当するのか否かの判断が極めて難しいというケースが少なからず生じていたのではないかと思われます。

2　昭和14年の「著作權ニ關スル仲介業務ニ關スル法律」の制定まで

　税法における著作権に関する規定をどのように解釈するのかという観点からすると、税法に、著作権に関する規定が設けられた時に、著作権法制の下で著作権に関する定めがどのような用語を用いてどのように定められていたのかということが非常に重要となります。

　税法における著作権に関する規定は、昭和45年の改正前まで続いた旧著作権法の下で設けられていますので、旧著作権法の下において、「使用」と「利用」[*5]という用語や、「報酬」と「使用料」という用語などが、どのような内容でどのような用いられ方をしていたのかということは、必ず確認しておかなければなりません。

　「使用」と「利用」という用語、そして「報酬」と「使用料」という用語について、それらが著作権法及びその関連法においていつからどのように用いられるようになったのかということを確認してみると、次の表のとおりです。

「使用」「利用」「報酬」「使用料」の用い方の成立過程の確認

年	法令等	「使用」	「利用」	「報酬」	「使用料」
明治2年	出版条例	0	0	0	0
明治4年	専売略規則	0	0	0	0
明治17年	商標条例	2	0	0	0
明治18年	専売特許条例	1	0	0（報酬金：2）	0
明治20年	版権条例	0	0	0	0
〃	脚本楽譜条例	0	0	0	0
〃	写真版権条例	0	0	0	0
明治22年	特許条例	8	0	2	0
〃	意匠条例	0	0	0	0
〃	商標条例（改正後）	11	0	0	0
明治26年	版権法	0	0	0	0
明治32年	特許法	7	2（注1）	4	0
〃	意匠法	0	0	0	0
〃	商標法	11	0	0	0
〃	著作権法	1	0	0	0
明治38年	実用新案法	4	0	0	0
大正11年	特許法（改正後）	5	2	1	0
〃	意匠法（改正後）	4	1	0	0
昭和4年	実用新案法（改正後）	4	1	0	0
昭和14年	著作権ニ関スル仲介業務ニ関スル法律	0	1（注2）	0	2（注3）
〃	著作権ニ関スル仲介業務ニ関スル法律施行規則	0	4（注4）	0	7（注5）
昭和44年	著作権法（改正前）	1（注6）	0	1（注7）	0
昭和45年	著作権法（改正後）	7（注8）	45	2（注9）	20

注1　「利用」の用例は、次のとおりであり、特に、「利用」を「使用」と区別する意図があったとまで解することはできないと考えられます。

「第十七條　他人ノ特許発明ヲ利用シテ為シタル発明ニ付特許ヲ出願シタル者特許ノ査定ヲ得タルトキハ原特許證主ニ協議シ其ノ発明ヲ使用スルノ承諾ヲ受

クヘシ　発明者前項ノ承諾ヲ得ルコト能ハサルトキハ其ノ事由ヲ具シ特許局
長ノ申告スヘシ特許局長に於テ正當ノ理由アリト認ムルトキハ其ノ<u>利用</u>発明
ニ對シ特許ヲ與フルコトヲ得」

㊟2　「<u>著作物</u>ノ出版、翻譯、興行、放送、映畫化、寫調其ノ他ノ方法ニ依ル<u>利用</u>」
となっており、「著作物」について「利用」という用語が用いられています。

㊟3　「<u>著作物使用料</u>規程」（2）となっており、「著作物」について「使用料」とい
う用語が用いられています。

㊟4　「<u>著作物ノ利用</u>」（2）、「<u>著作物ノ種類及其ノ利用方法</u>」、「<u>著作物ヲ利用</u>」と
なっており、「著作物」について「利用」という用語が用いられています。

㊟5　「<u>著作物使用料</u>」、「<u>著作物使用料</u>規程」（4）、「<u>著作物ノ使用料</u>率」（2）と
なっており、「著作物」について「使用料」という用語が用いられています。

㊟6　この「使用」という用語は、明治32年の創設時から存在するもので、旧著作
権法48条2項で「器械器具」について用いられており、「著作物」や「著作権」
などについて用いられているわけではありません。

㊟7　昭和10年の改正で追加された旧著作権法30条1項7号において、「出演者」が
受け取るものを「報酬」としています。

㊟8　「使用」は、「利用」と明確に区別して用いられています。

㊟9　「<u>報酬</u>」の用例は、次のとおりであり、「使用料」と区別されている点に留意
する必要があります。

「上演、演奏、口述、上映又は有線放送について実演家又は口述を行なう者に
対し<u>報酬</u>が支払われる」（著法38①）

「放送において実演が放送されたときは、…放送事業者は、相当な額の<u>報酬</u>を
当該実演に係る第92条第1項に規定する権利〔実演を放送し又は有線放送す
る権利で実演家が専有するもの〕を有する者に支払わなければならない」
（同94②）

また、「料金」という用語も、次のように、2カ所で用いられています。

「公表された著作物は、営利を目的とせず、かつ、聴衆又は観衆から<u>料金</u>
（いずれの名義をもつてするかを問わず、著作物の提示につき受ける対価
をいう。次項において同じ。）</u>を受けない場合」（著法38①）

「放送され、又は有線放送される著作物は、営利を目的とせず、かつ、聴衆
又は観衆から<u>料金</u>を受けない場合」（同条②）

現行の著作権法においては、「報酬」、「料金」及び「使用料」の使用例は、更
に増えており、これらの用語の違いにも留意する必要があります。

　この表からも分かるとおり、昭和45年の改正前の旧著作権法において
は、同法48条2項で、「器械器具」について「使用」という用語が用い
られていましたが、それを除けば、同法には、「使用」や「利用」とい
う用語も「使用料」という用語も存在していませんでした。

　昭和45年の改正後の著作権法において用いられている著作物の「利
用」や「使用料」という用語について、法令において同様の用い方がさ
れるようになったのは、昭和14年に制定された著作權ニ關スル仲介業務
ニ關スル法律[*6]からです。

　このような「利用」と「使用」の使い分けは、この表からも分かると
おり、法令においては、大正11年の特許法や意匠法の改正の頃から行わ
れるようになり、昭和14年の著作權ニ關スル仲介業務ニ關スル法律の制
定によって確立したと言ってよい状態となっています[*7]。

　著作權ニ關スル仲介業務ニ關スル法律にも、著作權ニ關スル仲介業務
ニ關スル法律施行規則にも、「使用」という用語は用いられていません
ので、「利用」と「使用」の使い分けが同法によって確立したと述べる
と、疑問に感じられる方がおられるかもしれませんが、同法の企画立案
と条文案の作成を主導した国塩耕一郎氏が起稿した論考を確認してみる
と、次に引用した部分の記述からも分かるとおり、「利用」と「使用」
は明確に使い分けられています。

> 「著作物の無斷使用があつた場合に、當該權利侵害者に對して著作物
> 使用料、裁判外の賠償金等の支拂を求め、又は其の著作物使用の停
> 止を要求することも當然含まれる。郎ち斯かる場合に於ても事後に
> 著作物利用に關する〔傍点は国塩氏〕或る種の契約を締結せんとす
> るものと考へられるからである。」（国塩耕一郎「「著作權ニ關スル
> 仲介業務ニ關スル法律」の解説」、『国塩耕一郎著作権論文集』82頁）

　国塩氏は、「無斷使用」という用語から分かるとおり、著作物を利用
することについて著作権者の許諾を得るべきであったにもかかわらずそ

れを得なかったというものについても、「利用」という用語ではなく、「使用」という用語を用いています。

　現在、著作権法においても、同法113条（侵害とみなす行為）5項や7項において著作権を侵害する行為について「使用」という用語を用いたり、同法114条の6（秘密保持命令）1項において営業秘密を目的外で用いる行為について「使用」という用語を用いたりしていますので、国塩氏が「使用」という用語について用いた用語法は、現在の著作権法においても変わっていないということになります。

　また、著作物に関して、「著作物使用料」（上表の㊟3及び㊟5を参照）などというように、「使用料」という用語が著作権ニ關スル仲介業務ニ關スル法律及び著作権ニ關スル仲介業務ニ關スル法律施行規則において用いられるようになっていることにも、注目する必要があります＊8。

［注］

＊1　市古夏生「江戸から明治に至る板権と報酬の問題」（『江戸文学42』ぺりかん社、2010）4頁、藤實久美子「江戸書物問屋仲間の構造と板権の実効性」（同前）90頁他

＊2　ベルヌ条約の正式な名称は、「文学的及び美術的著作物の保護に関するベルヌ条約」であり、同条約は、著作権に関する国際条約であって、1886（明治19）年にスイスのベルヌで締結されました。
　　　我が国は、1899（明治32）年に、著作権法を制定した上で、ベルヌ条約に加盟しています。この著作権法の企画立案と条文案の作成を主導したのは水野錬太郎氏ですが、この著作権法と同氏の多くの著作等は、我が国における著作権制度の発展に大きく寄与したと評価されています。

＊3　大家重夫著『著作権を確立した人々〔第2版〕』（成文堂、2016）106頁他

＊4　水野錬太郎氏は、「著作權ト云フ言葉ハ新シイ言葉デ、著作權法ヲ編マスルトキニ實ハ私ガ拵ヘタ言葉デアルノデス」（『水野錬太郎著作権シリーズ第一集　水野錬太郎「著作權ノ性質ニ就テ」』水野錬太郎著作権論文刊行会、1972）906頁、「著作權ト云フ名稱ハ日本ノ從來ノ法制デハ版權ト稱シ來ツタモノデアリマスガ、版權ト云フト出版スル權ト云フヤウニ解セラレマシテ、少シク狹過ギルヤウニ考ヘラルルノデアリマス〔中略〕版權ナル名稱ヲ改メテ著作權ト云フ名ヲ拵ヘタノデス」（同前）と説明しています。

　　また、水野氏は、「加藤博士其他ノ人ノ説ニ或ハ創作權トシタラドウカト
云フコトモアリマシタガ、著作者ノ權利ガ創作權デアルカ否ヤト云フコトハ
一ツノ學理上ノ問題トナツテ居リマスルカラ、兎ニ角適當ノ文字ノ見附カル
マデハ著作權ト云フ言葉ヲ用ヒテ、法律上ノ言葉トシヤウト云フノデ、遂ニ
著作權ト云フ言葉ガ通過シテ今日ノ法律語ニナツタ次第デアリマス」（同907
頁）とも述べています。

　　筆者は、「著作權」という名称ではなく、「加藤博士其他ノ人ノ説」にあっ
たように、「創作權」という名称にしていたとすれば、「新シイ言葉」や「實
ハ私ガ拵ヘタ言葉」ということにはならないものの、名称と内容が整合的と
なって、制度の理解もより一層容易となり、制度の発展により一層寄与する
こととなったのではないかと考えています。

　　もっとも、「著作權」を「創作權」としたということであったとしたら、
法律の条文に、我が国にも従前から存在する版權の取扱いから導き得るもの
が少なからずある「著」に関する事項の定めに加えて、他の事項に関する
様々な定めを追加しなければならないという難問に正面から向き合わざるを
得なくなったものと思われます。

＊5　著作権法の下では、著作権者の許諾がなければ行い得ない行為を「利用」
といい、著作権者の許諾がなくても行い得る行為を「使用」というものとさ
れています。

　　つまり、著作物の「利用」は、著作権法の定めに基づいて著作権者の許諾
を得なければ行い得ないが、著作物の「使用」は自由に行い得るということ
です。

　　著作権法の規定を解釈する場合には、「利用」という用語と「使用」とい
う用語の違いを正しく理解しておくことが重要となります。

　　なお、著作物の「使用」は自由に行い得るということが著作物の「使用」
は対価なく行い得るということを意味するわけではない、ということに留意
する必要があります。

＊6　この法律は、いわゆる"プラーゲ旋風"への対策として創設されたものです。
　　"プラーゲ旋風"とは、昭和6年頃から、ヨーロッパ著作権団体の代理人と
なったドイツ人のウィルヘルム・プラーゲが我が国において使用料の取り立
てを始め、著作権を尊重する気風が乏しかった我が国に大きな衝撃を与えた
ことをいうものです。

＊7　明治32年3月に公布された旧著作権法の企画立案と条文案の作成を主導し
た水野錬太郎氏は、その公布から2か月後の同年5月に『著作権法要義』
（明法堂・有斐閣書房）を発刊しており、同書においては、「使用」という用
語も「利用」という用語も用いられていますが、著作物の「使用」と「利

用」を明確に区別していたわけではないと考えられます。「利用」という用
語に関して言えば、『著作権法要義』においては、3か所で用いられており、
「法令ニ規定ナキヲ利用シ」（7頁）、「著作物ヲ利用スル」（22頁）と「建築
物ヲ利用スル」（165頁）という用い方がされていますが、「本法ハ建築物ニ
適用セス」と定めた旧著作権法52条に関する解説に用いられている「建築物
ヲ利用スル」という文言は、著作物の「使用」と「利用」を明確に区別する
ということであれば、本来は、「建築物ヲ使用スル」とするべきであったと
考えられます。

＊8　「使用料」という用語に関しては、本来は「利用料」という用語を用いる
のが正しいという意見が存在しますが、筆者は、著作物を用いることに対す
る対価については、「利用料」ではなく、「使用料」という用語を用いるのが
正しいと考えています。

　　その理由は、①著作権法による制限がないという場合にも対価を授受する
ことがあること、②著作権法による制限に違反している場合にも対価を請求
することができること、③「利」のために用いる場合にのみ対価を授受する
とは限らないこと、そして、④「使用料」は「利用料」を含むものであるこ
と、この4つです。

第2節

税法等に初めて著作権に関する定めが設けられた昭和19年の旧所得税法施行規則４条の３（丙種ノ事業所得）における「著作權ノ使用料」の確認

　税法等に著作権に関する定めが設けられたのは、昭和19年に制定された旧所得税法施行規則４条の３（丙種ノ事業所得）に「著作權」という用語と「使用料」という用語を用いて「著作權ノ使用料」という、旧著作権法等には存在しない文言が用いられたのが最初であると思われます。

　昭和19年には、旧所得税法の改正が行われて、新たに同法10条（丙種ノ事業所得）に丙種の事業所得が設けられ源泉徴収の対象とされましたが、その改正を受けて新たに創設された旧所得税法施行規則４条の３においては、次のとおり、「著作權ノ使用料」についても、丙種の事業所得に含めるものとされました。

> 第四條ノ三　所得税法施行地ニ於テ支拂ヲ受クル原稿、挿畫、作曲及音盤吹込ノ料金、放送謝金、<u>著作權ノ使用料</u>及講演料竝ニ此等ノ性質ヲ有スル報酬又ハ料金ハ所得税法第十條ニ規定スル丙種ノ事業所得トス

　この旧所得税法施行規則４条の３に関する当時の解説としては、大蔵省主税局で所得税に関する法令の企画立案及び条文案の作成を担当する国税第１課に在籍しておられた田口卯一氏が執筆された「丙種事業所得の源泉課税」（日本税務協會報第１号、昭和19年）が最も詳しいものとなっていると考えられますが、この解説においては、「原稿料、挿畫料、作曲料、音盤吹込の料金、放送謝金、著作權の使用料及び講演料等」（９頁他）というように、「著作權の使用料」が「原稿料」等と同列に並べて説明されているのみで、「著作權の使用料」の内容に関しては、何の

説明もなされていません。

　前節において確認したとおり、昭和19年当時も、「使用料」に関しては、「著作物」について「使用料」というものがあるとされていました。しかし、「著作権」について、「使用料」というものがあるとされていた形跡はありません。

　そのような中、旧所得税法施行規則４条の３に「著作權ノ使用料」という文言が挿入され、その文言の内容に関しては、何の説明もされていない、ということになっているわけです。

　そして、その後、税法等の中に、「著作権」という用語とともに「著作権の使用料」という文言が用いられるようになってきます。この「著作権の使用料」という文言は、税法等以外の法令では用いられておらず、税法等においてのみ用いられる特殊な文言ということになります。

　このため、旧所得税法施行規則４条の３の「著作權ノ使用料」という文言については、何故、「著作物ノ使用料」ではないのかという疑問が湧いてくることになります。

　著作権法の下では、「使用料」は全て著作物の使用料とされており、著作権の使用料というものは存在しません。前節で示した「「使用」「利用」「報酬」「使用料」の用い方の成立過程の確認」の表の(注)３と(注)５においても述べたとおり、著作權ニ關スル仲介業務ニ關スル法律及び著作權ニ關スル仲介業務ニ關スル法律施行規則においても、「使用料」は、著作物の使用料とされており、著作権の使用料とはされていません。

　このように、「著作物ノ使用料」という文言が用いられ、「著作權ノ使用料」という文言が用いられていない中にあって、旧所得税法施行規則４条の３において、「著作物ノ使用料」という文言を用いるのではなく、「著作權ノ使用料」という文言を用いたことには、必ず、理由があるはずです*9。

　その理由に関しては何ら説明がされていませんので、推測するしかないわけですが、著作権は明確である一方、著作物は明確性を欠くため、税法等においては、「著作物ノ使用料」と規定するのは適当ではないと判断された、ということであったと推測するのが合理的であると考えら

れます。

　昭和19年の時点の旧著作権法においては、著作権は、「著作物ヲ複製スルノ権利」、「翻譯權」、「興行權」、「著作物ヲ無線電話ニ依ル放送ヲ許諾スルノ權利」、「寫眞著作權」、「出版權（著作物ヲ〔中略〕文書又ハ圖畫トシテ複製シ之ヲ發賣頒布スルノ權利）」の六つの権利とされており、これらの権利のみが著作権とされていました。

　これに対し、著作物に関しては、昭和19年の時点に至っても、旧著作権法に定義が設けられておらず、どのようなものが著作物となるのかということがあまり明確ではなかったと考えられます。

　税制度においては、課税の対象とするのか否かということは、できる限り疑義を残すことなく判断することができるようになっていなければなりませんので、上記のような状況で、「使用料」を課税の対象とする税制度を創るということであれば、六つの権利を有する場合にのみ課税をする仕組みとするというのが税に関する法令作成の常識的な対応であったと考えられます[*10]。

　旧所得税法施行規則４条の３においては、「著作権」と「使用料」という用語や「著作權ノ使用料」という文言を定義することなく用いており、また、それらの内容を説明するということも行っていませんので、同条の企画立案者は、「著作權ノ使用料」という部分に関して、基本的には旧著作権法の世界で用いられている用語の概念を用いることとするという判断をしたことは明らかですが、「著作物ノ使用料」とはせずに「著作權ノ使用料」としたところについては、課税の明確性や安定性が求められる税制度の特殊性を勘案した判断をしたものと推測されるわけです。

　「著作物」が存在しなければ「著作権」があるということにはならないため、「著作權ノ使用料」と規定したとしても、明確性や安定性が担保されるということにはならないのではないかという疑問が湧いてくるかもしれませんが、旧所得税法施行規則４条の３において、「著作權ノ使用料」と規定した場合と「著作物ノ使用料」と規定した場合とでは、課税の明確性と安定性という点で、大きな違いが出てきます。

　仮に、旧所得税法施行規則4条の3において、「著作物ノ使用料」と規定した場合、その規定を適用するに当たって、国税当局が何をすることになるのかというと、旧著作権法には「著作物」の定義は存在しないわけですから、国税当局は、当然のことながら、自ら対象物が「著作物」であるのか否かということを判断するということになります。

　これに対し、旧所得税法施行規則4条の3において、「著作権ノ使用料」と規定した場合、その規定を適用するに当たって、国税当局が何をすることになるのかというと、国税当局は、「著作権」があるのか否かということを判断するということになります。

　つまり、「著作権ノ使用料」と規定すれば、国税当局は、対象物が「著作物」であるのか否かという困難を伴うことがある判断を自ら行うということを回避することが可能となり、著作権法において「著作権」があると判断される場合にのみ課税を行うということが可能となる、ということです。

　分かり易く言えば、「著作物ノ使用料」と規定するのではなく、「著作権ノ使用料」と規定することによって、著作権法に下駄を預けた状態にしたということですが、税法等においては、課税の明確性や安定性を確保するという観点から、そのような制度判断をすることは、決して珍しいことではありません。

　また、旧所得税法施行規則4条の3の「著作権ノ使用料」については、誰から「支拂ヲ受クル」と想定されていたのかということも重要となります。

　旧所得税法施行規則4条の3においては、「著作権ノ使用料」は、「原稿」、「挿畫」、「作曲」及び「音盤吹込」の「料金」、「放送謝金」、「講演料」と並べて規定されていますが、この「料金」、「放送謝金」、「講演料」は、いずれも読者や聴講者などが支払うものではなく、「原稿」の執筆者等と読者や聴講者などとの間に存在する者が支払うものです。

　旧所得税法施行規則4条の3の「著作権ノ使用料」は、その文言だけからでは、誰から「支拂ヲ受クル」のかということがよく分かりませんが、それと並べて規定されている「料金」、「放送謝金」、「講演料」と比

べて見てみると、著作等の最終の使用者又は利用者から「支拂ヲ受クル」ものではなく、著作者と最終の使用者又は利用者との間に存在する者から「支拂ヲ受クル」ものであることが分かります。

　つまり、最終の使用者又は利用者から「支拂ヲ受クル」ものは、「料金」等とされており、「著作権ノ使用料」とはされていない、ということです。

　このように、旧所得税法施行規則４条の３の「著作権ノ使用料」が最終の使用者又は利用者から「支拂ヲ受クル」ものではなく著作者と最終の使用者又は利用者との間に存在する者から「支拂ヲ受クル」ものであるということは、それが源泉徴収の対象とされていることからも、裏付けられます。著作物の最終の使用者又は利用者は、通常、一般の個人となりますので、そのような者に源泉徴収義務を課するという制度を創るはずがありません。

　ただし、旧所得税法施行規則４条の３の「著作権ノ使用料」に関しては、誰が「支拂ヲ受クル」のかということを規定していないため、「支拂ヲ受クル」者は、著作者に限られるわけではなく、再実施権（サブライセンス権）を有する者などとなることもあったと考えられることに留意しておく必要があります。

───────────────

[注]

＊９　現在も、税について定める法令においては、著作権と同様に、工業所有権について、他の法令には存在しない「工業所有権の使用料」という文言が用いられていますが、工業所有権について「工業所有権ノ使用料」というものが先にあってそれに倣って「著作権ノ使用料」という文言を用いるようになったということではありません。

　　　昭和19年には、工業所有権に関する法令としては、大正６年に制定された工業所有権戦時法、大正６年に制定されて昭和17年に改正された工業所有権戦時法施行令、大正６年に制定された工業所有権戦時法登録令、昭和18年に制定された工業所有権法戦時特例と工業所有権法戦時特例施行令が存在していますが、これらの何れにおいても、「工業所有権ノ使用料」という文言は

用いられていませんし、昭和19年当時の税について定める法令においても、そのような文言は用いられていません。

＊10　旧所得税法施行規則４条の３の企画立案を行った者は、「著作権ノ使用料」として丙種の事業所得とされるものはどのようなものかと質問されたとしたら、「著作権」を有している場合において「使用料」を得たときのその「使用料」であると回答したものと考えられます。

　　しかし、「著作物」とはどのようなものかということを明確にしたものはありませんので、仮に、旧所得税法施行規則４条の３において「著作物ノ使用料」という文言を用いていたとしたら、同条の企画立案を行った者は、「著作物ノ使用料」として丙種の事業所得とされるものはどのようなものかという質問に対し、回答に窮することとなったはずです。

第3節────────────────────────────

著作権法における著作権に関する用語と文言の内容及び用い方の確認

　本節においては、現在の著作権法において、著作権に関する用語と文言がどのような内容でどのように用いられているのかという点を確認しておくこととします。

1　著作権法における「著作権」と「著作物」

　著作権法において、「著作権」と「著作物」がどのようなものとされているのかという点については、文化庁が作成した『著作権テキスト〜初めて学ぶ人のために〜令和3年度』（以下、「文化庁テキスト」といいます。）に分かり易く説明されていますので、以下、この1においては、文化庁テキストから引用したものを用いながら確認をすることとします。

(1)　「著作権」

　文化庁テキストの2頁には、「著作権」を広く捉えた次の図が示されています。

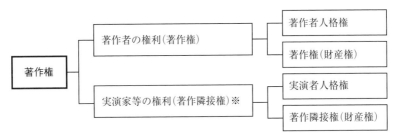

　※　著作隣接権には、レコード製作者、放送事業者、有線放送事業者の権利が含まれます。

　この図においては、左列の四角囲みに「著作権」とあり、中央の列の上段の四角囲みに「著作者の権利（著作権）」とあり、右列の二段目の四角囲みに「著作権（財産権）」とあるというように、いずれにおいても「著作権」という用語が用いられていることに注目する必要があります。

　つまり、「著作権」という用語を用いる場合には、いずれの著作権のことであるのかということを明確にしておかなければならないわけです。

　著作権法においては、この図の右列の2段目の「著作権（財産権）」と同4段目の「著作隣接権（財産権）」を中心に、様々な規定が設けられています。

　文化庁テキストの3頁においては、「著作者の権利の内容」として、この図の上半分を更に詳しく示した次の図が示されています。

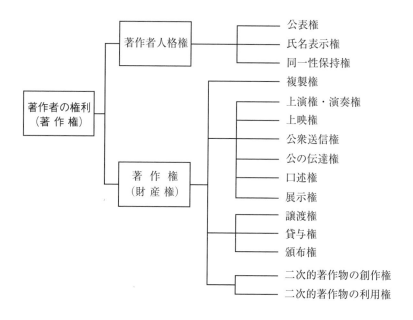

　「著作権は支分権の束である」と言われますが、この場合の「著作権」とは、上図の中央の列の下段にある四角囲みの「著作権（財産権）」のことであり、「支分権」とは、上図の右列の4段目以下の「複製権」等ということになります。

　この支分権に関しては、著作権法に詳しい定めが設けられています。

　文化庁テキストの3頁では、前頁で掲げた図の後に、次の説明がなされています。

○　財産権における「○○権」の意味……

　他人が「無断で○○すること」を止めることができる（使用料などの条件を付けて，他人が○○することを認める）権利（許諾権）

　さらに文化庁テキスト4・5頁では、「著作隣接権の内容」として、最初の「著作権」を広く捉えた図の下半分を更に詳しく示した4つの図を記載して説明が行われています（次頁。筆者が一部加工）。

　この4つの図と説明で、著作隣接権の内容がかなりの程度まで正確に理解できるのではないかと思われます。

　ただし、この図及び説明の中の「報酬請求権」の部分に関しては、「報酬」について、「使用料」を含めて捉えるのが適当であるのか否かという問題があります。この点については、後述2の(2)⑧及び⑩の記述を参照して下さい[11]。

　なお、冒頭においても述べましたが、本章は、著作隣接権について記述するものではありませんので、著作隣接権については、上記の文化庁テキストの説明の紹介に止めることとします。

○ 著作隣接権の内容

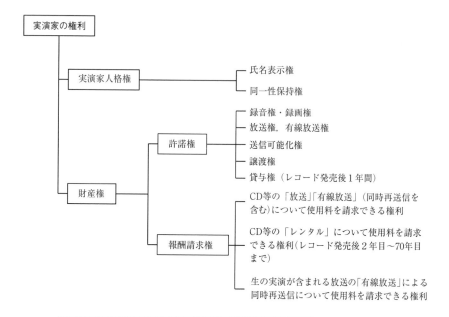

┌╌╌┐
（注）実演家の了解を得て「映画の著作物」に「録音」「録画」された実演については，
その後の利用について，実演家に財産権がありません。
└╌╌┘

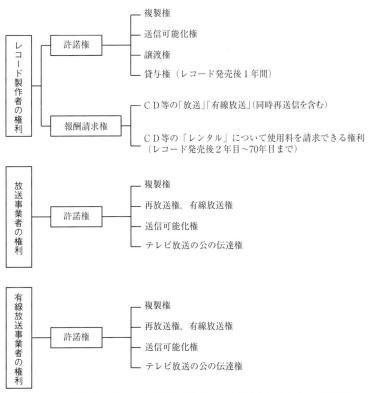

※ レコード製作者，放送・有線放送事業者には「人格権」はなく，「財産権」
　 のみ認められています。

```
(注) ・許諾権…………他人が「無断で○○すること」を止めることができる（使用料
                  などの条件を付けて他人が○○することを認める）権利
      ・報酬請求権……他人が「○○した」ときに使用料を請求できる権利
```

(2) 「著作物」

　文化庁テキスト7頁においては、著作権法2条1項1号（著作物の定義）の規定を引用し、次の条件の全てを満たすものが「著作物」となると説明しています。

(a) 「思想又は感情」を
(b) 「創作的」に
(c) 「表現したもの」であって、
(d) 「文芸、学術、美術又は音楽の範囲」に属するもの

　そして、文化庁テキスト8頁では、「著作物の種類」として、著作権法10条1項各号（著作物の例示）の定めについて、次のような例を示した表が示されています。

言語の著作物	講演，論文，レポート，作文，小説，脚本，詩歌，俳句など
音楽の著作物	楽曲，楽曲を伴う歌詞など
舞踊，無言劇の著作物	日本舞踊，バレエ，ダンス，舞踏，パントマイムの振り付け
美術の著作物	絵画，版画，彫刻，マンガ，書，舞台装置など　茶碗，壺，刀剣等の美術工芸品も含む
建築の著作物	芸術的な建築物
地図，図形の著作物	地図，学術的な図面，図表，設計図，立体模型，地球儀など
映画の著作物	劇場用映画，アニメ，ビデオ，ゲームソフトの映像部分などの「録画されている動く影像」
写真の著作物	肖像写真，風景写真，記録写真など
プログラムの著作物	コンピュータ・プログラム

　上記の説明に加えて、文化庁テキスト9ページでは、「「創作的な加工」によって創られる「二次的著作物」」（著法2①十一・11）と「「創作的な組合せ」によって創られる「編集著作物」と「データベースの著作物」」（著法12）も「著作物」であると説明されています。

2　著作権法における「利用」等

(1)　著作権法における「利用」等の用い方の概要

　著作権法において、「利用」等の用語と文言がどのように用いられているのかということについて、予め概要を確認しておくと、次の表のとおりです。

用語	条文	用語と文言の用い方
利用	1条（目的）等	「著作物の利用」等
使用	2条8項（貸与）等	「著作物を使用」等
提供（提示）	14条（著作者の推定）等	「著作物を公衆に提供し、又は提示する」等
対価	38条（営利を目的としない上演等）1項他4か所	「著作物の提供又は提示につき受ける対価」他
報酬	38条（営利を目的としない上演等）1項等	「実演家又は口述を行う者に対し報酬が支払われる」等
料金	38条（営利を目的としない上演等）1項他7か所	「聴衆又は観衆から料金（いずれの名義をもつてするかを問わず、著作物の提供又は提示につき受ける対価をいう。〔後略〕）」他
使用料	33条（教科用図書等への掲載）2項等	「著作物の種類及び用途、通常の使用料」等

(2) 著作権法における「利用」等の内容と用い方の確認

① 「利用」

「利用」という用語は、一般用語であって、文字どおり、「利」になるように「用いる」ことをいうものです。

著作権法においては、「利用」という用語は、著作権に基づく行為を指すものと解されています*12。

何故、「利用」という用語が著作権法に基づく行為を指すものとして用いられるようになったのかということに関しては、確たることは分かりませんが、おそらく、著作権法によって著作物を用いることに制限を付した上でその制限を解除するということになると、その解除には、多くの場合、対価の支払いを必要とすることから、著作権法に基づいて著作物を用いるという行為は、その支払う対価を超える対価を得ることができるというときにしか行われないためではないかと考えられます。

この「利用」という用語は、「著作物の利用」、「著作物等の利用」、「利用の許諾」、「公衆の利用」、「利用権」、「技術的利用制限手段」、「利用者」や「利用方法」などというような用い方で、著作権法の数多くの規定において用いられています。

② 「使用」

「使用」という用語は、法令用語として用いられる場合には、「物を損壊したり、又はその本来の性質を変更したりすることなしに、その物の性質によって定まる用方に従ってこれを使うことを意味する。」とされており、「「使用」という文言は、以上のような物の使用の場合に限らず、予算の使用〔括弧内略〕、商号の使用〔括弧内略〕、商標の使用〔括弧内略〕等有形、無形のものにわたって広く用いられる。」と説明されています*13。

法令においては、「使用」という用語は、「利用」という用語とは異なり、「利」になるのか否かということとは関係なく、広く用いられる、ということです。著作権法においては、「使用」という用語は、機器を用いる行為など他法でも数多く用いられている行為の他に、著作物を読

んだり聴いたり見たりするなどの行為、著作物等について著作権法の制限に服しない用い方をする行為などを指して用いられており、具体的には、「著作物を使用」、「私的使用」、「公衆の使用」などという用い方がされています。

③　「譲渡」

　「譲渡」という用語は、法令用語として用いられる場合には、「権利、財産、法律上の地位等を、その同一性を保持させつつ、他人に移転することをいう。」とされています[*14]。

　著作権法においては、「譲渡」という用語は、「複製物を譲渡」というように、著作物について用いられるとともに、「著作権を譲渡」というように、著作権についても用いられています。

　なお、「譲渡」という用語の用い方ということではありませんが、著作権法26条の2（譲渡権）1項においては、支分権の1つである「譲渡権」について、「著作者は、その著作物（映画の著作物を除く。以下この条において同じ。）をその原作品又は複製物（映画の著作物において複製されている著作物にあつては、当該映画の著作物の複製物を除く。以下この条において同じ。）の譲渡により公衆に提供する権利を専有する。」と定められているということを付言しておきます。

④　「提供」

　「提供」という用語は、一般用語であり、差し出すことをいうものです。

　著作権法においては、「提供」という用語も、数多く用いられており、著作物、情報、実演などについて、それらを差し出すという意味で「提供」という用語が用いられています。

　著作権法における「提供」という用語の使用例を挙げてみると、「著作物を公衆に提供し、又は提示する」（著法18③一）、「著作物〔括弧内略〕をその原作品又は複製物〔括弧内略〕の譲渡により公衆に提供する」（同法26の2①）、「著作物〔括弧内略〕をその複製物〔括弧内略〕の貸与により

公衆に提供する」（同法26の３）、「複製物を提供する」（同法31①三ほか）、「著作物に係る電磁的記録の提供」（同法81一イ）、「公表された著作物であつて、視覚によりその表現が認識される方式（視覚及び他の知覚により認識される方式を含む。）により公衆に提供され、又は提示されている」（同法37③）、「公表された著作物であつて、聴覚によりその表現が認識される方式（聴覚及び他の知覚により認識される方式を含む。）により公衆に提供され、又は提示されている」（同法37の２）、「送信可能化を行い、若しくはその複製物の譲渡により公衆に提供する」（同法102④）などとなっています。

　上記の使用例からも分かるとおり、著作権法においては、「提供」という用語は、「著作物」等について、「譲渡」、「貸与」、「視覚によりその表現が認識される方式（視覚及び他の知覚により認識される方式を含む。）」、「聴覚によりその表現が認識される方式（聴覚及び他の知覚により認識される方式を含む。）」、「送信」などの方法によって差し出すことをいうものとして用いられていると解されます。

　なお、著作権法においては、「提供」という用語と並べて「提示」という用語が用いられており、「提示」という用語は、「広く、ある事柄を他人に知らせ、又は提案する意味にも用いられる」[*15]とされていますが、税法等においては、「著作権」に関し、「提示」という用語が用いられることはありませんので、「提示」という用語に関する説明は、省略することとします。

⑤　「貸与」

　「貸与」という用語は、一般用語であり、貸し与えることをいうものです。「貸与」は、「贈与」とは異なり、返すことが前提となっています。

　著作権法においては、「貸与」という用語が多く用いられており、「複製物を公衆に譲渡し、又は貸与する」（著法２①十九）、「商業用レコードの貸与」（同法95の３①ほか）などという用い方がされており、同法２条８項（貸与の定義）においては、「この法律にいう「貸与」には、いずれの名義又は方法をもつてするかを問わず、これと同様の使用の権原を取

得させる行為を含むものとする。」と定義されています。

　この定義によれば、「貸与」は「これと同様の使用の権原を取得させる行為を含む」ということになりますので、著作権法上の「貸与」の範囲は、かなり広いということになります。

　なお、「貸与」という用語の用い方ということではありませんが、著作権法26条の3（貸与権）においては、支分権の1つである「貸与権」について、「著作者は、その著作物（映画の著作物を除く。）をその複製物（映画の著作物において複製されている著作物にあつては、当該映画の著作物の複製物を除く。）の貸与により公衆に提供する権利を専有する。」と定められています。

⑥　「許諾」

　「許諾」という用語は、法令用語として用いられる場合には、「「承諾」とほぼ同様の意味であるが、例えば、国会の各議院による会期中の議員の逮捕の許諾（国会法33）とか、特許権者の他人に対する通常実施権の許諾（特許法78Ⅰ）、著作物の利用の許諾（著作権法63Ⅰ）などのように、一般に禁止されていることが、その許諾によって初めて可能となるというような場合に、「許可」に近い意味で用いられているようである。」*16 と説明されています。

　この説明にもあるように、著作権法においては、「許諾」という用語は、同法によって禁止されていることについて、その禁止を解除するという意味で用いられ、「著作権者等から当該自動公衆送信に係る許諾が得られていない」（著法2①九の七ロ）、「著作物等の利用の許諾」（同法2①二十二）、「複製の許諾」（同法3①）などというような用い方が一般的です。

　また著作権法においては、「許諾」という用語に類似した「承諾」という用語も、「著作物の利用の承諾を得た者」（同法3③ほか）、「実演家の承諾を得て」（同法7三ほか）、「著作権者の承諾を得ない」（同法63③）などというように用いられています。著作権法において、「許諾」と「承諾」をどのように使い分けているのかというと、「許諾」という用

語は、著作権法によって禁止されていることを認めるという場面におい
て用い、他方、「承諾」という用語は、他の者から申し出を受けるとい
う場面において用いるというように使い分けていると判断してよいと考
えられます。

　さらに著作権法においては、「許諾」という用語に類似した「許可」
という用語も1か所（著法26の2②二）だけ存在しますが、これは、万国
著作権条約の実施に伴う著作権法の特例に関する法律の5条（翻訳権に
関する特例）1項の文化庁長官の許可をいうものです。

⑦　「対価」
　「対価」という用語は、法令用語として用いられる場合には、「個々の
契約による財産の移転又はサービスの提供に対する反対給付の価額をい
〔う〕」とされており、「代金が、売買、工事、製造、加工等に対する金
銭による反対給付の意味に用いられているのに対し、対価は、これを包
含し、更に広い概念である。」と説明されています[*17]。

　著作権法においては、「対価」という用語は、5か所で用いられてい
ます。その使用例を挙げてみると、「著作物の提供又は提示につき受け
る対価」（著法31③二）、「出版権の設定の対価」（同法66②）、「実演の提示
につき受ける対価」（同法94の2）、「レコードに係る音の提示につき受け
る対価」（同法97①）、「次に掲げる行為の対価」（同法123②）となってい
ます。

　「著作物の提供又は提示につき受ける対価」は、同法38条（営利を目
的としない上演等）1項において、「料金」の定義の中で用いられてい
るため、その「対価」は、「料金」をいうものということになります。

　「出版権の設定の対価」は、同法66条（質権の目的となつた著作権）
2項において用いられていますが、出版権を設定させて受け取る対価は、
その内容が出版物を利用させることによって得られるものと言ってよい
はずですから、「出版権の設定の対価」の「対価」は、「使用料」をいう
ものということになります。

　「実演の提示につき受ける対価」は、同法94条の2（放送される実演

の有線放送）において、「料金」の定義の中で用いられているため、その「対価」は、「料金」をいうものということになります。

　「レコードに係る音の提示につき受ける対価」も、同法97条（商業用レコードの二次使用）１項において、「料金」の定義の中で用いられているため、その「対価」は、「料金」をいうものということになります。

　最後の「次に掲げる行為の対価」は、同法123条（罰則）２項において用いられており、「次に掲げる行為」とは、同項１号において「有償著作物等について、原作のまま複製された複製物を公衆に譲渡し、又は原作のまま公衆送信〔括弧内略〕を行うこと〔括弧内略〕」とされ、同項２号において「有償著作物等について、原作のまま複製された複製物を公衆に譲渡し、又は原作のまま公衆送信を行うために、当該有償著作物等を複製すること〔括弧内略〕」とされています。このため、これらの号に掲げられた行為に対して支払われるものが「次に掲げる行為の対価」ということになりますが、これらの行為に対しては、「公衆」から支払いを受けることとなりますので、その「対価」は、「料金」のことをいうものということになります。

⑧　「報酬」

　「報酬」という用語は、法令用語として用いられる場合には、「一定の役務の給付の対価として与えられる反対給付をいう。」とされており、「報酬に含まれるものの範囲は、各法令において、必ずしも一様でない。」と説明されています[18]。

　この説明からも分かるとおり、「報酬」は、「一定の役務の給付」の「対価」ということになります。

　著作権法においては、「報酬」という用語は、「実演家又は口述を行う者に対し報酬が支払われる」（著法38①）、「レコード製作者に相当な額の報酬を支払わなければならない」（同法97の3③）、「相当な額の報酬を当該実演に係る第九十二条第一項に規定する権利を有する者に支払わなければならない」（同法93の2②）、「通常の使用料の額に相当する額の報酬を当該実演に係る特定実演家に支払わなければならない」（同法93の3

②)、「実演家に相当な額の報酬を支払わなければならない」(同法94の2）などというように用いられています。

　著作権法において「報酬」という用語がこのような用い方をされているということは、著作権法においては、上記の「一定の役務の給付」が実演等の人的役務の提供となっていることを意味すると判断してよいと考えられます。

　上記の「報酬」という用語の用い方の例として挙げたもののうち、「通常の使用料の額に相当する額の報酬を当該実演に係る特定実演家に支払わなければならない」というものについては、「報酬」と「使用料」の関係がやや分かりにくいと思われますので、その内容を確認しておくこととします。

　これは、放送等のための固定物等による放送同時配信等について定めた著作権法93条の３第２項にあるものですが、同条１項及び２項は、次のとおりとなっています。

（放送等のための固定物等による放送同時配信等）

第九十三条の三　第九十二条の二第一項に規定する権利（放送同時配信等に係るものに限る。以下この項及び第九十四条の三第一項において同じ。）を有する者（以下「特定実演家」という。）が放送事業者に対し、その実演の放送同時配信等（当該放送事業者と密接な関係を有する放送同時配信等事業者が放送番組の供給を受けて行うものを含む。）の許諾を行つたときは、契約に別段の定めがない限り、当該許諾を得た実演（当該実演に係る第九十二条の二第一項に規定する権利について著作権等管理事業者による管理が行われているもの又は文化庁長官が定める方法により当該実演に係る特定実演家の氏名若しくは名称、放送同時配信等の許諾の申込みを受け付けるための連絡先その他の円滑な許諾のために必要な情報であつて文化庁長官が定めるものの公表がされているものを除く。）について、当該許諾に係る放送同時配信等のほか、次に掲げる放送同時配信等を行

うことができる。

一　当該許諾を得た放送事業者が当該実演について第九十三条第一
　　項の規定により作成した録音物又は録画物を用いてする放送同時
　　配信等

二　当該許諾を得た放送事業者と密接な関係を有する放送同時配信
　　等事業者が当該放送事業者から当該許諾に係る放送番組の供給を
　　受けてする放送同時配信等

2　前項の場合において、同項各号に掲げる放送同時配信等が行われ
　　たときは、当該放送事業者又は放送同時配信等事業者は、<u>通常の使
　　用料の額に相当する額の報酬</u>を当該実演に係る特定実演家に支払わ
　　なければならない。

　　第1項の冒頭にある「第九十二条の二第一項」では、送信可能化権に
ついて、「実演家は、その実演を送信可能化する権利を専有する。」と定
めています。

　　そして、第2項にある「同項各号に掲げる放送同時配信等が行われた
とき」とは、「著作権法93条の3第1項1号及び2号に掲げる放送同時
配信等が行われたとき」ということになりますが、これらの号に掲げる
放送同時配信等の内容を確認してみると、仮に、直接、「当該許諾を得
た放送事業者」（同項1号）と「当該許諾を得た放送事業者と密接な関係
を有する放送同時配信等事業者」（同項2号）が特定実演家に対価を支払
うとすれば、その対価は、実演という人的役務提供の対価としての「報
酬」ではなく、実演の固定物等を放送同時配信等の方法により提供する
対価としての「使用料」となるものです。

　　このような事情にあるため、著作権法93条の3第2項においては、
「相当な額の報酬」（著法93の2②、94の2、95の3③、97の3③）ではなく、
「通常の使用料の額に相当する額の報酬」としているわけです。

　　要するに、著作権法93条の3第2項の「通常の使用料の額に相当する
額の報酬」についても、「報酬」を実演という人的役務提供の対価とし

て捉え、「使用料」とは明確に区別して用いたものとなっている、ということです。

⑨　「料金」

「料金」という用語は、法令用語として用いられる場合には、「利用又は使用したことに対し支払われる「かね」をいう。」*19とされていますが、著作権法においては、「料金」という用語が8か所で用いられており、いずれについても、個別に定義されています。

著作権法38条（営利を目的としない上演等）においては、同条1項において「聴衆又は観衆から料金（いずれの名義をもつてするかを問わず、著作物の提供又は提示につき受ける対価をいう。以下この条において同じ。）」と定義した上で、同条2項から5項までにおいてそれぞれ1か所で「料金」という用語が用いられています。

著作権法94条の2（放送される実演の有線放送）においては、「聴衆又は観衆から料金（いずれの名義をもつてするかを問わず、実演の提示につき受ける対価をいう。第九十五条第一項において同じ。）」とされており、同法95条（商業用レコードの二次使用）1項においては、「聴衆又は観衆から料金」とされています。

そして、著作権法97条（商業用レコードの二次使用）1項においては、「聴衆又は観衆から料金（いずれの名義をもつてするかを問わず、レコードに係る音の提示につき受ける対価をいう。）」とされています。

このように、著作権法においては、「料金」という用語は、いずれも「聴衆又は観衆」から受け取るものとされており、「著作物の提供又は提示」、「実演の提示」及び「音の提示」の対価とされています。

著作権法において「料金」とされているものは、一般には「入場料」や「チケット代」などと呼ばれています。

⑩　「使用料」

「使用料」という用語は、一般用語であり、使用の対価として授受される料金のことをいうものです。

「使用料」も「料金」であることに変わりはありませんが、上記⑨において確認したとおり、著作権法においては、「料金」という用語は、「聴衆又は観衆」から受け取るものに限定して用いられており、「使用料」という用語は、「料金」という用語とは区別して用いられています。

著作権法においては、「使用料」という用語は、「営利を目的として前項の複製又は公衆送信を行う者は、通常の使用料の額に相当する額の補償金を著作者に支払わなければならない」（著法36②）、「著作物の利用に係る使用料の額に相当する額の補償金を著作者に支払わなければならない」（著法67の2⑦）、「二次使用料」（著法89①ほか）などというように用いられています。

「使用料」という用語は、著作権法においては、著作物の「利用」の対価として授受されるものを指して用いられていますが、著作権法において用いられている「使用料」という用語も、一般用語であって、元々「使用」の対価として授受されるものをいいますので、著作権法においても、「使用料」という用語が著作物を「利用」するものに限って用いられるという前提に立って、「使用料」という用語を用いているわけではない、と考えられます。

「使用料」という用語は、一般用語ですから、仮に、著作権法において、「使用料」という用語について、著作物を「利用」するものだけに限って用いられるという前提に立って規定を設けることとするということであったとすれば、定義規定等を設けて、著作権法で著作物を利用する対価として用いる「使用料」という用語が、他の「使用料」という用語とは異なるということが分かるようにするのが法令作成の常識ということになるといってもよいわけですが、そのような定めは設けられていません。

このため、著作権法においても、著作物を「利用」させる対価が「使用料」として授受されると捉えていることは勿論のこと、著作物を「使用」させる対価が「使用料」として授受されることがあるということも否定しているわけではないはずです。

要するに、著作権法においては、「使用料」は、「著作物を利用させ又

は使用させる対価」として授受されると捉えられていると解してよいものであって、「料金」とは異なるものである、ということです。

⑪ 「著作物の使用料」

　著作権法においては、上記⑩で述べたとおり、「使用料」という用語は、「著作権」については用いられておらず、「著作物」について用いられています。

　ただし、「著作物」と「使用料」を助詞の「の」で結んで「著作物の使用料」としたものは存在せず、上記⑩で確認したように、「営利を目的として前項の複製又は公衆送信を行う者は、通常の使用料の額に相当する額の補償金を著作者に支払わなければならない」（著法36②）、「著作物の利用に係る使用料の額に相当する額の補償金を著作者に支払わなければならない」（著法67の2⑦）などというように用いられています。

　著作権法114条（損害の額の推定等）4項には、「著作権又は著作隣接権に係る著作物等の使用料」という文言がありますが、「著作物等」に関しては、同法2条1項20号において「著作物、実演、レコード、放送又は有線放送（以下「著作物等」という。）」というように定義されており、同法114条4項においては、「著作権」に係る「著作物の使用料の額」だけでなく、「著作隣接権」に係る「実演、レコード、放送又は有線放送の使用料の額」も対象とするために、「著作物等の使用料の額」というように用いられているものであって、「著作隣接権」がなければ、「著作物の使用料の額」とするか又は「著作物の利用に係る使用料の額」とすることとなったはずのものです。

　このように、著作権法において、著作権に関して用いられている「使用料」という用語は、全て「著作物」の「使用料」であって[20]、「著作権」の「使用料」ではありません。

　これは、著作権法において、「利用」をしたり「使用」をしたりするものは、「著作物」とされており、「著作権」とされているわけではないことから、当然ということになります。

⑫　「著作物の提供」

　著作権法においては、「提供」という用語は、上記④で確認したとおり、「著作物」等について用いられており、「著作権」について、「提供」という用語が用いられている例はありません。

　要するに、著作権法においては、「著作物の提供」というものはあるが、「著作権の提供」というものはない、ということです。

　なお、これは「提示」に関しても同様です。

⑬　「著作物の貸与」

　著作権法においては、「貸与」という用語は、上記⑤で確認したとおり、様々な用い方がされていますが、「著作権」について、「貸与」という用語が用いられている例はありません。

　要するに、著作権法においては、「貸与」についても、上記⑫において確認した「提供」と同じく、「著作物の貸与」というものはあるが、「著作権の貸与」というものはない、ということになります。

[注]

＊11　著作権法においては、第3節2(2)の「⑧　報酬」及び「⑩　使用料」で確認しているとおり、「報酬」と「使用料」は分けて用いられていますので、上記の図と説明の中で「報酬請求権」とあるところは、「使用料請求権」又は「対価請求権」とするのが適当であると思われます。

＊12　文化庁が公表している「著作権法の一部を改正する法律（平成30年改正）について（解説）」においては、「一般に，現行法においては，何かを用いることを規定する際，「使用」は，「使用料」を除いて原則として有体物のみの利用を想定して用いられている一方，無体物の利用も想定される場合は「利用」が用いられている。」（34頁）という解説が行われています。

　しかし、(i)著作権法30条（私的使用のための複製）1項において、「個人的に又は家庭内その他これに準ずる限られた範囲内において使用すること」というように、「使用」という用語が用いられていますが、同項では「使用」をするものを有体物に限るなどという制限は付されていないこと、(ii)著作権法施行令1条の3（図書館資料の複製が認められる図書館等）1項4号にお

いては「複製物を〔中略〕利用に供する」という用い方がされる一方で、同令7条の4（電子計算機による情報処理及びその結果の提供等の基準）1項2号においては「複製物を使用する」という用い方がされていますが、これらの用い方は上記の解説では説明することができないこと、(iii)昭和45年の改正時には、著作権法改正附則14条（録音物による演奏についての経過措置）において、「音楽の著作物を使用する事業」というように、「使用」という用語が用いられていますが、この「使用」という用語も、「音楽」という無体物について用いられていることが明確であること、(iv)無体財産権について定める特許法などにおいても、「利用」という用語が有体物のみの利用を想定して用いられているなどということにはなっていないこと、(v)法令用語として用いられる「使用」という用語は、有形、無形のものにわたって広く用いられる用語であって（第3節2(2)の「②　使用」の解説を参照して下さい。）、有体物のみの利用を想定して用いなければならない理由はないことなどから、上記の解説には、疑問があると考えます。

　今後、著作権法の改正において、「利用」という用語と「使用」という用語がどのように使い分けられるようになるのかということに、注目しておく必要があります。

＊13　角田禮次郎他共編『法令用語辞典（第10次改訂版）』（学陽書房）の「使用」の説明

＊14　前掲注13『法令用語辞典』の「譲渡」の説明

＊15　前掲注13『法令用語辞典』の「提示」の説明

＊16　前掲注13『法令用語辞典』の「許諾」の説明

＊17　前掲注13『法令用語辞典』の「対価」の説明

＊18　前掲注13『法令用語辞典』の「報酬」の説明

＊19　前掲注13『法令用語辞典』の「料金」の説明

＊20　定額で使用料を設定することがあることからも分かるとおり、実際に著作物を利用する程度や回数などに応じて金額が決められるものだけが「使用料」となるということではなく、著作物の利用を許諾する契約を締結しただけで実際には著作物を利用することがなくても金銭の支払いを受けるというような場合におけるその金銭も「使用料」とされることになりますので、誤解のないようにする必要があります。

第4節
税法等における著作権に関する用語と文言の内容及び用い方の確認

　本節においては、税法等において、著作権に関する用語と文言がどのように用いられているのかということを確認することとします。

1　税法等における著作権に関する用語と文言の用い方の概要

(1)　昭和19年後の著作権に関する用語と文言の用い方の成立過程の概要

　昭和19年に旧所得税法施行規則4条の3において「著作権ノ使用料」という文言が用いられるようになったことについては、第2節において確認したとおりですが、その後、昭和22年には、次のとおり、旧所得税法42条（事業等所得に対する源泉徴収）に「著作権の使用料」という文言が用いられるとともに、旧所得税法施行規則7条（譲渡所得）2号に「著作権」という用語が用いられています。

（事業等所得に対する源泉徴収）

第四十二條　この法律の施行地において、原稿、挿畫、作曲及び音盤吹込の報酬、放送謝金、著作権の使用料及び講演料並びにこれらの性質を有する報酬又は料金の支拂をなす者は、その支拂をなす際、その支拂うべき金額に対し百分の十五の税率を適用して計算した税額の所得税を徴収し、その徴収の日の属する月の翌月十日までに、これを政府に納付しなければならない。

　この法律の施行地において、外交員、集金人その他これらの労務者に準ずる者に対し、報酬又は料金の支拂をなす者は、その支拂をなす際、その支拂うべき金額に対し百分の十の税率を適用して計算した税額の所得税を徴収し、その徴収の日の属する月の翌月十日までに、これを政府に納付しなければならない。

　そして、昭和25年には、変動所得の平均課税の規定である旧所得税法14条（変動所得の平均課税）1項と14条の2（変動所得の二年目以降の平均課税）に「著作権の使用料」という文言が用いられます。

　また、昭和27年には、国内源泉所得に対する課税の規定である旧所得税法1条（納税義務者）2項6号に「著作権（映画フイルムの上映権を含む。）の使用料」という文言が用いられます。

　このように、税法等において、著作権に関する用語や文言の現在のような用い方が成立したのは、昭和22年から昭和27年までの時期であったと考えられます。

　昭和22年に、旧所得税法42条において「著作権の使用料」という文言が用いられ、昭和25年に、同法14条1項と14条の2において「著作権の使用料」という文言が用いられたことは、既に述べたとおりですが、昭和25年には、国税庁から「音楽著作権の使用料に対する所得税法第42条第1項の規定の適用について」（直所2－69）という個別通達（以下「音楽著作権通達」といいます。）も発遣されています[21]。

　この音楽著作権通達は、次のようなものとなっています。

直所2－69
昭和25年10月12日

国税局長　殿

国税庁長官

音楽著作権の使用料に対する所得税法第42条第1項の規定の適用について

　標記のことについて、社団法人日本音楽著作権協会と別紙のとおり照復したから、音楽著作権の使用者が同協会に支払う著作権の使用料については、所得税法第42条第1項の規定による所得税の源泉徴収を行わないよう、関係者に周知方取り計らわれたい。

別紙

直所 2 － 69

昭和25年10月12日

日本音楽著作権協会　御中

国税庁長官

音楽著作権の使用料に対する所得税法第42条第1項の規定の適用について

　本年6月28日付で照会のあった貴協会の音楽著作権使用料に対する所得税法第42条第1項の規定の適用については、当分の間、下記により取り扱うことといたします。

記

　貴協会において当該著作権の使用料を原著作者等に支払う際、その支払金額（手数料控除前の金額）を基準として所得税法第42条第1項の規定により、従前通り所得税の源泉徴収を行う。

　なお、貴協会が著作権の移転を受けない著作権につき、貴協会において仲介業務をなすものの使用料についても上記と同様に取り扱う。

昭和25年6月28日

国税庁長官　殿

社団法人　日本音楽著作権協会

所得税法第42条著作権使用料に対する所得税の取扱方に関する件

　本協会は昭和14年法律第67号著作権に関する仲介業務に関する法律に基き我国における作詩、作曲家に音楽関係者を会員（現在1062人）として設立せられ専ら我国音楽著作者の権利を擁護すると共に外国著作権団体と相互契約を締結し以て広く著作物利用者の便宜を図り我

国音楽文化の普及発達を目的とする公益社団法人であります。

　抑々著作権の所有者は本協会に対し著作権の信託を申込むことに依り委託者となり委託者は著作権信託契約約款第１条の定める所によりその有する総ての著作権並に将来取得することのあるべき総ての著作権を信託財産として受託者（本協会）に移転し受益者のためにその管理を委託し受託者（本協会）は之を承諾し右著作権の管理に依りて得たる著作物使用料を受益者に交付するのでありますがこの著作権の移転は著作権の処分行為を含まず保存利用の行為に限られて居るものであります。

　抑本協会は終戦後今日に至る迄慣例として著作権使用料を著作物利用者（例えば日本放送協会、各映画製作会社、音楽出版社等々）より収授したとき所得税法第42条の規定により所得税の源泉徴収を行い京橋税務署に納税し来ったのでありますが本協会を法第42条の支払者と為す点に疑問を生じ前記著作物利用者が現実の支払者にして従って源泉徴収義務者は当然前記著作物利用者であるべきものと考えられます。よって、源泉徴収義務者は何人であるか及び今後の取扱を如何に為すべきかの件について至急明確なる決定相成り度右申請致す次第であります。

　音楽著作権通達の中で、日本音楽著作権協会が国税庁長官に宛てた「所得税法第42条著作権使用料に対する所得税の取扱方に関する件」という照会の文章においては、「著作権」という用語とともに、「音楽著作権者」「著作物利用者」「著作物使用料」という用語が用いられています。

　この「音楽著作権者」という用語は音楽に関する著作権の所有者であり、「著作物利用者」は著作物の利用をする者であり（著作権の使用をする者ではありません。）、「著作物使用料」は著作物の使用料である（著作権の使用料ではありません。）ということになります。

　一方、音楽著作権通達の中で、国税庁長官が国税局長に宛てた文章の中には、「著作権の使用料」という文言とともに、「音楽著作権の使用

者」という文言が用いられています。

　しかし、上記のとおり、音楽著作権通達の中の照会の文章においては、「著作物利用者」という文言が用いられており、「音楽著作権の使用者」という文言は用いられていません。

　また、現在、著作権について、「著作権の使用者」などというように、「使用者」という用語を用いた法令は、税法等を含めて確認してみても、全く存在しません。

　このような事情にあることからすると、昭和25年に国税庁が音楽著作権通達で用いた「音楽著作権の使用者」という文言は、国税庁が独自に用いたものということになります。

　何故、国税庁が「音楽著作権の使用者」という、照会の文章には存在しない文言を用いたのかということを推測してみると、その答は一つしかなく、税法等において「著作権の使用料」という文言を用いているが故に、「著作権の使用者」というものも存在すると考えた、ということであると思われます。

　また、昭和26年には、国税庁から旧所得税基本通達（直所1－1）が発遣されており、同通達594で、上記において引用した旧所得税法42条1項の「著作権の使用料」の解釈が次のように示されています。

（著作権の使用料）

五九四　法第四十二条第一項の<u>著作権の使用料とは著作権法（明治三十二年法律第三十九号）第一条に規定する著作物を複製、翻訳又は興行する権利を使用せしめることにより受け取る対価をいうもの</u>であるから、映画、演劇又は演芸の原作料、上演料等も同項の使用料に該当するものとする。

　旧所得税基本通達594は、旧著作権法1条1項の「文書演述圖畫建築彫刻模型寫眞演奏歌唱其ノ他文藝學術文學若ハ美術（音楽ヲ含ム以下之ニ同ジ）ノ範圍ニ屬スル著作物ノ著作者ハ其ノ著作物ヲ<u>複製スルノ權利</u>

ヲ専有ス」という定めと同条２項の「文藝學術ノ著作物ノ著作權ハ翻訳權ヲ包含シ各種ノ脚本及楽譜ノ著作權ハ興行權ヲ包含ス」という定めに基づき、「著作権」を「著作物を複製、翻訳又は興行する権利」と言い換えた上で、「著作権の使用料」について、「著作物を複製、翻訳又は興行する権利を使用せしめることにより受け取る対価」をいうという解釈を示したものとなっています。

旧所得税基本通達594に関して注目すべきところは、著作権法に依拠して「著作権の使用料」を捉えるという解釈を示しているところ、そして、「著作権の使用料」について「著作物を複製、翻訳又は興行する権利を使用せしめることにより受け取る対価」[*22]という解釈を示しているところです。

昭和19年に制定された旧所得税法施行規則４条の３において用いられていた「著作權ノ使用料」という文言は、昭和22年に制定された旧所得税法42条において用いられていた「著作権の使用料」という文言と同じであり、旧所得税基本通達594に示されている「著作権の使用料」の解釈は、概ね妥当であると解されます。また、第２節で述べたとおり、昭和19年に旧所得税法施行規則４条の３の解説を行ったのは、大蔵省主税局の田口卯一氏ですが、同氏は、昭和27年まで国税職員として勤務しておられ、旧所得税基本通達が制定された昭和26年には、国税庁に在籍しておられます。このような事情にあることからすると、旧所得税基本通達594に示されている「著作権の使用料」の解釈は、旧所得税法施行規則４条の３において用いられていた「著作權ノ使用料」という文言の同条の制定時に予定されていた解釈と捉えてもよいと考えられます。

この旧所得税基本通達594は、昭和45年に、その内容を所得税基本通達204－6に定めたことを理由として廃止されています。この所得税基本通達204－6の「著作権の使用料」の部分は、昭和45年の同通達の発遣時には、次のとおりとなっており、現在まで実質的な内容の変更は行われていません。

（原稿料等の報酬又は料金）

二〇四−六　法第二百四条第一項第一号に掲げる原稿の報酬その他の
　　報酬又は料金に該当するかどうかについては、おおむね表6のとお
　　りである。

〔表6〕

報酬又は料金の区分	左の報酬又は料金に該当するもの	左の報酬又は料金に類似するが該当しないもの
著作権の使用料	映画、演劇または演芸の原作料、上演料等	

　上記通達の〔表6〕の「著作権の使用料」については、「左の報酬又
は料金に該当するもの」の欄に「映画、演劇または演芸の原作料、上演
料等」と記載されていますが、この欄に記載されているもののみが「著
作権の使用料」であると勘違いしないようにする必要があります。

　旧所得税基本通達594においては、「著作権の使用料とは著作権法〔括
弧内略〕第一条に規定する著作物を複製、翻訳又は興行する権利を使用
せしめることにより受け取る対価をいうものである」とした上で、「映
画、演劇又は演芸の原作料、上演料等」について「同項の使用料に該当
するものとする」としていました。

　つまり、本来の「著作権の使用料」は、「著作権法〔括弧内略〕第一条
に規定する著作物を複製、翻訳又は興行する権利を使用せしめることに
より受け取る対価」であって、それに加えて、「映画、演劇又は演芸の
原作料、上演料等」についても、「著作権の使用料」とされるというこ
とです。

　これは、所得税基本通達204−6の「著作権の使用料」についても、
何ら変わらないはずです。

　また、昭和27年には、国税庁から「昭和二十七年三月改正所得税法の
取扱方について」（直所1−66）という個別通達が発遣されており、その
「八」に、国内源泉所得における「使用料」の解釈が次のように示され

ています。

（使用料の意義）

八　法第一条第二項第六号の「使用料」とは、工業所有権の実施料、特別の技術による生産方式の採用料、特別の技術による生産方式に準ずるものの提供料等、工業所有権その他の技術に関する権利、特別の技術による生産方式又はこれに準ずるものを実施し若しくは採用することを許諾し又はこれらのものを提供し又は伝授することに対する対価の一切並びに印税、その他著作権の目的となる著作物を複製し、出版し、ほん訳し、写調し、興行し、上映し又は放送することを許諾することに対する対価の一切をいうものとし次の諸点に留意すること。

1　工業所有権その他の技術に関する権利又は著作権の全部を終局的に移転する場合の対価は、使用料に含まれないが、その権利の部分的移転、たとえば、新たに工業所有権の実施権を設定し若しくは新たに出版権を設定するような場合、一定の期間を限り実施権若しくは出版権を付与するような場合又は法施行地の内外にわたる実施権若しくは出版権のうちの法施行地内における実施権若しくは出版権のみを付与するような場合の対価は、使用料に含まれるものである。

2　契約に当たり支払われるいわゆる頭金、権利金等は、使用料に含まれるものである。

3　工業所有権の実施権等の付与とともに技術員等の派遣を伴う場合においても、当該工業所有権者等に対して支払われる金額の全額がこれらの権利等の使用の対価である。

　この個別通達「八」に示されている国内源泉所得における「使用料」の解釈のうち、著作権の「使用料」に関する部分の解釈（「著作権の使用料」の解釈と捉えてよいところ。以下、同じです。）は、「使用料」について、

「著作権の目的となる著作物」というように、「著作権」という用語を用いつつも、「著作物」に係る「対価」と捉えており、そういう点では、旧所得税基本通達594に示されていた「著作権の使用料」の解釈と同様であって、著作権の「使用料」に関する部分の解釈を示した部分も、その内容から判断すると、旧所得税基本通達594に示されていた「著作権の使用料」の解釈と概ね同様と判断してよいと考えられます。

　ただし、この個別通達の八の１から３までについては、注意が必要です。同通達「八」の２に関しては、昭和45年に、次に述べる旧所得税基本通達161−23に同旨で引き継がれ、また３に関しては、昭和45年にその内容を改めて、旧所得税基本通達161−24（図面、人的役務等の提供の対価として支払を受けるものが使用料に該当するかどうかの判定）が設けられています。しかし、１に関しては、昭和45年に削除されたままとなっています。このため、現在、１に示されていた「新たに出版権を設定するような場合」、「出版権を付与するような場合」や「出版権のみを付与するような場合」などに該当するというケースが生じてきたときに、支払いを受ける対価が譲渡収入と使用料のいずれとなるのかということが不明確になっています。

　この個別通達「八」は、昭和45年に、その主要な部分が次の旧所得税基本通達161−23となっています。

（使用料の意義）
一六一−二三　法第百六十一条第七号イまたはロに掲げる使用料とは、同号イに規定する「工業所有権その他の技術に関する権利、特別の技術による生産方式若しくはこれらに準ずるもの」（以下一六一−二六までにおいて「技術等」という。）を実施しもしくは採用することを許諾し、またはこれらのものを提供しもしくは伝授することに対する対価のいつさいおよび同号ロに規定する著作権（以下一六一−二五において「著作権」という。）の目的となる著作物を複製し、出版し、ほん訳し、写調し、興行し、上映または放送す

> ることを許諾することに対する対価のいつさいをいうのであるから、
> 当該使用料には、契約を締結するに当たり支払を受けるいわゆる頭
> 金、権利金等のほか、これらのものを提供しまたは伝授するために
> 要する費用に充てるものとして支払を受けるものも含まれることに
> 留意する。

　その後、昭和45年の著作権法改正後である昭和46年には、上記の旧所得税基本通達161－23の「同号ロに規定する著作権（以下一六一－二五において「著作権」という。）の目的となる著作物を複製し、出版し、ほん訳し、写調し、興行し、上映しまたは放送することを許諾することに対する対価のいつさいをいう」という部分が「同号ロの著作権の使用料とは、著作物（著作権法第二条第一項第一号《定義》に規定する著作物をいう。以下この項において同じ。）の複製、上演、演奏、放送、展示、上映、ほん訳、編曲、脚色、映画化その他著作物の利用または出版権の設定につき支払を受ける対価のいつさいをいう」に改正されて、「利用」という用語が用いられるようになります。

　この昭和46年の改正後のものが、現在の所得税基本通達161－35となっています。

　同通達の内容は次のとおりです。

> **（使用料の意義）**
> **161－35**　法第161条第1項第11号イの工業所有権等の使用料とは、工
> 業所有権等の実施、使用、採用、提供若しくは伝授又は工業所有権
> 等に係る実施権若しくは使用権の設定、許諾若しくはその譲渡の承
> 諾につき支払を受ける対価の一切をいい、同号ロの著作権の使用料
> とは、著作物（著作権法第2条第1項第1号《定義》に規定する著
> 作物をいう。以下この項において同じ。）の複製、上演、演奏、放
> 送、展示、上映、翻訳、編曲、脚色、映画化その他著作物の利用又

は出版権の設定につき支払を受ける対価の一切をいうのであるから、これらの使用料には、契約を締結するに当たって支払を受けるいわゆる頭金、権利金等のほか、これらのものを提供し、又は伝授するために要する費用に充てるものとして支払を受けるものも含まれることに留意する。

　この所得税基本通達161-35に示されている「著作権の使用料」の解釈は、その内容からすると、昭和27年に発遣された個別通達「八」に示されていた著作権の「使用料」の解釈と実質的に同様のものといってよいと考えられます。

　このように、昭和26年に発遣された旧所得税基本通達594において、「著作権の使用料」について示されていた「著作物を複製、翻訳又は興行する権利を使用せしめることにより受け取る対価」という解釈、そして、昭和27年に発遣された個別通達の八において、「使用料」について示されていた「著作権の目的となる著作物を複製し、出版し、ほん訳し、写調し、興行し、上映し又は放送することを許諾することに対する対価の一切」という解釈は、昭和45年に発遣された所得税基本通達204-6における「映画、演劇又は演芸の原作料、上演料等」という例示及び同161-35における「著作物の利用又は出版権の設定につき支払を受ける対価の一切」という解釈として引き継がれ、現在に至っていると判断してよいと考えられます。

(2)　現在の税法等における著作権に関する用語と文言の用い方の概要

　現在、税法等において、著作権に関する用語と文言の用い方がどのようになっているのかということについて概要を確認しておくと、次頁の表1のとおりです[*23]。

表１：法令等ごとの用語と文言の用い方の概要

法令等	条文等	用語と文言の用い方
所法	２条１項23号（変動所得の定義）	<u>著作権</u>の<u>使用料</u>
	95条（外国税額控除）４項９号ロ	著作権（出版権及び著作隣接権その他これに準ずる権利を含む。）の<u>使用料</u>又はその<u>譲渡</u>による対価
	161条（国内源泉所得）１項11号ロ	
	165条の６（非居住者に係る外国税額の控除）４項８号ロ	
	204条（源泉徴収義務）１項１号	原稿、さし絵、作曲、レコード吹込み又はデザインの<u>報酬</u>、放送謝金、著作権（著作隣接権を含む。）又は工業所有権の<u>使用料</u>及び講演料並びにこれらに類するもので政令で定める<u>報酬</u>又は<u>料金</u>
所令	７条の２（変動所得の範囲）	原稿若しくは作曲の<u>報酬</u>に係る所得又は<u>著作権</u>の<u>使用料</u>に係る所得
	82条（短期譲渡所得の範囲）１号	<u>著作権</u>…の<u>譲渡</u>
	94条（事業所得の収入金額とされる保険金等）１項１号	<u>著作権</u>（出版権及び著作隣接権その他これに準ずる権利を含む。）
	225条の16（内部取引に含まれない事実の範囲等）２項２号	
	291条の２（租税条約に異なる定めがある場合の国内源泉所得）２項２号	
	225条の16（内部取引に含まれない事実の範囲等）２項１号ロ	<u>著作権</u>（出版権及び著作隣接権その他これに準ずる権利を含む。）…の<u>使用料</u>
	291条の２（租税条約に異なる定めがある場合の国内源泉所得）２項１号ロ	

所基通	2-32（<u>著作権</u>の<u>使用料</u>に係る所得）	所得税法施行令第7条の2に規定する「<u>著作権の使用料に係る所得</u>」には、著作権者以外の者が著作権者のために<u>著作物</u>の出版等による利用に関する代理若しくは媒介をし、又は当該<u>著作物</u>を管理することにより受ける対価に係る所得は含まれない
	161-35（<u>使用料</u>の意義）	著作権の使用料とは、<u>著作物</u>（著作権法第2条第1項第1号（定義）に規定する<u>著作物</u>をいう。…）の複製、上演、演奏、放送、展示、上映、翻訳、編曲、脚色、映画化その他著作物の<u>利用</u>又は出版権の設定につき支払を受ける<u>対価</u>の一切をいうのであるから、これらの<u>使用料</u>には、契約を締結するに当たって支払を受けるいわゆる頭金、権利金等のほか、これらのものを<u>提供</u>し、又は伝授するために要する費用に充てるものとして支払を受けるものも含まれる
	161-37（<u>使用料</u>に含まれないもの）	工業所有権等又は著作権の<u>提供</u>契約に基づき支払を受けるもののうち次に掲げる費用又は代金で、当該契約の目的である工業所有権等又は著作権の<u>使用料</u>として支払を受ける金額と明確に区分されているものは、161-35及び161-36にかかわらず、法第161条第1項第11号イ又はロに掲げる<u>使用料</u>に該当しないものとする
	204-6（原稿等の<u>報酬</u>又は<u>料金</u>）	著作権の使用料　映画、演劇又は演芸の原作料、上演料等
法法	69条（外国税額控除）4項9号ロ	著作権（出版権及び著作隣接権その他これに準ずる権利を含む。）の<u>使用料</u>又はその<u>譲渡</u>による対価
	144条の2（外国法人に係る外国税額控除）4項8号ロ	
法令	5条（収益事業の範囲）1項33号	著作権（出版権及び著作隣接権その他これに準ずる権利を含む。）の<u>譲渡</u>又は<u>提供</u>
	145条の15（内部取引に含まれない事実の範囲等）3項1号ロ	著作権（出版権及び著作隣接権その他これに準ずる権利を含む。）の<u>使用料</u>
	183条（租税条約に異なる定めがある場合の国内源泉所得）3項1号ロ	

法規	3条（事業関連性の判定）1項1号ハ(5)	<u>著作権</u>…の取得
法基通	8−1−10（出版権の設定の対価）	他人の<u>著作物</u>を利用することについて著作権者等の<u>許諾</u>を得るために支出する一時金の費用は、出版権の設定の対価に準じて取り扱う
	20−3−3（<u>使用料</u>の意義）	<u>著作権</u>の<u>使用料</u>とは、著作物（著作権法第2条第1項第1号《定義》に規定する<u>著作物</u>をいう。…）の複製、上演、演奏、放送、展示、上映、翻訳、編曲、脚色、映画化その他<u>著作物</u>の<u>利用</u>又は出版権の設定に相当する事実に係る<u>対価</u>の一切をいうのであるから、これらの<u>使用料</u>には、契約締結に相当する事実に係るいわゆる頭金、権利金等のほか、これらのものの<u>提供</u>又は伝授のために要する費用に充てるものも含まれる
措法	40条の4（居住者の外国関係会社に係る所得の課税の特例）2項3号イ	
	40条の7（特殊関係株主等である居住者に係る外国関係法人に係る所得の課税の特例）2項4号イ	<u>著作権</u>（出版権及び著作隣接権その他これに準ずる権利を含む。）の<u>提供</u>
	66条の6（内国法人の外国関係会社に係る所得の課税の特例）2項3号イ	
	66条の9の2（特殊関係株主等である内国法人に係る外国関係法人に係る所得の課税の特例）2項4号イ	
	40条の4（居住者の外国関係会社に係る所得の課税の特例）6項9号	<u>著作権</u>（出版権及び著作隣接権その他これに準ずる権利を含む。）（…）の<u>使用料</u>
	40条の7（特殊関係株主等である居住者に係る外国関係法人に係る所得の課税の特例）6項9号	

措法	66条の6（内国法人の外国関係会社に係る所得の課税の特例）6項9号	
	66条の9の2（特殊関係株主等である内国法人に係る外国関係法人に係る所得の課税の特例）6項9号	
	40条の4（居住者の外国関係会社に係る所得の課税の特例）6項10号	<u>著作権の譲渡</u>
	40条の7（特殊関係株主等である居住者に係る外国関係法人に係る所得の課税の特例）6項10号	
	66条の6（内国法人の外国関係会社に係る所得の課税の特例）6項10号	
	66条の9の2（特殊関係株主等である内国法人に係る外国関係法人に係る所得の課税の特例）6項10号	
措令	39条の34の3（適格合併等の範囲に関する特例）1項3号ロ 同条2項3号ロ 同条4項3号ロ 同条7項1号	<u>著作権</u>（出版権及び著作隣接権その他これに準ずる権利を含む。）の<u>提供</u>
消法	2条1項8号の3（電気通信利用役務の提供の定義）	電気通信回線を介して行われる<u>著作物</u>（著作権法（…）第2条第1項第1号（定義）に規定する著作物をいう。）の<u>提供</u>（当該著作物の<u>利用</u>の許諾に係る取引を含む。）
	4条(課税の対象)3項1号	<u>著作権</u>
消令	6条（資産の譲渡等が国内において行われたかどうかの判定）1項7号	著作権（出版権及び著作隣接権その他これに準ずる権利を含む。）…の<u>譲渡</u>又は<u>貸付け</u>

消基通	5－4－1（資産に係る権利の設定の意義）	<u>著作物</u>に係る出版権の設定
	5－4－2（資産を使用させる一切の行為の意義）	著作物の複製、上演、放送、展示、上映、翻訳、編曲、脚色、映画化その他<u>著作物</u>を<u>利用</u>させる行為
	5－7－6（著作権等の範囲）	令第6条第1項第7号に規定する「著作権」<u>著作権</u>　著作権法の規定に基づき著作者が著作物に対して有する権利をいう
消費税Q&A㊟	問2－1（「電気通信利用役務の提供」の範囲①）	<u>著作物</u>の制作 <u>著作権</u>の譲渡・貸付け 著作物に係る<u>著作権</u> 著作物の複製、上映、放送等 著作物の受け渡し 著作物の<u>著作権</u>等の<u>譲渡</u>・<u>貸付け</u>
	問2－2（「電気通信利用役務の提供」の範囲②）	<u>著作権</u> 著作物の提供 著作物の<u>利用</u>の<u>許諾</u>に係る取引 著作権・著作隣接権という資産の<u>譲渡</u>又は<u>貸付け</u> 著作権・著作隣接権の<u>譲渡</u>又は<u>貸付け</u>

㊟　国境を越えた役務の提供に係る消費税の課税に関するQ&A（平成27年5月（平成28年12月改訂）・国税庁消費税室）をいいます。以下、本書において同じです。

　この表1に記載した条文等の用語のうち、その解釈自体が問題となることがないと考えられる「著作権」と「著作物」という用語を除き、他の用語について、それぞれの用語ごとの用い方の概要をまとめると、次頁の表2のとおりとなります。

表２：用語ごとの用い方の概要

用語	条文等	用語と文言の用い方
利用	消法２条１項８号の３	電気通信回線を介して行われる<u>著作物</u>（著作権法（…）第２条第１項第１号（定義）に規定する<u>著作物</u>をいう。）の<u>提供</u>（当該著作物の<u>利用</u>の<u>許諾</u>に係る取引を含む。）
	所基通２−32	著作権者以外の者が著作権者のために<u>著作物</u>の出版等による<u>利用</u>に関する代理若しくは媒介をし、又は当該著作物を管理することにより受ける<u>対価</u>
	所基通161−35 法基通20−３−３	<u>著作権</u>の<u>使用料</u>とは、<u>著作物</u>（著作権法第２条第１項第１号（定義）に規定する<u>著作物</u>をいう。…）の複製、上演、演奏、放送、展示、上映、翻訳、編曲、脚色、映画化その他著作物の<u>利用</u>又は出版権の設定につき支払を受ける〔法基通20−３−３：「…設定に相当する事実に係る」〕<u>対価</u>の一切をいう
	法基通８−１−10	他人の<u>著作物</u>を<u>利用</u>することについて著作権者等の<u>許諾</u>を得るために支出する一時金の費用は、出版権の設定の<u>対価</u>に準じて取り扱う
	消基通５−４−２	<u>著作物</u>の複製、上演、放送、展示、上映、翻訳、編曲、脚色、映画化その他著作物を<u>利用</u>させる行為
	消費税Ｑ＆Ａ問２−２	<u>著作物</u>の<u>利用</u>の<u>許諾</u>に係る取引
使用	──	──
譲渡	所法95条４項９号ロ 所法161条１項11号ロ 所法165条の６第４項８号ロ 所令82条１号 法法69条４項９号ロ 法法144条の２第４項８号ロ	<u>著作権</u>（出版権及び著作隣接権その他これに準ずる権利を含む。）の<u>使用料</u>又はその<u>譲渡</u>による<u>対価</u> <u>著作権</u>…の<u>譲渡</u>
	法令５条１項33号	<u>著作権</u>（出版権及び著作隣接権その他これに準ずる権利を含む。）の<u>譲渡</u>又は<u>提供</u>

	消令6条1項7号	<u>著作権</u>（<u>出版権</u>及び<u>著作隣接権</u>その他これに準ずる権利を含む。）…の<u>譲渡</u>又は<u>貸付け</u>
	消費税Q＆A問2−1 消費税Q＆A問2−2	<u>著作権</u>の<u>譲渡・貸付け</u> 著作物の<u>著作権等</u>の<u>譲渡・貸付け</u> <u>著作権・著作隣接権</u>という資産の<u>譲渡</u>又は<u>貸付け</u> <u>著作権・著作隣接権</u>の<u>譲渡</u>又は<u>貸付け</u>
提供	法令5条1項33号	<u>著作権</u>（<u>出版権</u>及び<u>著作隣接権</u>その他これに準ずる権利を含む。）の<u>譲渡</u>又は<u>提供</u>
	措法40条の4第2項3号イ 措法40条の7第2項4号イ 措法66条の6第2項3号イ 措法66条の9の2第2項4号イ 措令39条の34の3第1項3号ロ 措令39条の34の3第2項3号ロ 措令39条の34の3第4項3号ロ 措令39条の34の3第7項1号	<u>著作権</u>（<u>出版権</u>及び<u>著作隣接権</u>その他これに準ずる権利を含む。）の<u>提供</u>
	消法2条1項8号の3	電気通信回線を介して行われる<u>著作物</u>（著作権法（…）第2条第1項第1号（定義）に規定する<u>著作物</u>をいう。）の<u>提供</u>（当該著作物の利用の許諾に係る取引を含む。）
	所基通161−35 所基通161−37 法基通20−3−3	<u>著作権</u>の<u>使用料</u>とは、<u>著作物</u>（著作権法第2条第1項第1号（定義）に規定する<u>著作物</u>をいう。…）の複製、上演、演奏、放送、展示、上映、翻訳、編曲、脚色、映画化その他<u>著作物</u>の<u>利用</u>又は出版権の設定につき支払を受ける<u>対価</u>の一切をいうのであるから、これらの<u>使用料</u>には、契約を締結するに当たって支払を受けるいわゆる頭金、権利金等のほか、これらのものを<u>提供</u>し、又は伝授するために要する費用に充てるものとして支払を受けるものも含まれる
		工業所有権等又は<u>著作権</u>の<u>提供</u>契約に基づき支払を受けるもののうち次に掲げる費用又は代金で、当該契約の目的である工業所有権等又は著作権の使用料として支払を受ける金額と明確に区分されているものは、161−35及び161−36にかかわらず、法第161条第1項第11号イ又はロに掲げる使用料に該当しないものとする

		著作権の使用料とは、著作物（著作権法第2条第1項第1号《定義》に規定する著作物をいう。…）の複製、上演、演奏、放送、展示、上映、翻訳、編曲、脚色、映画化その他著作物の利用又は出版権の設定に相当する事実に係る対価の一切をいうのであるから、これらの使用料には、契約締結に相当する事実に係るいわゆる頭金、権利金等のほか、これらのものの提供又は伝授のために要する費用に充てるものも含まれる
	消費税Q＆A問2－2	著作物の提供
貸付け	消令6条1項7号	著作権（出版権及び著作隣接権その他これに準ずる権利を含む。）…の譲渡又は貸付け
	消費税Q＆A問2－1 消費税Q＆A問2－2	著作権の譲渡・貸付け 著作物の著作権等の譲渡・貸付け 著作権・著作隣接権という資産の譲渡又は貸付け 著作権・著作隣接権の譲渡又は貸付け
許諾	消法2条1項8号の3	電気通信回線を介して行われる著作物（著作権法（…）第2条第1項第1号（定義）に規定する著作物をいう。）の提供（当該著作物の利用の許諾に係る取引を含む。）
	法基通8－1－10	他人の著作物を利用することについて著作権者等の許諾を得るために支出する一時金の費用は、出版権の設定の対価に準じて取り扱う
	消費税Q＆A問2－2	著作物の利用の許諾に係る取引
対価	所法95条4項9号ロ 所法161条1項11号ロ 所法165条の6第4項8号ロ 法法69条4項9号ロ 法法144条の2第4項8号ロ	著作権（出版権及び著作隣接権その他これに準ずる権利を含む。）の使用料又はその譲渡による対価
	所基通2－32	令第7条の2に規定する「著作権の使用料に係る所得」には、著作権者以外の者が著作権者のために著作物の出版等による利用に関する代理若しくは媒介をし、又は当該著作物を管理することにより受ける対価に係る所得は含まれない

	所基通161-35	著作権の使用料とは、著作物（著作権法第2条第1項第1号（定義）に規定する著作物をいう。…）の複製、上演、演奏、放送、展示、上映、翻訳、編曲、脚色、映画化その他著作物の利用又は出版権の設定につき支払を受ける対価の一切をいう
	法基通8-1-10	他人の著作物を利用することについて著作権者等の許諾を得るために支出する一時金の費用は、出版権の設定の対価に準じて取り扱う
	法基通20-3-3	著作権の使用料とは、著作物（著作権法第2条第1項第1号（定義）に規定する著作物をいう。…）の複製、上演、演奏、放送、展示、上映、翻訳、編曲、脚色、映画化その他著作物の利用又は出版権の設定につき支払を受ける対価の一切をいう
報酬	所法204条1項1号	原稿、さし絵、作曲、レコード吹込み又はデザインの報酬、放送謝金、著作権（著作隣接権を含む。）又は工業所有権の使用料及び講演料並びにこれらに類するもので政令で定める報酬又は料金
	所令7条の2	原稿若しくは作曲の報酬に係る所得又は著作権の使用料に係る所得
	所基通204-6	原稿等の報酬又は料金
料金	所法204条1項1号	原稿、さし絵、作曲、レコード吹込み又はデザインの報酬、放送謝金、著作権（著作隣接権を含む。）又は工業所有権の使用料及び講演料並びにこれらに類するもので政令で定める報酬又は料金
	所基通204-6	原稿等の報酬又は料金
使用料	所法2条1項23号	著作権の使用料
	所法95条4項9号ロ 所法161条1項11号ロ 所法165条の6第4項8号ロ	著作権（出版権及び著作隣接権その他これに準ずる権利を含む。）の使用料又はその譲渡による対価
	所法204条1項1号	原稿、さし絵、作曲、レコード吹込み又はデザインの報酬、放送謝金、著作権（著作隣接権を含む。）又は工業所有権の使用料及び講演料並びにこれらに類するもので政令で定める報酬又は料金

所令7条の2	原稿若しくは作曲の報酬に係る所得又は著作権の使用料に係る所得
所令225条の16第2項1号ロ 所令291条の2第2項1号ロ	著作権（出版権及び著作隣接権その他これに準ずる権利を含む。）…の使用料
法法69条4項9号ロ 法法144条の2第4項8号ロ	著作権（出版権及び著作隣接権その他これに準ずる権利を含む。）の使用料又はその譲渡による対価
法令145条の15第3項1号ロ 法令183条3項1号ロ 措法40条の4第6項9号 措法40条の7第6項9号 措法66条の6第6項9号 措法66条の9の2第6項9号	著作権（出版権及び著作隣接権その他これに準ずる権利を含む。）…の使用料
所基通2-32	令第7条の2に規定する「著作権の使用料に係る所得」には、著作権者以外の者が著作権者のために著作物の出版等による利用に関する代理若しくは媒介をし、又は当該著作物を管理することにより受ける対価に係る所得は含まれない
所基通161-35	著作権の使用料とは、著作物（著作権法第2条第1項第1号（定義）に規定する著作物をいう。…）の複製、上演、演奏、放送、展示、上映、翻訳、編曲、脚色、映画化その他著作物の利用又は出版権の設定につき支払を受ける対価の一切をいうのであるから、これらの使用料には、契約を締結するに当たって支払を受けるいわゆる頭金、権利金等のほか、これらのものを提供し、又は伝授するために要する費用に充てるものとして支払を受けるものも含まれる
所基通161-37	工業所有権等又は著作権の提供契約に基づき支払を受けるもののうち次に掲げる費用又は代金で、当該契約の目的である工業所有権等又は著作権の使用料として支払を受ける金額と明確に区分されているものは、161-35及び161-36にかかわらず、法第161条第1項第11号イ又はロに掲げる使用料に該当しないものとする
所基通204-6	著作権の使用料　映画、演劇又は演芸の原作料、上演料等

法基通20-3-3	著作権の使用料とは、著作物（著作権法第2条第1項第1号《定義》に規定する著作物をいう。…）の複製、上演、演奏、放送、展示、上映、翻訳、編曲、脚色、映画化その他著作物の利用又は出版権の設定に相当する事実に係る対価の一切をいうのであるから、これらの使用料には、契約締結に相当する事実に係るいわゆる頭金、権利金等のほか、これらのものの提供又は伝授のために要する費用に充てるものも含まれる

　実務においては、これらの用語の解釈、そして、これらの用語を用いた文言の解釈が問題となることになります。

2　税法等における著作権に関する用語と文言の条文等ごとの内容と用い方

(1)　税法等の条文等における「著作権」と「著作物」

　上記1(2)の表1の「用語と文言の用い方」の欄の記載を一覧してみると分かるとおり、税法等において「著作物」という用語が用いられているのは、消費税法2条1項8号の3のみとなっています。通達においては、従来から「著作物」という用語を用いて法令の規定の解釈が示されてきましたが、法令においては、平成27年の消費税法の改正によって初めて「著作物」という用語が用いられるようになったということになります。

　税法等において、「著作権」という用語を用いた規定を解釈する場合には、著作権法をはじめとする数多くの法令において「著作権」「著作物」の用語の両方が用いられている中にあって、何故、税法等においてだけ、「著作権」という用語のみが用いられ、「著作物」という用語が用いられてこなかったのかということについて、正しく理解をしておくことが必要となります。

　これに関しては、既に第2節において詳述したとおり、課税の明確性

や安定性を求める税制度の特殊性によるものであると考えられます。

　しかし、このように税法等において「著作物」という用語を用いずに「著作権」という用語を用いることに関しては、(i)旧著作権法とは異なり、昭和45年の改正後の著作権法においては、「著作物」について「思想又は感情を創作的に表現したものであつて、文芸、学術、美術又は音楽の範囲に属するものをいう。」（著法2①一）という定義が設けられているため、「著作権」という用語とともに「著作物」という用語を用いることとしてもよいのでないか、(ii)平成27年の消費税法の改正により、同法2条1項8号の3に「著作物」という用語が用いられたことをどのように評価すればよいのか、という疑問が湧いてくることがあるものと考えられます。

　まず、上記(i)の疑問に関しては、確かに、昭和45年の改正後の著作権法においては、「著作物」の定義が設けられてある程度までその該否の判断が容易となっていることは間違いないものの、依然として外縁が明確であるとは言えず、今後も新たに「著作物」とされるものが出てくることになるという事情にあり、個々の具体的な判断においては、判断に迷うものが出てくることになると考えられるため、現状では、税法等に「著作物」という用語を用いることには、慎重にならざるを得ない、と答えるべきことになると考えられます。

　次に、上記(ii)の疑問に関しては、税法等において「著作物」という用語を用いずに「著作権」という用語を用いてきたことをどのように理解して平成27年の消費税法の改正が行われたのかということが明らかではなく、また、「著作物」という文言を用いた「著作物〔括弧内略〕の提供」（消法2①八の三）という文言と「役務の提供〔括弧内略〕」（同前）という文言及び「著作権・著作隣接権の譲渡・貸付け」（財務省『平成27年度　税制改正の解説』833頁）という文言との関係が明らかではない[24]というような事情にあるため、答を留保せざるを得ません。

　いずれにしても、税法等における著作権に関する規定は、「著作権」という用語が用いられているのであれば、「著作権」があるということでない限り、その規定の適用対象とはならず、また、「著作物」という

用語が用いられているのであれば、「著作物」があるということでない限り、その規定の適用対象とはならない、という当たり前のことをしっかりと念頭に置いた上で、その文言に即して正しく解釈をすることが必要となります。

(2) 税法等の条文等における「利用」等の内容と用い方の確認

① 「利用」

ⅰ 消費税法2条1項8号の3

上記1(2)の表2の「利用」の「条文等」の欄にあるとおり、著作権に関し、「利用」という用語は、税法等では、消費税法2条1項8号の3（電気通信利用役務の提供の定義）の「著作物の利用の許諾」という文言においてしか用いられていません。

この規定は、平成27年度税制改正によって新たに設けられたもので、次のように、「電気通信利用役務の提供」の定義となっています。

（定義）

第二条 この法律において、次の各号に掲げる用語の意義は、当該各号に定めるところによる。

八の三 電気通信利用役務の提供　資産の譲渡等のうち、電気通信回線を介して行われる著作物（著作権法（昭和四十五年法律第四十八号）第二条第一項第一号（定義）に規定する著作物をいう。）の提供（当該著作物の利用の許諾に係る取引を含む。）その他の電気通信回線を介して行われる役務の提供（電話、電信その他の通信設備を用いて他人の通信を媒介する役務の提供を除く。）であつて、他の資産の譲渡等の結果の通知その他の他の資産の譲渡等に付随して行われる役務の提供以外のものをいう。

　この「電気通信利用役務の提供」は、法令では、消費税法、同法施行令、同法施行規則において用いられていますが、「電気通信利用役務」という用語のみで用いられているものはありませんので、「電気通信利用役務」と「提供」を分けて捉えるのではなく、「電気通信利用役務提供」というように、1つの用語と捉える必要があるものです。

　消費税法2条1項8号の3中の「著作物」に関しては、同号の括弧書きの中で「著作権法（昭和四十五年法律第四十八号）第二条第一項第一号（定義）に規定する著作物をいう。」とされていますので、著作権法2条1項1号に規定する著作物のみとなることが明確です。

　一方、消費税法2条1項8号の3中の「提供」に関しては、その解釈に注意が必要となります。

　消費税法においては、「提供」という用語が数多く用いられていますが、そのほとんどは「役務」に関するものであり、それ以外で「提供」という用語が用いられているのは、12条の3（特定新規設立法人の納税義務の免除の特例）4項、46条の2（電子情報処理組織による申告の特例）1項、51条（引取りに係る課税貨物についての納期限の延長）1項から3項まで及び61条（財務省令への委任）となっています。これらの規定において用いられている「提供」という用語は、12条の3第4項の例でいうと、「情報の提供を求められた場合には、これに応じなければならない。」というように、差し出すという意味で用いられています。このような「提供」という用語の用い方は、前節2(2)④において確認したとおり、一般用語としての用い方であり、著作権法における「提供」という用語の用い方と同じものと解してよいと考えられます。

　そうすると、消費税法2条1項8号の3中の「提供」に関しては、前節2(2)④において確認した著作権法における「提供」と同様に、同法2条1項1号に規定する「著作物」について、「譲渡」、「貸与」、「視覚によりその表現が認識される方式（視覚及び他の知覚により認識される方式を含む。）」、「聴覚によりその表現が認識される方式（聴覚及び他の知覚により認識される方式を含む。）」、「送信」などの方法によって差し出されることをいうものと解すべきこととなります。

　消費税法2条1項8号の3における「著作物の提供」は、その後に「その他の電気通信回線を介して行われる役務の提供であつて」とあることから分かるとおり、「電気通信回線を介して行われる役務の提供」の例示となっています。

　この「電気通信回線を介して行われる役務の提供」は、全体を一塊として解釈するべきものとはなっておらず、「電気通信回線を介して行われる」という部分は、「役務の提供」の方法を規定するものとなっていますので、消費税法2条1項8号の3に定義されている「電気通信利用役務の提供」とは、同号の規定上、「役務の提供」であるということになります。

　消費税法において、「役務の提供」がどのようなものと解されているのかというと、次に掲げる消費税法基本通達5-5-1にあるとおり、「サービスを提供すること」をいうものとされています。

（役務の提供の意義）

5-5-1　法第2条第1項第8号《資産の譲渡等の意義》に規定する「役務の提供」とは、例えば、土木工事、修繕、運送、保管、印刷、広告、仲介、興行、宿泊、飲食、技術援助、情報の提供、便益、出演、著述その他のサービスを提供することをいい、弁護士、公認会計士、税理士、作家、スポーツ選手、映画監督、棋士等によるその専門的知識、技能等に基づく役務の提供もこれに含まれる。

　「サービスを提供すること」には、「資産」の「貸与」は含まれるものの、「資産」の「譲渡」が含まれないことは、明らかです[*25]。

　このため、消費税法2条1項8号の3に関しては、「電気通信回線を介して行われる著作物〔括弧内略〕の提供〔括弧内略〕」という例示には、「著作物」の「譲渡」が含まれ、「電気通信回線を介して行われる役務の提供」には「著作物」の「譲渡」が含まれないという状態

となっていると言わざるを得ません。

　そうすると、消費税法2条1項8号の3に定義されている「電気通信利用役務の提供」に、「著作物」の「譲渡」が含まれるのか否かという疑問が湧いてくることとなります。

　この疑問に答えるため、平成27年の消費税法2条1項8号の3の創設時に同号の企画立案と条文案の作成を行った財務省の職員の解説を確認してみることとします。

　財務省『平成27年度　税制改正の解説』832頁には、電気通信利用役務の提供に該当する取引の例として、次のように記載されています。

【電気通信利用役務の提供に該当する取引の例】
・　電子書籍、電子新聞、音楽、映像、ソフトウエア（ゲーム等の様々なアプリケーションを含みます。）などの配信
・　クラウド上のソフトウエアやデータベースなどを利用させるサービス
・　インターネット等を通じた広告の配信・掲載
・　インターネット上のショッピングサイト・オークションサイトを利用させるサービス
・　ソフトウエアやゲームアプリなどをインターネット上で販売するための場所（WEBサイト）を利用させるサービス
・　インターネットを介して行う宿泊予約、飲食店予約サイトへの掲載等（宿泊施設、飲食店等を経営する事業者から掲載料等を徴するもの）
・　インターネットを介して行う英会話教室
・　電話を含む電気通信回線を介して行うコンサルテーションなど

　ここで最初に掲げられている「電子書籍、電子新聞、音楽、映像、ソフトウエア（ゲーム等の様々なアプリケーションを含みます。）などの配

信」については、「資産」の「譲渡」となるものが含まれることとなります。

　例えば、「ソフトウエア」についていうと、インターネットを通じて配信する方法により販売を行うことが数多く行われているのは周知のとおりです。「ソフトウエア」の中核を成すものは、通常「プログラム」となっていますが、「プログラム」は、著作権法上「著作物」とされており、「著作物」が「資産」であることは明らかであって、法人税法上も、「ソフトウエア」は、「固定資産」とされていますので（法法２二十二・二十三・法令13ハリ）、「資産」であることが明らかです。

　平成27年の消費税法２条１項８号の３の創設時に同号の企画立案と条文案の作成を行った財務省の職員が、「電気通信利用役務の提供」に該当する取引の例として「ソフトウエア」などが販売されるものまで想定していたということは、同号の「電気通信利用役務の提供」には「著作物」の「譲渡」も含めるというのが立法者の意思であったということを意味していると考えられます。

　このような事情にあることからすると、消費税法２条１項８号の３に定義されている「電気通信利用役務の提供」に「著作物」の「譲渡」が含まれるのか否かという上記の疑問に対しては、同号の「役務の提供」という文言に拘ることなく、「著作物」の「譲渡」も含まれると答えることになるものと思われます[26]。

　また、消費税法２条１項８号の３に関しては、同号の「提供」の括弧書きの「当該著作物の利用の許諾に係る取引を含む。」にも注意をする必要があります。

　この文言には、「利用」という用語が用いられていますが、それは、「当該著作物」が「著作権法（昭和四十五年法律第四十八号）第二条第一項第一号（定義）に規定する著作物をいう。」とされていることに伴うものと解されます。前節２(2)①において確認したとおり、著作権法においては、「利用」という用語について、「使用」という用語と明確に区別し、同法に定める制限を同法に則って解除するものについてのみ用いることとされています。そして、消費税法２条１項８号の

３においても「利用」という用語を用いているわけですから、この「利用」という用語についても、著作権法において用いられている「利用」に限る旨の定めは設けられていないものの、その趣旨は、「使用」という用語とは区別し、著作権法に定める制限を同法の定めに則って解除するもののみをいうものと解するべきであると考えられます。

　ところで、この消費税法２条１項８号の３括弧書きの「当該著作物の利用の許諾に係る取引を含む。」に関しては、同号の創設当時、財務省の『平成27年度　税制改正の解説』832・833頁において次のように説明されていますが、この説明にはいくつかの疑問があります。

② 「著作物の利用の許諾に係る取引を含む。」の意義について
　　インターネット等を介して電子書籍、映像、音楽、ゲームのアプリケーション、ソフトウエア等のデジタルコンテンツを利用させる取引の中には、一旦、利用者のＰＣ等にそれらの電子データの複製が行われる場合があります。利用者は、必ずしもこれらのコンテンツ等を複製することについて著作権法上の使用許諾を得ているのではなく、当該コンテンツ等にアクセスし、利用できるようにするという役務の提供を受けているものと考えられますが、こうした役務の提供については、利用者のＰＣ等に複製が行われることに対して不法行為法上の権利を主張しない（不作為行為の負担）という意味での使用許諾という面もあり、これらの混合契約と解する余地があるとの指摘があります。
　　こうした点を踏まえ、消費税法第２条第１項第８号の３の規定においては、「電気通信回線を介して行われる著作物の提供その他の電気通信回線を介して行われる役務の提供」に、「当該著作物の利用の許諾に係る取引を含む。」と規定することによって、消費税法の適用上、役務の提供に該当することを明確にしています。
　　なお、消費税法第２条第２項においては、「資産の貸付け」から

「電気通信利用役務の提供に該当するもの」を除くことによって、消費税法の適用上、著作物の提供が著作権・著作隣接権の譲渡・貸付けに当たる場合と役務の提供に当たる場合との整理がなされています。

　上記の説明によれば、「利用者は、必ずしもこれらのコンテンツ等を複製することについて著作権法上の使用許諾を得ているのではなく、〔中略〕との指摘」があることが消費税法2条1項8号の3の「著作物の提供」に「当該著作物の利用の許諾に係る取引を含む。」[*27]という括弧書きを付す改正を行った理由ということになります[*28]。

　しかし、著作権法には、「利用」の「許諾」というものは存在しますが、「使用許諾」や「使用」の「許諾」というものは存在しませんし、また、「利用者のPC等に複製が行われることに対して不法行為法上の権利を主張しない（不作為行為の負担）という意味での使用許諾」ということであれば、その「使用許諾」には対価が発生しないはずですから、消費税法においては、その「使用許諾」が「消費税法の適用上、役務の提供に該当すること」になるのか否かということを問題とする必要もないはずです。

　このため、消費税法2条1項8号の3の「著作物〔括弧内略〕の提供」に「当該著作物の利用の許諾に係る取引を含む。」という括弧書きを付すことと、上記の説明には、疑問があると言わざるを得ません。

　筆者は、消費税法2条1項8号の3の「著作物〔括弧内略〕の提供」には、「当該著作物の利用の許諾に係る取引を含む。」という、疑問がある括弧書きを付すようなことはせずに、同号の解説において一般に「使用許諾」と呼ばれているものに関する説明をしておくということにするのが適切であったと考えています。

　また、「利用」という用語とは関係がなく、後に④と⑤で述べる「提供」と「貸付け」という用語と関係があることですが、上記の説明の最後のなお書きで消費税法2条2項（資産の貸付けの定義）において

「資産の貸付け」から「電気通信利用役務の提供に該当するもの」を除くという改正を行った理由を述べている部分にも、疑問があるということをここで併せて指摘しておくこととします。

その疑問とは、「消費税法の適用上、著作物の提供が著作権・著作隣接権の譲渡・貸付けに当たる場合と役務の提供に当たる場合との整理」という部分に関するものです。

この部分は、「著作物の提供」が「著作権又は著作隣接権の譲渡」又は「著作権又は著作隣接権の貸付け」に当たる場合があるという前提の記述ということになります。

しかし、この部分に関しては、消費税法2条2項の「資産に係る権利の設定」と「他の者に資産を利用させる一切の行為」は、「資産」の「譲渡」とは異なりますし、「著作物」も、「著作権」や「著作隣接権」とは異なりますので、「著作権」や「著作隣接権」の「譲渡」が行われていない状態で、「著作物」の「提供」が行われることによって「著作権」や「著作隣接権」の「譲渡」が行われたとされるということがあるのか、という疑問が湧いてくることになります。

そして、この部分に関しては、「著作物」の「提供」と「著作権」や「著作隣接権」の「貸付け」についても、同様に、「著作物」の「提供」が行われることによって「著作権」や「著作隣接権」の「貸付け」が行われたとされるということがあるのか、という疑問も湧いてくることになりますし、そもそも「著作権」や「著作隣接権」について「貸付け」ということがあるのか、という疑問も湧いてきます。

加えて、この部分に関しては、「著作物の提供」は「電気通信利用役務の提供に該当するもの」に限られるわけではありませんので、「「資産の貸付け」から「電気通信利用役務の提供に該当するもの」を除くこと」によって、何故、「著作物の提供が著作権・著作隣接権の譲渡・貸付けに当たる場合と役務の提供に当たる場合との整理」がなされるのか、という疑問も湧いてきます。

要するに、平成27年度税制改正において行われた消費税法における「電気通信利用役務の提供」に係る取扱いの改正のうちの「著作物」

等に関する改正については、「著作物」と「著作権」との関係、「利用」
と「使用」との関係、「著作物」の「提供」と「著作物」の「譲渡」と
の関係、「著作物」の「提供」と「著作権」の「貸付け」との関係など
の捉え方に疑問がある、ということです。

ⅱ　通達等における「利用」

　上記1⑵の表2の「利用」の「条文等」の欄にあるとおり、著作権
に関し、「利用」という用語は、法令以外では、変動所得について設
けられた所得税基本通達2－32（著作権の使用料に係る所得）、非居住者
の国内源泉所得について設けられた同161－35（使用料の意義）、繰延
資産について設けられた法人税基本通達8－1－10（出版権の設定の対
価）、外国法人の国内源泉所得について設けられた同20－3－3（使用
料の意義）、資産の貸付けについて設けられた消費税法基本通達5－4
－2（資産を使用させる一切の行為の意義）、国境を越えた役務の提供に
ついて設けられた消費税Q＆A問2－2（「電気通信利用役務の提供」の
提供の範囲②）において用いられています。

　以下、順に見ていきます。

（ⅰ）　所得税基本通達2－32

　　変動所得について設けられた所得税基本通達2－32において、
　「利用」という用語は、次のように用いられています。

> **（著作権の使用料に係る所得）**
> 2－32　令第7条の2に規定する「著作権の使用料に係る所得」
> には、著作権者以外の者が著作権者のために著作物の出版等に
> よる利用に関する代理若しくは媒介をし、又は当該著作物を管
> 理することにより受ける対価に係る所得は含まれない。

　　所得税基本通達2－32は、後掲⑧ⅰ（ⅱ）において引用している所得
税法施行令7条の2（変動所得の範囲）に規定する「著作権の使用料

に係る所得」の解釈を述べたものです。

　この通達は、昭和45年の著作権法の改正（昭和45年5月6日公布）の直後に発遣（昭和45年7月1日発遣）されており、当初から「著作物の出版等による利用」というように「利用」という用語を正しく用いています。

　ただし、この通達について、国税庁の職員が執筆した解説書においては、『「著作権の使用料に係る所得」とは、著作権を有する者が、著作権を他人に使用させることにより、その使用の対価として受ける使用料に係る所得に限られる。』*29と説明されており、この「著作権を他人に使用させる」というような用語の用い方には、疑問がある、ということを付言しておきます。

(ⅱ)　所得税基本通達161−35・法人税基本通達20−3−3

　非居住者の国内源泉所得について設けられた所得税基本通達161−35及び外国法人の国内源泉所得について設けられた法人税基本通達20−3−3において、「利用」という用語は、それぞれ次のように用いられています。

所得税基本通達
（使用料の意義）

161−35　法第161条第1項第11号イの工業所有権等の使用料とは、工業所有権等の実施、使用、採用、提供若しくは伝授又は工業所有権等に係る実施権若しくは使用権の設定、許諾若しくはその譲渡の承諾につき支払を受ける対価の一切をいい、同号ロの著作権の使用料とは、著作物（著作権法第2条第1項第1号《定義》に規定する著作物をいう。以下この項において同じ。）の複製、上演、演奏、放送、展示、上映、翻訳、編曲、脚色、映画化その他著作物の利用又は出版権の設定につき支払を受ける対価の一切をいうのであるから、これらの使用料には、契約を締結するに当たって支払を受けるいわゆ

る頭金、権利金等のほか、これらのものを提供し、又は伝授
するために要する費用に充てるものとして支払を受けるもの
も含まれることに留意する。

法人税基本通達
（使用料の意義）

20－3－3　令第183条第3項第1号イ《租税条約に異なる定め
がある場合の国内源泉所得》の工業所有権等の使用料とは、
工業所有権等の実施、使用、採用、提供若しくは伝授又は工
業所有権等に係る実施権若しくは使用権の設定、許諾若しく
はその譲渡の承諾に相当する事実に係る対価の一切をいい、
同号ロの著作権の使用料とは、著作物（著作権法第2条第1
項第1号《定義》に規定する著作物をいう。以下20－3－3
において同じ。）の複製、上演、演奏、放送、展示、上映、翻
訳、編曲、脚色、映画化その他著作物の利用又は出版権の設
定に相当する事実に係る対価の一切をいうのであるから、こ
れらの使用料には、契約締結に相当する事実に係るいわゆる
頭金、権利金等のほか、これらのものの提供又は伝授のため
に要する費用に充てるものも含まれることに留意する。

（注）工業所有権等の提供又は伝授に係る対価の全てを人的役
務の提供に係る対価とした場合であっても、当該対価のう
ち、次のいずれかに該当するものは工業所有権等の使用料
に該当する。

(1)　当該対価が、当該提供又は伝授に係る工業所有権等
を使用した回数、期間、生産高又はその使用による利
益に応じて算定されるもの

(2)　(1)に掲げるもののほか、当該対価が、当該人的役務
の提供のために要した経費に通常の利潤を加算した金
額を超えるもの

　これらの通達においては、「著作物」について「利用」という用語を用いることとなっており、「利用」と「使用」の違いを認識して定めが設けられていると評価することができます。

　法人税における著作権に関する用語と文言の内容と用い方は所得税におけるそれらに倣ったものであることは、既に述べたとおりであり、所得税基本通達161-35に関しては、既に1⑴において説明を行っていますので、その説明を参照して下さい。

ⅲ　法人税基本通達８－１－10

　繰延資産について設けられた法人税基本通達８－１－10において、「利用」という用語は、次のように用いられています。

（出版権の設定の対価）

　８－１－10　著作権法第79条第１項《出版権の設定》に規定する出版権の設定の対価として支出した金額は、令第14条第１項第６号ホ《その他自己が便益を受けるための費用》に規定する繰延資産に該当するものとする。

　（注）例えば漫画の主人公を商品のマーク等として使用する等他人の著作物を<u>利用</u>することについて著作権者等の<u>許諾</u>を得るために支出する一時金の費用は、出版権の設定の<u>対価</u>に準じて取り扱う。

　この通達は、昭和55年に制定されたものですが、「著作物」について「利用する」というように、「利用」と「使用」の違いを正しく捉えたものとなっています。

ⅳ　消費税法基本通達５－４－２

　消費税法基本通達５－４－２において、「利用」という用語は、次のように用いられています。

（資産を使用させる一切の行為の意義）

5-4-2　法第2条第2項《資産の貸付けの意義》に規定する「資産を使用させる一切の行為（当該行為のうち、電気通信利用役務の提供に該当するものを除く。）」とは、例えば、次のものをいう。

(1)　工業所有権等（特許権等の工業所有権並びにこれらの権利に係る出願権及び実施権をいう。）の使用、提供又は伝授

(2)　著作物の複製、上演、放送、展示、上映、翻訳、編曲、脚色、映画化その他著作物を利用させる行為

(3)　工業所有権等の目的になっていないが、生産その他業務に関し繰り返し使用し得るまでに形成された創作（特別の原料、処方、機械、器具、工程によるなど独自の考案又は方法についての方式、これに準ずる秘けつ、秘伝その他特別に技術的価値を有する知識及び意匠等をいう。）の使用、提供又は伝授

　消費税法基本通達5-4-2は、消費税法が創設された昭和63年に発遣された消費税法取扱通達5-4-2（資産を使用させる一切の行為の意義）を引き継ぎ、平成27年度税制改正による消費税法の改正に伴い、「当該行為のうち、電気通信利用役務の提供に該当するものを除く。」という括弧書きが挿入されて、現在に至っています。

　同通達中、「著作物」の「利用」に関する定めについては、同通達に「著作権」という用語が用いられていないこと、「資産の貸付け」について定義している消費税法2条2項において用いられている「使用」という用語が「利用」という用語に置き換えられていること、そして、「複製」、「上演」、「放送」、「展示」、「上映」、「翻訳」、「編曲」、「脚色」及び「映画化」という例示の全てが著作権法において「著作物」の「利用」の形態として挙げられているものであることに注目する必要があります。

　また同通達の(1)の「工業所有権等」には、「著作権」は含められ
ていないため、「著作権」の「使用、提供又は伝授」というものが
あったとしても、それらは、「法第 2 条第 2 項《資産の貸付けの意
義》に規定する「資産を使用させる一切の行為」」には含まれない
ということになります*30。

　そして、(2)において、「著作物を利用させる行為」の例示として
挙げられている「複製」、「上演」、「放送」、「展示」、「上映」、「翻
訳」、「編曲」、「脚色」と「映画化」は、いずれも著作権法において
「著作物」の「利用」の形態として挙げられているものとなってい
ますので、ここでは、著作権法における「著作物」の「利用」の形
態を念頭に置き、それらを「法第 2 条第 2 項《資産の貸付けの意
義》に規定する「資産を使用させる一切の行為」」と捉えることと
していると考えられます。

　このように、上記(i)において引用した財務省『平成27年度　税制
改正の解説』の説明のなお書きには、上記 i において述べたとおり
いくつかの疑問があるものの、消費税法基本通達 5 - 4 - 2 自体は、
著作権法における「著作権」と「著作物」の区別と「利用」という
用語の意味とを正しく認識した上で、「著作物」の「貸付け」が
「法第 2 条第 2 項《資産の貸付けの意義》に規定する「資産を使用
させる一切の行為」」に含まれるという解釈を示している、という
ことになります。

　ところで、この消費税法基本通達 5 - 4 - 2 の(2)に関しては、国
税当局の職員が執筆している解説書における解説*31の注記で、「著
作物を利用させる行為は、例えば、著作物の二次利用を前提とした
貸付けが該当することから、消費者等に対しても広く行われるイン
ターネットを介した電子書籍の配信や音楽、映像等を視聴させる
サービスなどの電気通信利用役務の提供（一般的にその著作物の利
用は私的利用に限られるもの）は、これに該当しない。」という説
明がなされています。

　この説明にある「著作物を利用させる行為は、例えば、著作物の

二次利用を前提とした貸付けが該当する」という部分は、「著作物を利用させる行為」に関しては、平成27年度税制改正前から、消費税法２条２項に規定する「資産の貸付け」が「例えば、著作物の二次利用を前提とした貸付け」をいうものとなっている、ということを述べたものです。

　換言すれば、この部分は、対価が「使用料」ではなく「料金」や「報酬」などとなるものについては、『法第２条第２項《資産の貸付けの意義》に規定する「資産を使用させる一切の行為」』に該当しないということを確認したものということになります。

　そして、この説明においては、「消費者等に対しても広く行われるインターネットを介した電子書籍の配信や音楽、映像等を視聴させるサービスなどの電気通信利用役務の提供（一般的にその著作物の利用は私的利用に限られるもの）」は消費税法基本通達５－４－２の⑵の「著作物を利用させる行為」に該当しない、と述べています。

　この記述は、著作権法30条（私的使用のための複製）１項において、「個人的に又は家庭内その他これに準ずる限られた範囲内において使用すること（以下「私的使用」という。）を目的とするとき」について、一定の場合を除き、「その使用する者が複製することができる」というように、同法の制限の対象外としていることと、同様の観点に立つものと考えられます。

　ただし、この記述に関しては、著作権法30条において「使用」という用語を用いているにもかかわらず、その「使用」という用語を「利用」という用語に置き換えて用いている理由が不明であるということを付言しておきます。

⒱　消費税Q＆A問２－２

　消費税Q＆A問２－２は次のとおりで、その答の中で、「利用」という用語が用いられています。

（「電気通信利用役務の提供」の範囲②）

問2-2　当社は、日本に本店を有する法人であり、国外事業者が<u>著作権</u>を有するソフトウエアについて、当該国外事業者から日本国内のエンドユーザーに販売するための権利を取得し、インターネットを通じて配信する方法により販売を行っています。

　この場合、国外事業者との取引（図①）及びエンドユーザーに対するソフトウエアの配信（図②）について、課税関係はそれぞれどのようになりますか。

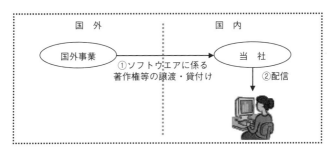

【答】

　電気通信利用役務の提供とは、資産の譲渡等のうち、電気通信回線を介して行われる<u>著作物の提供</u>（当該著作物の<u>利用</u>の許諾に係る取引を含みます。）その他電気通信回線を介して行われる役務の提供（電話等、通信設備を用いて他人の通信を媒介する役務の提供は除きます。）であって、他の資産の譲渡等の結果の通知その他の他の資産の譲渡等に付随して行われる役務の提供以外のものをいいます（法2①八の三）。

　①の取引は、<u>著作権</u>・著作隣接権という資産の<u>譲渡</u>又は<u>貸付</u><u>け</u>に該当し、電気通信回線を介して行われる役務の提供には該当しませんので、<u>著作権</u>・著作隣接権の<u>譲渡</u>又は<u>貸付け</u>を行う者の住所又は本店若しくは主たる事務所の所在地で内外判定を行うこととなり、国外取引として消費税の課税対象外となります（令6①七）。

　　②の取引は、インターネットを通じたソフトウエアの販売で
あり、電気通信利用役務の提供に該当することから、役務の提
供を受ける者の住所若しくは居所又は本店若しくは主たる事務
所の所在地で内外判定を行うこととなり、国内事業者が国内の
エンドユーザーに販売するものですので、国内取引として消費
税の課税対象となります（法4③三）。

　問2－2の①の取引は、問において、ソフトウエアを「販売する
ための権利を取得」する取引とされており、それが説明図では「ソ
フトウエアに係る著作権等の譲渡・貸付け」とされています。この
問の「当社」は、①の取引により、「著作権等の〔中略〕貸付け」
を受けたということになっているのではなく、複製権という著作権
を取得したということになっているのではないかと思われます。
　答においては、①の取引は、消費税法2条1項8号の3の「電気
通信利用役務の提供」の定義にある「電気通信回線を介して行われ
る役務の提供」には該当しないということを理由として、消費税法
施行令6条1項7号を根拠に、「著作権・著作隣接権の譲渡又は貸付
けを行う者の住所又は本店若しくは主たる事務所の所在地で内外判
定を行うこととなり、国外取引として消費税の課税対象外となりま
す」とされています。
　そして、②の取引は、「インターネットを通じて配信する方法」
によるエンドユーザーへのソフトウエアの「販売」とされています
が、その答においては、②の取引は、「インターネットを通じたソ
フトウエアの販売」であるということを理由として、「電気通信利
用役務の提供に該当する」とされています。
　そうすると、ソフトウエアという「資産」の「販売」が「イン
ターネットを通じて配信する方法」によって行われると、ソフトウ
エアという「資産」の「販売」は「電気通信回線を介して行われる
役務の提供」（消法2①八の三）ということになるのか、という疑問

が湧いてくることになります。

　つまり、この消費税Ｑ＆Ａ問２－２に関しても、上記ⅰにおいて消費税法２条１項８号の３の「役務の提供」という文言と同号の立法者意思について指摘したように、同号の文言と問２－２の答に記載されていることのどちらに基づいて同号を解釈するべきであるのかという難しい問題に突き当たることになるということです。

　この問題に関しては、消費税法２条１項８号の３の「役務の提供」という文言に拘る必要はないという答でよいと考えていますが、詳細に関しては、上記ⅰの解説を参照して下さい。

　なお、問２－２に関しては、その答に、「著作権・著作隣接権という資産の譲渡又は貸付け」、「著作権・著作隣接権の譲渡又は貸付け」とあるように、「譲渡」と「貸付け」が明確に分けられているということも、確認しておくこととします。

②　「使用」

　上記１⑵の表２の「使用」の欄から分かるとおり、税法等においては、著作権に関する定めの中に、「使用」という用語は、用いられていません。

　前節２⑵②で確認したとおり、著作権法においては、著作物について、「利用」という用語とともに、「使用」という用語が用いられていますが、税法等においては、「使用料」という用語は用いられているものの、「使用」という用語は、用いられていない、ということです。

　税法等の中において、著作物について「使用」という用語が用いられていない理由としては、いくつか想定することはできますが、実際に何がその理由であるのかということは、明確ではありません。

　ところで、法令においては、著作権について、「使用」という用語を用いて「著作物の使用」や「著作物を使用」などと規定することはできるものの、著作権について、「使用」という用語を用いて「著作権の使用」や「著作権を使用」などと規定することはできないと考えられることに留意する必要があります。

　法令においては、権利について、「使用」という用語とともに用いる

のではなく、「行使」という用語とともに用いることとされています。

　現行法令の条文について、「〜権の行使」という文言で検索をしてみると、非常に多くの使用例があり、その数は1,000件を超えるのではないかと思われます。「〜権の行使」という文言は、法人税法においても5件、所得税法においても9件、租税特別措置法においても26件の使用例があります。

　これに対し、「〜権の使用」という文言で現行法令の条文の検索をしてみると、税法等に「〜権の使用料」とあるものを除けば、唯一、国際通貨基金及び国際復興開発銀行への加盟に伴う措置に関する法律17条（参加国等との特別引出権に係る取引等）2号に「特別引出権の使用」とあるのみとなっています。

　また、「〜権を使用」という文言で現行法令の条文の検索をしてみると、「採石権を使用」という文言が所得税法、法人税法及び所得法施行規則にあるのみであり、「〜権を使用」という文言は、他の法令には、全く存在しません。

　これは、法令においては、「〜権の使用」や「〜権を使用」などというように、権利について「使用」という用語を用いることは、本来は、適当ではないとされている、ということを意味しています。

　著作権に関しても、「著作権の使用」や「著作権を使用」という文言は、いずれの法令にも存在しません。

　要するに、著作権を用いるという場合にも、他の権利と同様に、「使用」という用語ではなく、「行使」という用語を用いる必要があるということです。現に、著作権法においても、「著作権の行使」という文言が3か所（著法18②一・三、65④）で用いられています。

③　「譲渡」
　ⅰ　法令における「譲渡」
　　上記1⑵の表2の「譲渡」の「条文等」の欄にあるとおり、著作権に関し、「譲渡」という用語は、税法等では、所得税法95条（外国税額控除）4項9号ロ・161条（国内源泉所得）1項11号ロ・165条の6（非

居住者に係る外国税額の控除）４項８号ロ、所得税法施行令82条（短期譲渡所得の範囲）１号、法人税法69条（外国税額控除）４項９号ロ・144条の２（外国法人に係る外国税額控除）４項８号ロ、法人税法施行令５条（収益事業の範囲）１項33号、消費税法施行令６条（資産の譲渡等が国内において行われたかどうかの判定）１項７号において用いられています。

　以下、順に見ていきます。

(i)　所得税法95条４項９号ロ・161条１項11号ロ・165条の６第４項８号ロ・所得税法施行令82条１号・法人税法69条４項９号ロ・144条の２第４項８号ロ

　所得税法95条４項９号ロ等において、「譲渡」という用語は、次のように用いられています。

> **所得税法95条４項９号ロ・161条１項11号ロ・165条の６第４項８号ロ、法人税法69条４項９号ロ・144条の２第４項８号ロ**
> ロ　著作権（出版権及び著作隣接権その他これに準ずるものを含む。）の使用料又はその譲渡による対価
>
> **所得税法施行令82条１号**
> 一　…自己の著作に係る著作権…の譲渡による所得

　著作権が譲渡の対象となることに関しては、何ら疑問はありませんが、著作権については、一部の権利のみを譲渡したり、一部の地域について著作権を譲渡したり、また、一定の期間について著作権を譲渡したりするなどということも行われており、これらは、著作権法上も可能と解されていることに留意する必要があります。

　つまり、著作権の「譲渡」は、他の資産の「譲渡」よりも多様であるため、税法等において用いられている著作権の「譲渡」という用語に関しては、その多様性をよく理解して解釈等をする必要があ

るということです。

このような著作権の「譲渡」という用語の多様性は、次の(ii)と(iii)において確認する「譲渡」という用語についても、同様です。

(ii)　法人税法施行令５条１項33号

収益事業の範囲について定める法人税法施行令５条１項33号において、「譲渡」という用語は、次のように用いられています。

> 三十三　その有する工業所有権その他の技術に関する権利又は著作権（出版権及び著作隣接権その他これに準ずるものを含む。）の譲渡又は提供（以下この号において「無体財産権の提供等」という。）のうち次に掲げるもの以外のものを行う事業
> 　　イ～ハ　省略

このように、法人税法施行令５条１項33号においても、「譲渡」という用語は、「著作権」について用いられています。

また、「譲渡」という用語が「提供」という用語と並べて用いられていますので、「譲渡」と「提供」は異なると捉えられているということになります。

(iii)　消費税法施行令６条１項７号

資産の譲渡等が国内において行われたかどうかの判定について定める消費税法施行令６条（資産の譲渡等が国内において行われたかどうかの判定）１項７号において、「譲渡」という用語は、次のように用いられています。

> 七　著作権（出版権及び著作隣接権その他これに準ずる権利を含む。）又は特別の技術による生産方式及びこれに準ずるもの（以下この号において「著作権等」という。）　著作権等の譲渡又は貸付けを行う者の住所地

　この規定においても、「譲渡」という用語は、「著作権」について用いられています。

　また、「譲渡」という用語は、「貸付け」という用語と並べて用いられており、当然のことながら、「譲渡」と「貸付け」は異なるということになります。

ⅱ　消費税Ｑ＆Ａにおける「譲渡」

　上記1⑵の表2の「譲渡」の「条文等」の欄から分かるとおり、著作権や著作物について「譲渡」という用語が用いられた通達は存在しません。消費税Ｑ＆Ａ問2－1において、次のように、著作権等について、「貸付け」という用語とともに「譲渡」という用語が用いられています。

（「電気通信利用役務の提供」の範囲①）
問2－1　「電気通信利用役務の提供」とは、具体的にはどのような取引が該当しますか。

【答】
　具体的には、対価を得て行われる取引で、以下のようなものが該当します（法2①八の三、基通5－8－3）。
○　インターネット等を介して行われる電子書籍・電子新聞・音楽・映像・ソフトウエア（ゲームなどの様々なアプリケーションを含みます。）の配信
○　顧客に、クラウド上のソフトウエアやデータベースを利用させるサービス
○　顧客に、クラウド上で顧客の電子データの保存を行う場所の提供を行うサービス
○　インターネット等を通じた広告の配信・掲載

【参考】消費税法第2条第1項第8号の3（電気通信利用役務
　　　　の提供）

資産の譲渡等のうち、電気通信回線を介して行われる<u>著作物</u>
（著作権法（昭和四十五年法律第四十八号）第二条第一項第一
号（定義）に規定する<u>著作物</u>をいう。）の<u>提供</u>（当該著作物の
<u>利用</u>の<u>許諾</u>に係る取引を含む。）その他の電気通信回線を介し
て行われる役務の提供（電話、電信その他の通信設備を用いて
他人の通信を媒介する役務の提供を除く。）であつて、他の資
産の譲渡等の結果の通知その他の他の資産の譲渡等に付随して
行われる役務の提供以外のものをいう。

　なお、通信そのもの、又は、その電気通信回線を介する行為が他
の資産の譲渡等に付随して行われるもの、具体的には、以下のよう
な取引は「電気通信利用役務の提供」には該当しません。
○　電話、ＦＡＸ、電報、データ伝送、インターネット回線の利用
　など、他者間の情報の伝達を単に媒介するもの（いわゆる通信）
○　ソフトウエアの制作等
　　（<u>著作物</u>の制作を国外事業者に依頼し、その成果物の受領や制
　作過程の指示をインターネット等を介して行う場合がありますが、
　当該取引も<u>著作物</u>の制作という他の資産の譲渡等に付随してイン
　ターネット等が利用されているものですので、電気通信利用役務
　の提供に該当しません。）
○　国外に所在する資産の管理・運用等（ネットバンキングを含む。）
　　（資産の運用、資金の移動等の指示、状況、結果報告等につい
　て、インターネット等を介して連絡が行われたとしても、資産の
　管理・運用等という他の資産の譲渡等に付随してインターネット
　等が利用されているものですので、電気通信利用役務の提供に該
　当しません。ただし、クラウド上の資産運用ソフトウエアの利用
　料金などを別途受領している場合には、その部分は電気通信利用
　役務の提供に該当します。）

○　国外事業者に依頼する情報の収集・分析等

　　（情報の収集、分析等を行ってその結果報告等について、インターネット等を介して連絡が行われたとしても、情報の収集・分析等という他の資産の譲渡等に付随してインターネット等が利用されているものですので、電気通信利用役務の提供に該当しません。ただし、他の事業者の依頼によらずに自身が収集・分析した情報について対価を得て閲覧に供したり、インターネットを通じて利用させるものは電気通信利用役務の提供に該当します。）

○　国外の法務専門家等が行う国外での訴訟遂行等

　　（訴訟の状況報告、それに伴う指示等について、インターネット等を介して行われたとしても、当該役務の提供は、国外における訴訟遂行という他の資産の譲渡等に付随してインターネット等が利用されているものですので、電気通信利用役務の提供に該当しません。）

○　<u>著作権</u>の<u>譲渡・貸付け</u>

　　（<u>著作物</u>に係る<u>著作権</u>の所有者が、<u>著作物</u>の複製、上映、放送等を行う事業者に対して、当該<u>著作物</u>の<u>著作権</u>等の<u>譲渡・貸付け</u>を行う場合に、当該<u>著作物</u>の受け渡しがインターネット等を介して行われたとしても、<u>著作権</u>等の<u>譲渡・貸付け</u>という他の資産の譲渡等に付随してインターネット等が利用されているものですので、電気通信利用役務の提供に該当しません。）

※　これら、「電気通信利用役務の提供」に該当しない、資産の譲渡・貸付け、役務の提供については、これまで同様に、その資産の譲渡・貸付け、役務の提供の種類に応じて、消費税法第4条、消費税法施行令第6条により、内外判定を行います。また、国内取引に該当し、消費税の課税対象となる場合には、これら資産の譲渡等を行った事業者に納税義務が課されます。

　「譲渡」という用語は、上記①ⅱ(v)で引用した消費税Q＆A問２－２においても、「著作権・著作隣接権という資産の譲渡又は貸付け」及び「著作権・著作隣接権の譲渡又は貸付け」というように用いられています。

　問２－１は、上記①ⅰにおいて引用した財務省の『平成27年度　税制改正の解説』に記載されていた説明と実質的に同じ内容のものとなっており、その説明に関しては、既に「譲渡」という用語の用い方も含めて上記①ⅰにおいて解説をしていますので、問２－１の「譲渡」に関しても、その解説を参照して下さい。

　また、問２－２に関しても、上記①ⅱ(v)において既に「譲渡」という用語の用い方も含めて解説をしていますので、その解説を参照して下さい。

④　「提供」

　ⅰ　法令における「提供」

　上記１(2)の表２の「提供」の「条文等」の欄にあるとおり、著作権に関して「提供」という用語を用いた税法等の規定は、法人税法施行令５条（収益事業の範囲）１項33号及び租税特別措置法40条の４（居住者の外国関係会社に係る所得の課税の特例）２項３号イ、同40条の７（特殊関係株主等である居住者に係る外国関係法人に係る所得の課税の特例）２項４号イ、同66条の６（内国法人の外国関係会社に係る所得の課税の特例）２項３号イ、同66条の９の２（特殊関係株主等である内国法人に係る外国関係法人に係る所得の課税の特例）２項４号イ、租税特別措置法施行令39条の34の３（適格合併等の範囲に関する特例）１項３号ロ・２項３号ロ・４項３号ロ・７項１号及び消費税法２条１項８号の３（電気通信利用役務の提供の定義）となっています。

　(i)　法人税法施行令５条１項33号

　収益事業の範囲について定める法人税法施行令５条１項33号においては、上記１(2)の表２の「提供」の「法人税法施行令５条１項33

号」の欄の「用語と文言の用い方」の欄にあるとおり、「提供」という用語が「著作権（出版権及び著作隣接権その他これに準ずる権利を含む。）の譲渡又は提供」というように用いられています。

　著作権法においては、前節2(2)④において確認したとおり、「提供」という用語は「著作物」等について用いられており、「著作権」について用いられているわけではありません。

　このため、税法等の規定において、「著作権の提供」という文言を用いている場合には、その文言をどのように解釈するのかという問題が生じてこざるを得なくなりますが、この問題に関しては、⑫の記述を参照して下さい。

　また、法人税法施行令5条1項33号においては、「著作権〔括弧内略〕の譲渡又は提供」というように、「譲渡」という用語と並記して「提供」という用語を用いていますので、この「提供」という用語は、「譲渡」を含む趣旨で用いているものではないと解されます。

(ⅱ)　租税特別措置法40条の4第2項3号イ・40条の7第2項4号イ・66条の6第2項3号イ・66条の9の2第2項4号イ・租税特別措置法施行令39条の34の3第1項3号ロ・2項3号ロ・4項3号ロ・7項1号

　租税特別措置法において、「著作権」という用語が用いられるようになったのは、おそらく昭和29年からで、同年には、同法7条の6（輸出所得の特別控除）1項10号に次のような定めが設けられます。

> 十　対外支払手段を対価として行う運送（前号に掲げる運送を除く。）、修理、加工、建設請負又は工業所有権その他の技術に関する権利若しくは特別の技術による生産方式及びこれに準ずるもの（これらの権利に関する使用権を含む。）若しくは<u>著作権</u>（映画フイルムの上映権を含む。）の譲渡若しくは<u>提供</u>

　この昭和29年に制定された旧租税特別措置法７条の６第１項においては、「提供」という用語が「譲渡」という用語とともに用いられていますが、その後、昭和53年に、外国子会社合算税制（タックス・ヘイブン対策税制）が導入された際に、旧租税特別措置法40条の４（居住者に係る特定外国子会社等の留保金額の総収入金額算入）３項と同法66条の６（内国法人に係る特定外国子会社等の留保金額の益金算入）３項に、「著作権（出版権及び著作隣接権その他これに準ずるものを含む。）の提供」というように、「譲渡」という用語を用いずに「提供」という用語のみを用いる規定が出てきます。そして、その後、租税特別措置法においては、著作権に関する取扱いを定めている規定が外国子会社合算税制に関係する規定のみとなり、現在、「譲渡」という用語を用いる規定は存在しないという状態となっています。

　この「著作権〔中略〕の提供」という文言については、後掲⑫及び第６章において詳しく解説することとして、ここでは、「提供」という用語は「譲渡」を含むものとして用いられたとは解されないということだけ確認しておきます。

(ⅲ)　消費税法２条１項８号の３

　消費税法２条１項８号の３は、上記①ⅰにおいて引用したとおりですが、同号においても、「提供」という用語が用いられており、その解説を参照して下さい。

　また、後掲⑫においても、「著作物の提供」について解説をしていますので、その解説も参照して下さい。

ⅱ　通達等における「提供」

　上記１⑵の表２にあるとおり、「提供」という用語は、所得税基本通達161－35（使用料の意義）、同161－37（使用料に含まれないもの）、法人税基本通達20－３－３（使用料の意義）及び消費税Ｑ＆Ａ問２－２において用いられています。

(i)　所得税基本通達161-35・161-37

　所得税基本通達161-35は、上記1⑴において引用したとおりですが、同通達で用いられている「これらのものを提供」という文言の中の「これら」とは、「工業所有権等」、「工業所有権等に係る実施権若しくは使用権」、「著作権」及び「著作物の利用」（「著作権の利用権」という趣旨の文言と解されます。）及び「出版権の設定」となっていることに留意する必要があります。つまり、「提供」をするものは、「著作物」等ではなく、「著作権」等の権利とされているということです。

　所得税基本通達161-37は、昭和45年に同通達161-25として発遣されたもので、上記表2の「用語と文言の用い方」欄にあるとおり、「工業所有権等又は著作権の提供契約」という文言が用いられていますが、この「提供」という用語も、「著作物」ではなく、「著作権」について用いられています。

(ii)　法人税基本通達20-3-3

　法人税基本通達20-3-3は、上記①ii(ii)において引用したとおりであり、法人税に関して所得税基本通達161-35と同旨のことを定めたものとなっているため、説明を省略します。

(iii)　消費税Q&A問2-2

　消費税Q&A問2-2においては、「提供」という用語が「著作物の提供」というように用いられており、著作権法と同様に、「著作権」ではなく、「著作物」について「提供」という用語が用いられています。

⑤　「貸付け」

　「貸付け」という用語は、上記1⑵の表2の「貸付け」の「条文等」の欄にあるとおり、消費税法施行令6条1項7号、消費税Q&A問2-1・問2-2において用いられています。

i 消費税法施行令6条1項7号

　著作権に関して「貸付け」という用語を用いた税法等の規定は、消費税法施行令6条（資産の譲渡等が国内において行われたかどうかの判定）1項7号となっており、この規定は、上記③ⅰ(ⅲ)において引用したとおりとなっています。

　著作権法においては、前節2⑵⑤で確認したとおり、「貸与」という用語が用いられており、「貸付け」や「貸付」という用語は用いられていません。

　これに対し、所得税法、法人税法、租税特別措置法及び消費税法においては、「貸付け」や「貸付」という用語は数多く用いられていますが、「貸与」という用語は全く用いられていません。

　「貸与」という用語と「貸付け」や「貸付」という用語は、いずれも一般用語ですが、その意味内容は、実質的に同じと言ってよいものです。

　このような事情にあることからすると、消費税法施行令6条1項7号において用いられている「貸付け」という用語の意味内容は、著作権法において用いられている「貸与」という用語の意味内容と同じものと解するべきであると考えられます。

　ただし、著作権法における「貸与」という用語は、前節2⑵⑤において確認したとおり、「著作権」について用いられているわけではなく、「著作物」等について用いられています。このため、税法等の規定において、「著作権の貸付け」という文言を用いた場合に、その文言をどのように解釈するのかということは、かなりの難問とならざるを得ないと考えられますが、これに関しては、⑬の解説を参照して下さい。

ⅱ 消費税Q&A問2-1・問2-2

　法令以外では、「貸付け」という用語は、上記③ⅱ及び①ⅱ(ⅴ)において引用したとおり、消費税Q&A問2-1（「電気通信利用役務の提供」の範囲①）及び問2-2（「電気通信利用役務の提供」の範囲②）にお

いて用いられています。

　ただし、消費税Ｑ＆Ａ問２－１及び問２－２において用いられている「貸付け」という用語は、消費税法基本通達５－４－２(2)に挙げられている行為をいうものであると解することができるものであって、その行為に関する解説は、既に上記①ⅱ(iv)において行っています。

　このため、消費税法基本通達５－４－２(2)に挙げられている行為と消費税Ｑ＆Ａ問２－１及び問２－２において用いられている「貸付け」という用語に関しては、上記①ⅱ(iv)・(v)及び③ⅱの解説を参照して下さい。

　また、⑬においても、「著作権の貸付け」という文言について解説を行っていますので、その解説も参照して下さい。

⑥　「許諾」
　上記１(2)の表２の「許諾」の「条文等」の欄にあるとおり、「許諾」という用語は、消費税法２条１項８号の３、法人税基本通達８－１－10と消費税Ｑ＆Ａ問２－２において用いられています。

　ⅰ　消費税法２条１項８号の３
　「許諾」という用語は、上記①ⅰにおいて引用した消費税法２条１項８号の３（電気通信利用役務の提供の定義）において、「著作物の利用の許諾」というように用いられています。

　「許諾」という用語が法令用語として用いられる場合にどのような意味内容を有するものとなっているのかということについては、既に、前節２(2)⑥において確認したとおりです。

　消費税法２条１項８号の３において用いられている「許諾」という用語は、「著作物」の「利用」について用いられており、「著作権」や「使用」について用いられているわけではないという点に留意する必要があります。

　このように、「著作物」の「利用」について「許諾」という用語を用いる用い方は、著作権法における用い方と同じです。

　このため、消費税法2条1項8号の3における「著作物の利用の許諾」という文言は、著作権法における同じ文言と同様の意味内容を有するものと解釈するべきであると考えられます。

ⅱ　通達等における「許諾」

　「許諾」という用語は、上記①ⅱ(ⅲ)と①ⅱ(ⅴ)において引用した法人税基本通達8－1－10（出版権の設定の対価）と、消費税Q＆A問2－2（「電気通信利用役務の提供」の範囲②）において用いられています。

(ⅰ)　法人税基本通達8－1－10

　繰延資産となる出版権の設定の対価について解釈を定めた法人税基本通達8－1－10は、上記①ⅱ(ⅲ)において引用したとおりです。

　同通達は、その注記において、「著作物を利用することについて著作権者等の許諾を得る」というように、「著作物」、「利用」及び「許諾」という用語について著作権法と同様の用い方をしており、適切な用い方をしていると評価してよいと考えられます。

　この「許諾」という用語の意味内容に関しては、前節2(2)⑥において確認したとおりです。

(ⅱ)　消費税Q＆A問2－2

　消費税Q＆A問2－2においては、上記①ⅱ(ⅴ)において確認したとおり、「許諾」という用語が「著作物の提供」の括弧書きにおいて「(当該著作物の利用の許諾に係る取引を含みます。)」というように用いられています。

　この消費税Q＆A問2－2の括弧書きは、消費税法2条1項8号の3における「著作物の提供」の括弧書きである「(当該著作物の利用の許諾に係る取引を含む。)」と同様のものであり、これに関しては、既に上記①ⅰにおいて解説を行っています。このため、前節2(2)⑥の解説及び上記①ⅰの解説を参照して下さい。

⑦　「対価」

　上記1⑵の表2の「対価」の「条文等」の欄にあるとおり、「対価」という用語は、税法等の規定においては、所得税法95条（外国税額控除）4項9号ロ、同161条（国内源泉所得）1項11号ロ、同165条の6（非居住者に係る外国税額控除）4項8号ロ、法人税法69条（外国税額控除）4項9号ロ、同144条の2（外国法人に係る外国税額控除）4項8号ロで用いられており、通達においては、所得税基本通達2-32（著作権の使用料に係る所得）、同161-35（使用料の意義）、法人税基本通達8-1-10（出版権の設定の対価）及び同20-3-3（使用料の意義）で用いられています。

　これらの「対価」という用語は、「料金」、「使用料」、「報酬」などの様々なものをいうものとして用いられています。

　法令の規定等における著作権に関する用語と文言を解釈したり理解したりするために「対価」という用語の意味内容や用い方を確認することが有益であるという特段の事情はないと考えられますので、「対価」という用語については、それが「料金」、「使用料」、「報酬」などの様々なものをいうものとして用いられている点を確認するにとどめることとします。

⑧　「報酬」

　ⅰ　法令における「報酬」

　　上記1⑵の1⑵の表2の「報酬」の「条文等」の欄にあるとおり、所得税法204条（源泉徴収義務）1項1号及び所得税法施行令7条の2（変動所得の範囲）においては、「報酬」という用語が用いられています。

　（ⅰ）　所得税法204条1項1号

　　第2節において引用した旧所得税法施行規則4条の3においては、「原稿、挿畫、作曲及音盤吹込ノ料金、放送謝金、著作權ノ使用料及講演料竝ニ此等ノ性質ヲ有スル報酬又ハ料金」と規定されていました。

　　この規定においては、「原稿、挿畫、作曲及音盤吹込」について

は「料金」とされていますが、「放送謝金」、「著作権ノ使用料」及び「講演料」については、それらが「報酬」や「料金」であるのか否かということは、明確ではありません。

つまり、この規定においては、「竝ニ此等ノ性質ヲ有スル報酬又ハ料金」とされていますので、「原稿、挿畫、作曲及音盤吹込ノ料金、放送謝金、著作権ノ使用料及講演料」の中に「料金」だけでなく、「報酬」があると捉えられていることが明確ですが、その中のどれが「報酬」であるのかということは明確ではないということです。

昭和22年に定められた旧所得税法42条前段においては、上記1(1)において引用したとおり、上記の旧所得税法施行規則4条の3の引用部分は、「原稿、挿画、作曲及び音盤吹込の報酬、放送謝金、著作権の使用料及び講演料並びにこれらの性質を有する報酬又は料金」というように、「原稿、挿畫、作曲及音盤吹込ノ料金」とされていたものが、「原稿、挿画、作曲及び音盤吹込の報酬」に修正されています。

このように、「原稿、挿畫、作曲及音盤吹込」について、「料金」とされていたものを「報酬」に修正した理由を説明したものは、見当たりません。

このため、このように修正した理由については、推測するしかないわけですが、旧所得税法施行規則4条の3を制定した際には、「原稿料」などというように「…料」と呼んでいることに着目して「料金」としたが、旧所得税法42条を制定した際には、呼び方ではなく、内容に則して定めることとし、「原稿、挿畫、作曲及音盤吹込」の対価については、原稿の執筆等を依頼して原稿等を作成してもらったことに対して支払うもののみを対象とすることから、著作物の対価と捉えるのではなく、人的役務の提供の対価と捉えるべきものであると判断し、「料金」を「報酬」に修正したものであろうと考えています[*32]。

しかし、昭和26年に発遣された旧所得税基本通達590においては、

次のとおり、旧所得税法42条1項において「原稿〔中略〕の報酬」とされているにもかかわらず、「報酬」という用語ではなく「料金」という用語を用いて、見出しが「原稿の料金」とされ、本文が「法第四十二条第一項に規定する原稿の料金」とされており、同通達が廃止される昭和45年まで同じ状態となっていました。

（原稿の料金）
　五九〇　法第四十二条第一項に規定する原稿の料金には、演劇、演芸の台本の料金、口述の料金又は文、詩、歌等の懸賞の入賞金をも含むものとする。

　また、同じく昭和26年に発遣された旧所得税基本通達591においても、次のとおり、旧所得税法42条1項において「作曲〔中略〕の報酬」とされているにもかかわらず、見出しにおいては「報酬」という用語を用いつつも、本文においては、「報酬」という用語ではなく「報酬又は料金」という文言を用いて、「法第四十二条第一項に規定する作曲の報酬又は料金」とされ、また、「編曲」に関しては「報酬」という用語ではなく「料金」という用語を用いて、「編曲の料金」とされており、同通達が廃止される昭和45年まで同じ状態となっていました。

（作曲の報酬）
　五九一　法第四十二条第一項に規定する作曲の報酬又は料金には、編曲の料金をも含むものとする。

　このような事情にあることからすると、源泉徴収の取扱いにおいては、著作権に関する事項について、「報酬」と「料金」とを区別する実益がなく、それらの用語の使い分けも明確には行われていなかったと考えてよいと思われます。

　現在、所得税法204条においては、同条１項１号において、次のように定められています。

　一　原稿、さし絵、作曲、レコード吹込み又はデザインの<u>報酬</u>、放送謝金、<u>著作権</u>（著作隣接権を含む。）又は工業所有権の<u>使用料</u>及び講演料並びにこれらに類するもので政令で定める<u>報酬又は料金</u>

　所得税法204条１項１号に規定されていることは、旧所得税法42条に規定されていたことと同様と捉えてよいと考えられます。
　所得税法204条１項１号に規定する「政令で定める報酬又は料金」は、所得税法施行令320条１項において、次のように定められています。

（報酬、料金、契約金又は賞金に係る源泉徴収）
第三百二十条　法第二百四条第一項第一号（源泉徴収義務）に規定する政令で定める<u>報酬</u>又は<u>料金</u>は、テープ若しくはワイヤーの吹込み、脚本、脚色、翻訳、通訳、校正、書籍の装てい、速記、版下（写真製版用写真原板の修整を含むものとし、写真植字を除くものとする。）若しくは雑誌、広告その他の印刷物に掲載するための写真の<u>報酬</u>若しくは<u>料金</u>、技術に関する権利、特別の技術による生産方式若しくはこれらに準ずるものの<u>使用料</u>、技芸、スポーツその他これらに類するものの教授若しくは指導若しくは知識の教授の報酬若しくは料金又は金融商品取引法第二十八条第六項（通則）に規定する投資助言業務に係る報酬若しくは料金とする。

　このような所得税法204条１項１号と所得税法施行令320条１項の定め方からすると、「報酬」については、「料金」との区分が明確で

はないと言わざるを得ませんが、「使用料」とは異なるものと捉えられていることは明確であると言ってよいと考えられます。

(ii)　所得税法施行令７条の２

　「報酬」という用語は、次のとおり、所得税法施行令７条の２においても用いられています。

（変動所得の範囲）
第七条の二　法第二条第一項第二十三号（変動所得の意義）に規定する政令で定める所得は、漁獲若しくはのりの採取から生ずる所得、はまち、まだい、ひらめ、かき、うなぎ、ほたて貝若しくは真珠（真珠貝を含む。）の養殖から生ずる所得、<u>原稿若しくは作曲の報酬</u>に係る所得又は<u>著作権の使用料</u>に係る所得とする。

　変動所得の定めにおいて、「著作権」という用語が初めて用いられたのは昭和25年であり、旧所得税法14条（変動所得の平均課税）１項と14条の２（変動所得の二年目以降の平均課税）において、それぞれ「原稿及び作曲の報酬若しくは著作権の使用料に因る所得」と「原稿及び作曲の報酬並びに著作権の使用料に因る所得」という文言が用いられていました。所得税法施行令７条の２は、旧所得税法14条と14条の２で規定していたものを政令で規定するようになったものということになります。

　上記引用から分かるとおり、所得税法施行令７条の２においては、旧所得税法14条１項及び14条の２と同様に、「原稿若しくは作曲」の対価は、「報酬」とされており、これは、上記(i)で引用した所得税法204条１項１号と同様ということになります。

　また、所得税法施行令７条の２においては、「原稿若しくは作曲の報酬に係る所得」と「著作権の使用料に係る所得」とが別に規定されていることから、「原稿若しくは作曲の報酬」と「著作権の使

用料」とが明確に分けて捉えられているということを確認することができます。

　所得税法施行令7条の2が設けられる前は、昭和26年に発遣された所得税基本通達363が存在していましたが、同通達においても、次のとおり、「原稿および作曲の報酬」と「著作権の使用料（いわゆる印税）」とを明確に分けて捉える解釈が示されていました。

（原稿料、作曲料、印税）

三六三　原稿および作曲の報酬又は著作権の使用料（いわゆる印税）に因る所得は、事業所得に該当する場合だけでなく、雑所得又は一時所得に該当する場合であつても、変動所得であるから留意する。

　このように、「原稿および作曲の報酬」と「著作権の使用料（いわゆる印税）」とを分けて捉えることは、適切であると評価することができます。

　しかし、「著作権の使用料」に「いわゆる印税」という括弧書きを付して著作権の使用料が全て印税[*33]であるかのごとき解釈を示していることには疑問があったと考えます。

ⅱ　通達における「報酬」

　「報酬」という用語は、所得税基本通達204－6（原稿等の報酬又は料金）において、様々なものに用いられています。

（原稿等の報酬又は料金）

204－6　法第204条第1項第1号に掲げる原稿の報酬その他の報酬又は料金に該当するかどうかについては、おおむね表6のとおりである。

〔表6〕

報酬又は料金の 区分	左の報酬又は料金に 該当するもの	左の報酬又は料金に 類似するが該当しないもの
原稿の報酬	演劇、演芸の台本の報酬 口述の報酬 映画のシノプス(筋書)料 文、詩、歌、標語等の懸 賞の入賞金 書籍等の編さん料又は監 修料	懸賞応募作品の選稿料又 は審査料 試験問題の出題料又は各 種答案の採点料 クイズ等の問題又は解答 の投書に対する賞金等 (注)　法第204条第1項第8 　　号に掲げる賞金に該当 　　するものについては、 　　同項の規定により源泉 　　徴収を行うことに留意 　　する。 いわゆる直木賞、芥川賞、 野間賞、菊池賞等として の賞金品 鑑定料 (注)　法第204条第1項第2 　　号に規定する者の業務 　　に関する報酬又は料金 　　に該当するものについ 　　ては、同項の規定によ 　　り源泉徴収を行うこと 　　に留意する。 ラジオ、テレビジョンそ の他のモニターに対する 報酬
作曲の報酬	編曲の報酬	
レコード、テープ 又はワイヤーの吹 き込みの報酬	映画フィルムのナレー ションの吹き込みの報酬	
デザインの報酬	映画関係の原画料、線画 料又はタイトル料 テレビジョン放送のパ ターン製作料 標章の懸賞の入賞金	織物業者が支払ういわゆ る意匠料（図案を基に織 原版を作成するに必要な 下画の写調料）又は紋切 料（下画を基にする織原 版の作成料）、字又は絵等 の看板書き料

著作権の使用料	映画、演劇又は演芸の原作料、上演料等	
著作隣接権の使用料		著作権法第95条第1項《商業用レコードの二次使用》及び第97条第1項《商業用レコードの二次使用》に規定する二次使用料
講演料		ラジオ、テレビジョンその他のモニターに対する報酬 ㊟ 法第204条第1項第1号に掲げる放送謝金に該当するものについては、同項の規定により源泉徴収を行うことに留意する。
技芸、スポーツその他これらに類するものの教授若しくは指導又は知識の教授の報酬又は料金	生け花、茶の湯、舞踊、囲碁、将棋等の遊芸師匠に対し実技指導の対価として支払う謝金等 編物、ペン習字、着付、料理、ダンス、カラオケ、民謡、語学、短歌、俳句等の教授又は指導及び各種資格取得講座に係る講師謝金等	㊟ 法第204条第1項第1号に掲げる講演料及び同項第4号に規定する報酬又は料金に該当するものについては、これらの規定により源泉徴収を行うことに留意する。
脚色の報酬又は料金	潤色料（脚本の修正、補正料）又はプロット料（粗筋、構想料）等	
翻訳又は通訳の報酬又は料金		手話通訳の報酬
書籍の装丁の報酬又は料金		製本の料金
版下の報酬又は料金		織物業者が支払ういわゆる意匠料又は紋切料 図案等のプレス型の彫刻料

㊟ 上記の表中の原稿の報酬に該当する「文、詩、歌、標語等の懸賞の入賞金」及びデザインの報酬に該当する「標章の懸賞の入賞金」に対する源泉徴収については、204-10参照

　〔表 6〕の「報酬又は料金の区分」欄から「報酬」又は「報酬又は料金」とされているものを挙げると、「原稿」、「作曲」、「レコード、テープ又はワイヤーの吹き込み」、「デザイン」、「技芸、スポーツその他これらに類するものの教授若しくは指導又は知識の教授」、「脚色」、「翻訳又は通訳」、「書籍の装丁」及び「版下」ということになりますが、これらの対価は、いずれも人的役務の提供の対価となっているか又は人的役務の提供の対価を含む対価となっているものです。

　これらの対価のうち、「技芸、スポーツその他これらに類するものの教授若しくは指導又は知識の教授」、「脚色」、「翻訳又は通訳」、「書籍の装丁」及び「版下」の対価については、「報酬又は料金」とされていますが、どのようなものが「報酬」であり、どのようなものが「料金」であるのかということは、明確ではありません。

　〔表 6〕の「報酬又は料金の区分」欄で、「報酬」という記載のないものは、「著作権の使用料」、「著作隣接権の使用料」及び「講演料」の 3 つとなっています。この 3 つのうち、「講演料」については、「講演」という人的役務の提供の対価であって、「講演の報酬」と記載しても何ら問題はないはずですから、「報酬又は料金の区分」欄にあるもののうち、「報酬」でないものは、「著作権の使用料」と「著作隣接権の使用料」の 2 つということになります。

⑨　「料金」

　i　所得税法204条 1 項 1 号

　上記 1 ⑵の表 2 の「料金」の「所得税法204条 1 項 1 号」の欄にあるとおり、所得税法204条（源泉徴収義務） 1 項 1 号においては、「料金」という用語が用いられており、同号は、上記⑧ i (i)において引用したとおりです。

　また、同号に規定する「政令で定める報酬又は料金」は、所得税法施行令320条 1 項に定められており、同項も、上記⑧ i (i)において引用したとおりです。

　所得税法204条 1 項 1 号においては、「報酬、放送謝金、著作権〔中

略〕の使用料及び講演料並びにこれらに類するもので政令で定める報酬又は料金」とされていますので、「著作権〔中略〕の使用料」と「料金」は、「類する」という関係となることがあるものの、別のものと捉えられていると解されます。

　また、所得税法施行令320条1項においては、「テープ若しくはワイヤーの吹込み、脚本、脚色、翻訳、通訳、校正、書籍の装てい、速記、版下（写真製版用写真原板の修整を含むものとし、写真植字を除くものとする。）若しくは雑誌、広告その他の印刷物に掲載するための写真の報酬若しくは料金、〔中略〕使用料」とされていますので、「テープ若しくはワイヤーの吹込み」等の「料金」は、「使用料」とは異なるものと捉えられていることが分かります。

　このように、「料金」という用語は、税について定める法令等においては、「使用料」とは異なるものと捉えられていると解されます。

　ただし、前節2⑵⑨で確認した著作権法における用い方のように、「聴衆」や「観衆」などの最終の使用者又は利用者が支払うもののみを「料金」とする等の方法により、「使用料」と「料金」が異なるということが直ぐに分かるような用い方とする工夫があってもよいように思われます。

ⅱ　所得税基本通達204−6

　上記1⑵の表2の「料金」の「所得税基本通達204−6」の欄にあるとおり、所得税基本通達204−6においても、「料金」という用語が用いられており、同通達は、上記⑧ⅱにおいて引用したとおりです。

　所得税基本通達204−6においては、「技芸、スポーツその他これらに類するものの教授若しくは指導又は知識の教授」、「脚色」、「翻訳又は通訳」、「書籍の装丁」及び「版下」の対価について、「報酬又は料金」とされていますが、上記⑧ⅱにおいて述べたとおり、どのようなものが「報酬」であり、どのようなものが「料金」であるのかということは、明確ではありませんが、「法第204条第1項第1号に掲げる原稿の報酬その他の報酬又は料金に該当するかどうかについては、おお

むね表6のとおりである」というように、「報酬又は料金」について解釈を示すとして表6の「報酬又は料金の区分」欄に「著作権の使用料」を掲げていますので、「著作権の使用料」を「料金」と捉えていることが明確であるということになります。

　ただし、この「法第204条第1項第1号に掲げる原稿の報酬その他の報酬又は料金」という文言は、所得税法204条1項1号の規定を正しく解釈したものではありません。所得税法204条1項1号には、「報酬」と「料金」だけではなく、これらとは別に、「放送謝金」、「著作権〔括弧内略〕又は工業所有権の使用料」、「講演料」も掲げられているからです。

⑩　「使用料」

　上記1⑵の表2の「使用料」の「条文等」の欄の記載から分かるとおり、「使用料」という用語は、著作権に関して定める法令及び通達において、数多く用いられています。

　前節2⑵⑩において確認したとおり、著作権法においては、「使用料」という用語は、「料金」という用語と区別して用いられていますが、上記⑨において確認したとおり、税について定める法令及び通達においては、「使用料」という用語は、「料金」という用語との関係が一様ではありません。

　そして、「使用料」という用語は、税について定める法令及び通達においては、著作権法における用い方とは異なり、「著作物の使用料」という用い方とされたものは存在せず、全て「著作権の使用料」という用い方とされています。

　このため、「使用料」については、次の⑪の「著作権の使用料」のところで更に詳しく説明することとします。

⑪　「著作権の使用料」

　「著作権の使用料」という文言は、上記1⑵の表2の「使用料」の「条文等」の欄の記載から分かるとおり、税法等や通達において多く用

いられています。

　既に述べたとおり、昭和19年に、旧所得税法施行規則4条の3に「著作権ノ使用料」という文言が挿入されて以後、税法等や通達の中で「著作権の使用料」という文言が用いられるようになってきます。

　しかし、「著作権の使用料」という文言は、税法等以外の法令においては、全く用いられていません。おそらく、税法等以外の法令の規定の解釈を示した通達においても、「著作権の使用料」という文言は用いられていないものと思われます。

　このため、「著作権の使用料」という文言は、税法に固有の概念を有する一塊のものと捉えることができるようにも思われます。しかし、「著作権」という用語は、「使用料」という用語だけではなく他のいくつかの用語とも繋げて用いられていますし、「著作権の使用料」の「著作権」には括弧書きが付されることもありますので、「著作権の使用料」という文言を一塊のものと捉えて解釈するのは適当ではないと考えられます。そうすると、「著作権」「の」「使用料」をどのように解釈するべきかということが問題となるわけですが、この問題の解決のポイントとなるのは、「の」の解釈であると考えられます。

　「の」の意味は、極めて多様です。インターネットで「「の」とは」と検索してみると、国語辞書等の説明が出てきて、「の」の意味が極めて多様であることを確認することができます[*34]。

　法令作成の実務においても、『「の」は、あいまいの「の」』と呼ばれることがあります。

　このような「の」の意味の多様性を踏まえて、「著作権の使用料」に関して、「の」がどのような意味を有するものであるのかということを考えてみると、「著作権を有することで得られる使用料」[*35・*36]という意味のものと解すべきであると考えられます[*37]。

　この「著作権を有することで得られる使用料」の中の「使用料」については、前節2(2)⑩において確認した著作権法における「使用料」と異なるものと解すべき事情もありませんので、著作権法における「使用料」と同様に、「著作物を利用させ又は使用させる対価」であって最終

の使用者又は利用者が支払う狭義の「料金」*38とは異なるものと解すべきであると考えられます。

第2節で、旧所得税法施行規則4条の3において、「著作権ノ使用料」は著作者と最終の使用者又は利用者との間に存在する者から「支拂ヲ受クル」ものであり、「支拂ヲ受クル」者は著作者に限られていなかったということを確認しましたが、同条の創設後に用いられるようになった「著作権の使用料」も、その点は、何ら変わっていないわけです。

要するに、<u>「著作権の使用料」とは、「著作権を有することで得られる著作物を利用させ又は使用させる対価」であって狭義の「料金」とは異なるものと解すべきである</u>ということです。

なお、これを「著作権の使用料」を支払う側からいうとすれば、「著作権を有しないことで支払う著作物を利用し又は使用する対価」で狭義の「料金」ではないものということになると考えられます。

⑫　「著作権の提供」・「著作物の提供」

税法等においては、上記1⑵の表2の「提供」の欄の「用語と文言の用い方」の欄の記載から分かるとおり、「著作権」について、「譲渡」という用語と「提供」という用語を併記して「著作権の譲渡又は提供」という文言が用いられたり、「譲渡」という用語を用いずに「提供」という用語のみを用いて「著作権の提供」という文言が用いられたりしています。

一方、著作権法においては、前節2⑵④及び⑫で確認したとおり、「提供」という用語は、「著作物の提供」などというように、「著作物」等について用いられており、「著作権」については、用いられていません。

そして、上記表2の「提供」の「消費税法2条1項8号の3」の欄の「用語と文言の用い方」の欄にあるとおり、消費税法2条1項8号の3においては、著作権法と同様に、「著作物（著作権法〔括弧内略〕第2条第1項第1号（定義）に規定する著作物をいう。）の提供」というように、「著作権」ではなく、「著作物」について、「提供」という用語が用いられています。

この消費税法2条1項8号の3に用いられている「著作物〔中略〕の提供」という文言については、同号が制定された平成27年の同号に関する解説等を確認してみても、著作権法における「著作物の提供」という文言と異なる解釈をするべきであると解すべき事情は見当たりませんので、著作権法における「著作物の提供」という文言と同様に解釈するべきであると考えられます。

これに対し、「著作権の提供」という文言については、税について定める法令の規定のみに用いられる文言となっており、その解釈について解説を行ったものも見当たりませんので、その文言をどのように解釈するべきであるのかということを考える必要があります。

これに関しては、結論を先に述べると、「著作権の提供」という文言のとおりに、「著作権」について、その「提供」を行うことと解釈する必要があると考えられます。

その理由は、「著作権の譲渡又は提供」という文言の「譲渡」に関しては、「著作権」も「著作物」と同様に「譲渡」が行われることがあるため、その文言のとおりに、「著作権」について、その「譲渡」をすることと解釈する必要があり、そのように解釈しながら、「提供」についてのみ、「著作権」ではないものについて、その「提供」をすることと解釈することはできないからです。

租税特別措置法と租税特別措置法施行令においては、「著作権〔括弧内略〕の提供」というように、「譲渡」という用語を用いずに「提供」という用語のみを用いているため、上記のような解釈とは異なる解釈があり得るのではないかという疑問が湧いてくるかもしれませんが、そのようなことにはなりません。

それは何故かというと、上記④ⅰ(ⅱ)において確認したとおり、「譲渡」という用語を用いずに「提供」という用語のみを用いて「著作権の提供」という文言を用いるようになったのは、昭和53年の外国子会社合算税制の導入の時からですが、当時は、租税特別措置法の中に、同法21条（技術等海外取引に係る所得の特別控除）2項3号などで「著作権の譲渡又は提供」という文言を用いている規定が存在する状況において、外国子

会社合算税制の規定においてだけ「著作権〔括弧内略〕の提供」という文言を用いるということになっており、外国子会社合算税制の規定の中の「著作権〔括弧内略〕の提供」という文言は、同法の他の規定において用いられていた「著作権の譲渡又は提供」という文言から「譲渡」という用語を外したものにすぎなかったことが明らかであるからです[*39]。

　確かに、現在は、租税特別措置法と租税特別措置法施行令においては、「著作権〔括弧内略〕の提供」という文言だけが用いられていますので、上記のような疑問が湧いてくることもあり得ると考えられるわけですが、これらの法令における「著作権」に関する用語と文言の用い方の沿革を確認してみると、「著作権〔括弧内略〕の提供」という文言は、やはりその文言のとおりに、「著作権」について、その「提供」をすることと解釈することにせざるを得ないわけです。

　そうすると、「著作物」について「提供」をするということはあるものの、「著作権」について「提供」をするということが実際にあるのか、という更なる疑問が湧いてくるかもしれませんが、実際に「著作権」について「提供」をするということがどれほどあるのかということは別にして、法令の規定が「著作物」ではなく「著作権」について「提供」をすることと解釈するほかない定め方となっている以上、そのように解釈せざるを得ません。

　勿論、平成27年に、消費税法2条1項8号の3に「著作物〔中略〕の提供」という文言が用いられながら、「提供」という用語を用いた法令の従来の規定が「著作権〔括弧内略〕の提供」という文言のままとなっていることも、その文言を「著作物」ではなく「著作権」について「提供」をすることと解釈するべき理由となり得ます。

　換言すれば、<u>「著作権〔括弧内略〕の提供」と定められている規定は「著作権」について「提供」をすることと解釈し、「著作物〔中略〕の提供」と定められている規定は「著作物」の「提供」をすることと解釈することになるということ</u>です。

⑬ 「著作権の貸付け」

　税法等においては、上記1⑵の表2の「貸付け」の「消費税法施行令6条1項7号」の欄の「用語と文言の用い方」の欄にあるとおり、「著作権」について、「著作権〔括弧内略〕の譲渡又は貸付け」というように、「譲渡」という用語と並べて「貸付け」という用語が用いられています。

　この「著作権〔中略〕の貸付け」という文言についても、上記⑫において確認した「著作権〔中略〕の提供」という文言と同様に、「著作権」について、その「貸付け」をすることと解釈するべきであるということになります。

　著作権法においては、前節2⑵⑤及び⑬で確認したとおり、「貸与」という用語が用いられており、「貸付け」や「貸付」という用語は用いられていませんが、上記⑤ⅰにおいて述べたとおり、「貸与」という用語と「貸付け」や「貸付」という用語は、実質的に同じ意味内容のものと捉えてよいと考えられます。

　しかし、上記⑫において確認した「著作権〔中略〕の提供」という文言と同様に、「著作権〔中略〕の貸付け」という文言については、「著作物」について、その「貸付け」をすることと解釈することはできないと考えられます。

　上記1⑵の表2の「貸付け」の「消費税Q＆A問2－1・問2－2」の欄の「用語と文言の用い方」の欄にあるとおり、消費税Q＆A問2－1と問2－2においても、「著作権」と「著作物」は明確に分けて記述が行われており、「提供」という用語については、「著作物の提供」というように、「著作物」について用いられている一方、「貸付け」という用語については、「著作権の譲渡・貸付け」、「著作物の著作権等の譲渡・貸付け」、「著作権・著作隣接権という資産の譲渡又は貸付け」及び「著作権・著作隣接権の譲渡又は貸付け」というように、「著作権」等について、それらの「貸付け」をするものという用い方がされています。

　このような事情にあることからすると、「著作権の貸付け」は、その文言のとおり、「著作権」について、その「貸付け」をすることと解釈する必要があるということになります。

[注]

＊21　音楽著作権通達は、昭和45年の所得税基本通達の改正においても、「個別通達として存置する」という判断がなされ、現在に至っています。

＊22　「権利」に関しては、「使用」という用語ではなく、「行使」という用語を用いるのが通例となっていますので、「権利を使用せしめることにより受け取る対価」とするのではなく、「権利を行使させることにより受け取る対価」や「権利の行使を認めることにより受け取る対価」とするのが適当であったと考えられます。「権利を使用せしめることにより受け取る対価」という部分は、「著作権の使用料」という文言の中に用いられている「使用」という用語と無理に整合性を取ろうとして不自然な日本語となってしまったものと推測されます。

＊23　「著作権」や「著作物」という用語を用いずに著作権に関する取扱いを定めている規定（例えば、「著作権」という用語が掲げられている号を指して「前号に掲げるものの譲渡」などとした規定）がいくつか存在しますが、本章は、税について定める法令等における著作権に関する用語と文言について、それらの内容と用い方を確認するものであること、そして、それらの規定を加えたとしても、本章で述べることが変わるわけではないこと、この二つの理由から、本文52頁の表1には、それらの規定は掲げていません。

＊24　詳細に関しては、第4節2「(2)　税法等の条文における「利用」等の内容と用い方」の①iにおいて説明しています。

＊25　「資産」と「資産の譲渡」に関しては、それぞれ消費税法基本通達5－1－3（資産の意義）と同5－2－1（資産の譲渡の意義）に解釈が示されています。

＊26　ii(v)において述べている消費税Q&A問2－2においても、「インターネットを通じたソフトウエアの販売」を「電気通信利用役務の提供に該当する」としています。

　　ただし、消費税法2条1項8号の3に定義されている「電気通信利用役務の提供」に「著作物」の「譲渡」が含まれないと解釈する方が事業者にとって有利となるというケースにおいては、同号の文言どおりに「電気通信利用役務の提供」に「著作物」の「譲渡」は含まれないと解釈するべきであるという主張もあり得るように思われます。

＊27　「当該著作物の利用の許諾」に「係る」「取引」というように、「係る」という用語を用いて定めていますので、「当該著作物の利用の許諾」だけではなく、それに繋がりがある取引も含むことになります。

＊28　上記の説明によれば、「こうした役務の提供については、利用者のPC等

に複製が行われることに対して不法行為法上の権利を主張しない（不作為行
為の負担）という意味での使用許諾という面もあり、これらの混合契約と解
する余地があるとの指摘」があることが改正理由ということになりますが、
このような法律の改正理由ともなる重要な「指摘」を引用する場合には、そ
の「指摘」を確認することができるように、引用元を明確に示すことが著作
権法32条（引用）１項に定められている「公正な慣行」に合致するというこ
とになるものと思われます。

＊29　櫻田明他共編『所得税基本通達逐条解説〔令和３年版〕』（大蔵財務協会、
　　　2021）27頁

＊30　常識的に考えると、「著作権・著作隣接権の譲渡・貸付け」ということが
　　　あるということであれば、「著作権」の「使用」ということもあるというこ
　　　とになるのではないかと考えられますが、「著作権」の「使用」ということ
　　　があるのか否かということは、明確ではありません。
　　　　また、「使用、提供又は伝授」と「複製、上演、放送、展示、上映、翻訳、
　　　編曲、脚色、映画化その他著作物を利用させる行為」との関係も、明確では
　　　ありません。

＊31　濱田正義編『消費税法基本通達逐条解説（平成30年版）』（大蔵財務協会、
　　　2018）242頁

＊32　「原稿、挿画、作曲及び音盤吹込」の対価の中に著作物の対価として「料
　　　金」というべき部分が含まれていないと言い得るのかということに関しては、
　　　疑問なしとはしませんが、原稿の執筆等を依頼して原稿等を作成してもらう
　　　ことに対する対価について、著作物の対価ではなく、人的役務の提供の対価
　　　と捉えることには、妥当性があると考えます。

＊33　「印税」とは、著作者が出版物の価格と冊数に応じて受け取る対価であり、
　　　「税」ではありません。何故、この対価が「税」という用語を付して呼ばれ
　　　るようになったのかということに関しては、いくつかの説がありますが、證
　　　券印税規則によって書籍の奥付に印紙を貼付することが必要となり、印紙を
　　　添付することと著訳者が検印を捺すこととが一連の不可欠の行為として行わ
　　　れるようになったことによるものとする説が最も説得力があるように思われ
　　　ます。
　　　　證券印税規則は、明治７年に制定されたもので、その前身は、明治６年に
　　　印紙税に関する法令として我が国において最初に制定された受取諸證文印紙
　　　貼用心得方規則となっています。
　　　　この受取諸證文印紙貼用心得方規則は、当時、地租として担税力に乏しい
　　　農民に多くの税負担を求める一方、担税力のある商工業者にあまり税負担を
　　　求めていないのは、課税の公平の観点から問題があるとして、「商ニ薄クシ

テ農ニ厚キノ弊習」を是正するべく制定されたものです（税務大学校租税史
料室「印紙税草創期のはなし―界紙（かいし）―」他）。

　このように、我が国の印紙税には、担税力に乏しい農民を救済するために
設けられたという、忘れてはならない高く評価すべき側面があったわけです
が、同時に、著訳者を救済することとなったという側面もあったということ
になります。

＊34　北星学園女子中学高等学校の国語科教諭の北野聡子先生がブログで「助詞
「の」はおもしろい！」（令和4年12月1日閲覧）という見出しの小論を書
いておられますが、そこでは、「風の谷のナウシカ」を「風が吹く谷に住ん
でいるナウシカ」とするなど、興味深い読み替えをしておられます。

＊35　昭和19年に旧所得税法施行規則4条の3において初めて用いられた「著作
權ノ使用料」という文言は、それを受け取る者について用いられていますの
で、「使用料」を受け取る者の立場から記載しています。

＊36　著作権の再実施権（サブライセンス権）が設定されて再実施権を有する者
が使用料を受け取るということもありますが、「著作権を有することで得ら
れる使用料」には、「再実施権を有することで得られる使用料」も含まれる
と解するべきであると考えます。

＊37　第2節で確認したとおり、「著作権の使用料」という文言は、昭和19年に
初めて旧所得税法施行規則4条の3において用いられてから税について定め
る法令において用いられるようになったわけですが、同節においても述べた
とおり、「著作物ノ使用料」とするのではなく「著作權ノ使用料」としたこ
とには意味があったということに留意する必要があります。

＊38　この狭義の「料金」については、通常、著作物の効用を享受する個人から
著作物の「使用」の対価として支払われるものということになりますので、
著作権法において用いられている「料金」と殆ど同じものということになり
ます。

　しかし、例えば、ソフトウエアをダウンロードして用いる場合のように、
著作物の最終の使用者が複製物を「利用」することについて許諾を受けて著
作物を「利用」するというようなことがありますが、著作物の最終の使用者
が許諾を受けて複製物を「利用」するという行為は、著作物の最終の使用者
が著作物を「使用」するために必要となることから行うことであって、その
著作物の「使用」と切り離して認識することができるわけではないため、税
法上も、その行為を著作物の「使用」と切り離して認識することはできず、
その行為の対価についても、「料金」と切り離して認識することはできない
と考えられます。そうすると、上記本文の狭義の「料金」には、最終の使用
者でもある「利用者」が支払うものも含まれることがあるということになり

ます。これは、著作権法に基づいて著作物を利用する対価として支払いを受ける「利用料」が税法上の著作権の「使用料」ということになるという考え方が採り得ないものの一例ということになります。

　また、例えば、法人が従業員の福利厚生のために音楽を流すというようなことがありますが、そのような例においては、音楽という著作物の効用を享受するのは従業員ということになりますので、「最終」の者は、従業員ということになります。ただし、その従業員は、対価を支払わなくてもよいこととなっていますので、そのような例においては、狭義の「料金」はない、ということになります。

＊39　外国子会社合算税制の規定の中の「著作権の提供」という文言の解釈に関しては、第6章第2節の説明も参照して下さい。

第2章

契約類型別に見た
著作権の税制上の取扱い

（手塚 崇史）

第2章　目次

はじめに

　本章では、まず最初に、著作権の使用料に対する課税の条文の概要について概観します。

　租税法規における著作権の使用料に対する課税関係に関する用語は、著作権法に規定された著作権に関する用語に依拠しているように考えられそうですので、続いて、著作権の使用料に関する課税関係を明らかにすることができる範囲において、著作権法の規定を概観します。ここでは、租税法上、基本的には「著作権」「著作隣接権」あるいは「出版権」とのみ表示されているので、その範囲が必ずしも明らかではないため、著作権法上の様々な著作者や著作権者に認められた権利や権利制限に関する規定を概要ではありますが、網羅的に確認しています。

　以上のように著作権の使用料の課税に関する租税法規と著作権法を概観し、それが実際に締結された契約においてどのように適用されるのか、課税上の帰結はどのようになるのかを、実務上多く見られる契約形態を類型化して、それぞれ記載しています。

　近時は、例えばAIによる創作と、そのような創作物（「生成物」と言った方が現時点では正確かもしれません。）に関して締結された契約で、著作権法上、あるいは、課税上の問題が生ずるものも見られるようになってきています。

　そこで、最後に、AI関係の契約類型についても検討しています。

第1節
著作権の使用料に対する課税の概要

著作権の使用料に対する国内税法による課税の規定を整理すると、以下のようになります。

1 居住者及び内国法人に対する課税

居住者（自然人）が著作権の使用料を受領した場合、10.21%（同一人に対し一回に支払われる金額が100万円を超える場合には、その超える部分は20.42%）の税率で源泉所得税が課税されるとされています（所法204①一、205一、復興財確法28①・②）。

支払者において税率に相当する額を支払時に徴収するという通常の源泉徴収の方法で課税されます。この場合の課税の対象は、「原稿、さし絵、作曲、レコード吹込み又はデザインの報酬、放送謝金、著作権（著作隣接権を含む。）又は工業所有権の使用料及び講演料並びにこれらに類するもので政令で定める報酬又は料金」（所法204①一。下線は筆者によるものです。）とされています。

居住者が著作権を譲渡した場合には、半額課税（資産取得から5年以内の短期譲渡であっても、自己の著作に係る著作権については政令で除外され、長期譲渡と同じ取扱いになります。）がなされています（所法22②二、33③一・二、所令82）。この場合には源泉徴収ではなく、申告をすることになります。

内国法人が著作権の使用料を受領した場合には、源泉所得税は課税されず、益金算入され、申告によって納税することになります。これは、内国法人に対して使用料を支払う際に源泉徴収をしなければならないとする条文が所得税法上規定されていないため、源泉徴収はなされないということになります。

2　非居住者及び外国法人に対する課税

　非居住者及び外国法人が著作権の使用料を受領した場合、国内源泉所得の使用料・譲渡対価に20.42％の税率で源泉所得税が課税されると規定されています（所法161①、212①、213①、復興財確法28①・②）。国内源泉所得か否かの判定については、「国内において業務を行う者から受ける次に掲げる使用料又は対価で当該業務に係るもの」（所法161①十一）とされ、「次に掲げる使用料」に「著作権（出版権及び著作隣接権その他これに準ずるものを含む。）の使用料又はその譲渡による対価」（同前）が掲げられており、国内業務に係るものを国内源泉所得として日本で源泉徴収の方法によって課税する（これを「使用地主義」と呼びます。）のが国内税法の規定であるということができます。

3　租税条約の優先適用

　国内税法の規定は上記1及び2で述べたとおりですが、これが租税条約によって修正されることになります。すなわち、日本の法体系の下では、条約は法律に優先するため、法律と条約で異なる定めがある場合には条約の定めが優先適用されることになります。租税条約は、基本的に2国間条約であり、それぞれの条約によって規定の内容が異なることに留意する必要があります。

　使用料に関し、租税条約において変わることが多いのは、税率と源泉に関する考え方です。税率については、①著作権の使用料の支払いがなされた場合に源泉地国における課税を免税とするもの、②著作権の譲渡による所得は免税としつつ著作権の使用料は軽減して課税するもの、③文化的使用料として軽減して課税するもの、などがあります。また、源泉についての考え方については、ほぼすべての租税条約において、使用料を支払う義務を負っている者がどこの国の居住者であるのかというこ

とで源泉地を判定すること（これを「債務者主義」と呼びます。）としており、日本の国内税法のように国内業務に係るものであるのか否かによって源泉地を判定することとはされていませんので、租税条約を適用すれば、使用地主義ではなく、債務者主義によって源泉地が判定されるということになります。

　なお、租税条約の詳細については第5章を参照してください。

4　著作権の使用料の課税が問題となる場面

　以上みてきたとおり、著作権の使用料の課税が問題となるのは、結局、個人と外国法人に対する著作権の使用料の支払いの際の源泉徴収ということになります。

　ただし、租税条約締約国の居住者や法人に著作権の使用料を支払う場合には、課税が免除されたり軽減されたりすることがあり、その場合は租税条約適用の届出等をしていれば基本的に問題とはならない、ということができます。

5　その他の関係する課税規定

　著作権の使用料の額が決まれば、それに源泉所得税の税率を乗ずることで税額が確定することになりますので、あまり問題は生じません。専ら問題が生ずるのは、そもそも著作権の使用料といえるのか否かということですが、それ以外にも、著作権の使用料の額が適正なものか否かということが問題となって、寄附金課税（法法37）の適用を受けたり、国外関連者との間の著作権の使用料取引について移転価格税制（措法66の4）の適用を受けたりすることがあります。

第2節
著作権法における著作権と租税法上の著作権の使用料

　著作権の使用料に対する課税の概要は、第1節で確認したとおりですが、どういった支払いが著作権の使用料になるのか、という点については、国内税法の規定では「著作権（出版権及び著作隣接権その他これに準ずるものを含む。）の使用料又はその譲渡による対価」（所法161①十一ロ他）とあるだけで、あまり明確ではありません。

　そこで、著作権については我が国では著作権法が様々な規定を設けているので、著作権法の規定を探求しつつ、使用料であればどのような使用がなされているのか（換言すれば、著作権侵害を引き起こすような使用をし、結果的に賠償金を支払ったような場合のその支払いの法的性質がどのようなものか、著作権侵害とはならない場合に対価を支払っているような場合の当該支払いの法的性質はどうなるのか、といった問題です。）、譲渡の対価の場合にはそもそも著作権は誰に帰属することになるのか（帰属先によって譲渡が問題となったりならなかったりすることがあります。）、といったことが問題となりますので、まずは著作権法の規定を検討していきます。

1　著作物とは

　著作権の対象である著作物は、「思想又は感情を創作的に表現したものであって、文芸、学術、美術又は音楽の範囲に属するものをいう」（著法2①一）とされています。

　「思想又は感情」という要件については、「単なるデータ」など（人の思想や感情を伴わないもの）が著作物から除かれます。

　「創作的」という要件については、他人の作品の「模倣品」など（創作が加わっていないもの）が著作物から除かれますし、「ありふれたもの」

（誰が表現しても同じようなものになるもの）も創作性があるとはいえないこととなり、この要件を満たさないこととなります。

　「表現したもの」という要件に関しては、「アイデア」など（表現されていないもの）が著作物から除かれますが、アイデアを解説した「文章」は表現されているため著作物になり得るとされています。

　「文芸、学術、美術又は音楽の範囲」に属するものという要件に関しては、工業製品などがこの要件を満たさずに著作物とはならず、著作権の保護を受けられないこととなります[*1]。

2　帰属の問題

(1)　帰属の原則

　著作権は著作者に帰属します。

　著作者とは「著作物を創作する者」（著法2①二）のことをいい、著作者は著作権を生まれながらに持っているという意味で「享有する」（著法17①）と規定されていることから、著作権は特別な手続きを要することなく著作者に原始的に帰属することになります。複数人が著作物の創作に関与している場合には、創作者は創作的な表現の創出に実質的に関与した者でなければならないとされています[*2]。個別具体的には問題となることも多いですが、著作に対して動機を与えたり、指示を出したりしただけでは、創作的表現に関与したとはいえないことから、著作者とはならず、単にヒントを提供した者、単に著作者の指示の下に手足となって労力を提供した者、資金や情報を提供した者あるいは創作の依頼者も、創作的な表現の創出に実質的に関与したとはいえないことから、著作者とはならないとされています[*3]。

　著作権法においては、「著作者人格権及び著作権の享有には、いかなる方式の履行をも要しない」（著法17②）と定められており、登録などの手続きをしなくても、著作者は著作権を享有するものとされます。

⑵　帰属の例外〜職務著作

　上記⑴で確認したように、著作権は著作者に帰属するのが大原則ですが、その例外も存在します。それが一般に「職務著作」と呼ばれるものです[4]。

　職務著作とは、一定の要件のもとに、使用者である法人等[5]を著作者とするもののことをいいます（著法15）。すなわち、実際には従業者が著作を行っているわけですから、原則からすれば、その著作を行った従業者が著作権を享有するということになりますが、一定の要件の下で使用者である法人等が原始的に著作権を取得するものとされています[6]。

　この要件とは、①使用者の発意、②使用者の業務に従事する者、③職務上作成されたもの、④使用者の名義（ただし、この要件はコンピュータ・プログラムについては適用されません。）及び⑤契約、勤務規則その他に別段の定めがないこと、とされており、職務著作となるためには、これらのすべてを満たす必要があります[7]。

①　使用者の発意

　第一に「使用者の発意」という要件が必要ですが、ここで、発意をした者とは、だれが提案をしたのかという問題ではなく、創作することについての意思決定が直接又は間接に使用者の判断により行われていることを意味するとされています。使用者からの具体的な命令がなくとも、当該雇用関係からみて使用者の間接的な意図の下に創作をした場合も含むと解されているとされています[8]。また、「発意」とは、確定的なものではなく、雇用の関係の如何によっても異なることがあり、例えば正規の雇用契約関係にある者については使用者の発意は緩やかに解すべきであろうし、そうでない者（派遣社員、臨時社員など）についてはその状況に応じて厳しく解すべきであろう、とされています[9]。

②　使用者の業務に従事する者

　「使用者の業務に従事する者」という要件は、使用者と従業者という

関係を要求している*10ことになりますが、「業務に従事する者」に関しては、民法上の雇用や労働基準法・労働組合法等の労働法上の労働者に限定するものではないということを想定しているともいえるとされています*11。当該従業者につき雇用関係から生ずるのと類似の指揮命令・監督関係があり、使用者に著作権を原始的に帰属させることを前提にしているような関係があれば、職務著作の成立を認めるべきであるとされています*12。

なお、指揮命令・監督関係については、創作に関する指揮命令・監督関係を必要と解釈している裁判例がある一方で、特定の創作行為ではなく雇用関係と類似の指揮命令・監督関係を要するとする見解*13もあります*14。

職務著作の適用範囲は実態から判断すべきで、請負等のような独立した者についてまで職務著作の成立を認めるべきではないが、形式的には請負や委任であっても実態が職務著作の要件における雇用であれば従業者に該当することもあり得るとされています*15。

③ 職務上作成されたもの

「職務上作成されたもの」という要件の「職務」とは、具体的に命令されたものだけを指すのではなく、職務として期待されているものも含まれ、従業者の地位、給与等も総合的に勘案して決定されるとされています*16。

④ 使用者の名義

「使用者の名義」という要件は、使用者が使用者の著作の名義の下に「公表するもの」であることが必要であるとされているものですが、この要件はコンピュータ・プログラムには適用されません。

条文上、「公表するもの」と規定されており、「公表したもの」と規定されているわけではないので、未公表のものであっても公表するとすれば使用者の名義で「公表するであろうもの」も含まれると解釈すべきとされています*17。

　コンピュータ・プログラムに「使用者の名義」要件が不要とされているのは、コンピュータ・プログラムは人格的要素が希薄であり、また頻繁に改変が行われるという性質を有し、様々な機器の中に組み込まれているものも多く、それらは機械の部品と同じような意識で扱われており、プログラム自体の名義は付されないのが通常ですが、著作権を使用者に原始的に帰属させる必要性が高い著作物であるといえます。そのため「使用者の名義」要件は、コンピュータ・プログラムについては、削除されて、公表されないもの、無名で公表されるもの、他人名義で公表されるものも職務著作の対象とされています[*18]。

⑤　契約、勤務規則その他に別段の定めがないこと

　職務著作の最後の要件として、「契約、勤務規則その他に別段の定めがないこと」が必要であるとされています。仮に契約や勤務規則等に特段の定めがあって、職務著作を成立させない場合があるときは、使用者ではなく従業者が著作者となることになります。

3　著作者が有する権利

　著作者は、著作物について、著作（財産）権と著作者人格権を取得します。これらの権利は、著作権法に規定されています。

　著作権法は、著作（財産）権について、著作物のすべての使用行為を著作権の内容としているわけではなく、一定の行為のみを著作権の対象としており、それを支分権として同法21条以下で規定しており、一般に著作物の使用といわれている行為である、読む、見る、聞く、触る等の行為は著作物を享受する行為ではあるが、著作権の内容とはされていません。ただし、例外的にプログラムの著作物は、実際上の必要から、その使用を侵害とする規定（著法113）が存在しています。著作権の支分権は同法21条以下に列挙されていますが、これらは限定列挙であるとされています[*19]。

　著作権法21条以下の支分権は、各支分権ごとに譲渡することができるし、場合によっては支分権をさらに細分化して譲渡することもできる（例えば、単行本化と文庫本化する権利など）とされています[20]。

　なお、支分権については、著作権法30条以下に著作権を様々な理由から制限する規定が置かれており、例えば、著作権として規定されている複製権については、個人が私的に楽しむために複製する場合には著作権（複製権）の侵害にはならないとされています。これらの著作権を制限する規定に該当しない場合には、著作権者に無断で著作物の複製等を行うと著作権侵害となり、著作権等を侵害する行為を行った者は、民事責任を負うこととなります。具体的には、権利者は差止請求（著法112①）及び損害賠償請求（民法709）を行うことができます。また、著作権等を侵害する行為は刑事罰の対象とされています（著法119①・②一）。

(1)　著作（財産）権の種類

　以下に、著作（財産）権の種類を概要とともに列挙します[21]。

①　複製権（著法21）

　手書き、印刷、写真撮影、複写、録音、録画、パソコンのハードディスクやサーバーへの蓄積など、その方法を問わず、著作物を「形のある物に再製する」（コピーする）ことに関する権利で、このような行為を行えば、著作者の複製権が働きます。また、「生」の講演を録音、筆記したり、「生」の楽曲等を録音するような行為もこの複製権が働きます。

②　上演権・演奏権（著法22）

　上演権・演奏権は、無断で著作物を公衆向けに「上演」（演劇等の場合）や「演奏」（音楽の場合）されない権利であり、このような行為を行えば、著作者の上演権や演奏権が働きます。この上演・演奏には、「生」の上演・演奏だけでなく、CDやDVDなどの「録音物・録画物から再生すること」にも権利が働きます。上演権・演奏権は「公衆に直接見せ又

は聞かせることを目的として」行われる場合に権利が働きます。

③　上映権（著法22の2）

　著作物を、映写機等を用いて、公衆向けに「上映」する（スクリーンやディスプレイに映し出す）ことに関する権利であり、このような行為を行えば著作者の上映権が働きます。

④　公衆送信権（著法23）

　放送、有線放送、インターネット等、著作物を公衆向けに送信することに関する権利です。このような行為を行えば、著作者の公衆送信権が働きます。公衆向けであれば、無線・有線を問わず、あらゆる送信形態が対象です。

⑤　口述権（著法24）

　小説等の「言語の著作物」のみを対象として付与されているもので、朗読などの方法により公衆に伝達すること（演劇的な著作物の口演は除きます。）に関する権利です。このような行為を行えば、著作者の口述権が働きます。

⑥　展示権（著法25）

　「美術の著作物の原作品」と「未発行の写真の著作物の原作品」のみを対象として付与されているもので、これらを公衆向けに「展示」することに関する権利です。このような行為を行えば、著作者の展示権が働きます。

⑦　頒布権（著法26）

　映画の著作物（映画、アニメ、ビデオなどの録画されている動く影像）の場合に限り、「譲渡」と「貸与」の両方を対象とする「頒布権」という権利が付与されています。譲渡権と貸与権については次の⑧と⑨を参照してください。

⑧　譲渡権（著法26の２）

　著作物の原作品又は複製物の公衆向けの譲渡に関する権利で、このような行為を行えば、著作者の譲渡権が働きます。

⑨　貸与権（著法26の３）

　著作物を「複製物の貸与」という方法によって公衆に提供することに関する権利で、このような行為を行えば、著作者の貸与権が働きます。

⑩　翻訳権・翻案権（著法27）

　著作物（原作）を、翻訳、編曲、変形、脚色、映画化などにより、創作的に「加工」することによって、「二次的著作物」を創作することに関する権利です。

⑪　二次的著作物の利用に関する原著作者の権利（著法28）

　自分の著作物を基に創られた「二次的著作物」を第三者が利用する場合に関する権利です。例えば、原作者であるＡさんの作品をＢさんが（Ａさんの了解を得て）翻訳し、この翻訳物（二次的著作物）をＣさんがコピーするとします。この場合、翻訳物の著作者はＢさんですので、ＣさんはＢさんの了解を得る必要がありますが、原作者であるＡさんは、「二次的著作物の利用に関する原著作者の権利」を持つため、Ａさんの了解も得る必要があります。

(2)　著作権の制限

　著作権法では、条約*22によって許される範囲内で「権利制限規定」と呼ばれる「例外規定」が数多く置かれ、一定の例外的な場合には、権利者の了解を得ずに著作物等を利用できることとされています。

　このような例外規定の適用を受けて複製物を作成したような場合であっても、その複製物を目的外に使用することはもちろん許されません（改めて権利者の了解を得ることが必要です。）。また、「出所の明示」をすべ

き場合（著法48）や「補償金」の支払いをすべき場合（著法104の2等）なども法律に定められています。

　著作権の権利制限規定を一覧表にすると、次のとおりとなります*23。

権利制限規定	著作権法の条文
私的使用のための複製	30条
付随対象著作物の利用	30条の2
検討の過程における利用	30条の3
著作物に表現された思想又は感情の享受を目的としない利用	30条の4
図書館等における複製・インターネット送信等	31条
引用・行政の広報資料等への転載	32条
教科用図書等への掲載等	33条、33条の2、33条の3
学校教育番組の放送等やそのための複製	34条
学校その他の教育機関における複製・公衆送信等	35条
試験問題としての複製・公衆送信	36条
視覚障害者等のための著作物利用	37条
聴覚障害者等のための「字幕」の作成等	37条の2
非営利・無料の著作物利用	38条
時事問題に関する論説の転載等	39条
政治上の演説、裁判での陳述の利用、国等の機関での公開演説等の報道のための利用	40条
時事の事件の報道のための利用	41条
司法・立法・行政のための内部資料としての複製、特許審査、薬事に関する事項等の行政手続のための複製	42条
情報公開法等による開示等のための利用	42条の2
公文書管理法等による保存・利用のための利用	42条の3
国立国会図書館におけるインターネット資料・オンライン資料の収集・提供のための複製	43条
放送事業者等による一時的固定	44条
美術の著作物等の原作品の所有者による展示	45条
公開の美術の著作物等の利用	46条
美術の著作物等の展示に伴う複製等	47条
美術の著作物等の譲渡等の申出に伴う複製等	47条の2
プログラムの著作物の複製物の所有者による複製等	47条の3
電子計算機における著作物の利用に付随する利用等	47条の4、47条の5
翻訳、翻案等による利用	47条の6
複製権の制限により作成された複製物の譲渡	47条の7

　以上のように、著作物について、著作権者が有している著作権は、様々な理由によりその権利が制限されています。

⑶　著作者人格権

　著作者人格権には、次のようなものがあります。

①　公表権（著法18）

　著作者がまだ公表されていない自分の著作物について、それを「公表するかしないかを決定できる権利」（無断で公表されない権利）をいいます。

②　氏名表示権（著法19）

　著作者が自分の著作物を公表する時に、「著作者名を表示するかしないか」、表示するとすれば「実名（本名）」か「変名（ペンネーム等）」かなどを決定できる権利をいいます。

③　同一性保持権（著法20）

　著作者が自分の著作物の内容や題号を、自分の意に反して無断で「改変（変更・切除等）」されない権利をいいます。

　著作者人格権については、著作者に専属する権利であるため、譲渡はできないものとされています（著法59）。

⑷　みなし侵害

　著作権法においては、形式的には著作権の侵害に該当するわけではないが、実質的には著作権の侵害と同等の行為であるとして、「侵害とみなす」こととされている行為があります[24]。

①　外国で作成された海賊版（権利者の了解を得ないで作成されたコピー）

を国内において頒布（販売・配布・貸与）*25をする目的で「輸入」すること（著法113①一）。

② 　海賊版を、海賊版と知っていながら、頒布すること、頒布する目的で「所持」すること、頒布をする旨の「申出」をすること、業として（継続・反復して）「輸出」すること、業として輸出する目的で「所持」すること（著法113①二）。

③ 　海賊版のコンピュータ・プログラムをパソコンなどで業務上使用すること（使用する権原を得た時に海賊版と知っていた場合に限られます。）（著法113⑤）。

④ 　違法にアップロードされた著作物（侵害コンテンツ）へのリンク情報を集約した、いわゆる「リーチサイト」や「リーチアプリ」において、侵害コンテンツへのリンクを提供すること（著法113②～④）。

⑤ 　リーチサイトを運営する行為やリーチサイトアプリを提供すること（著法113②～④）。

⑥ 　著作者の「名誉又は声望を害する方法」で、著作物を利用すること（著法113⑪）。

⑦ 　不正なコンテンツの視聴を制限する技術的利用制限手段（いわゆる「アクセスコントロール」）を権限なく回避すること（技術的利用制限手段に係る研究や技術の開発の目的上正当な範囲内で行われる場合や著作権者等の利益を不当に害しない場合を除きます。）（著法113⑥）。

⑧ 　ライセンス認証などを回避するための不正なシリアルコードを公衆に「譲渡」又は「貸与」をすること、「譲渡」又は「貸与」をする目的で「製造」、「輸入」又は「所持」すること、公衆の「使用」に供すること、「公衆送信」又は「送信可能化」すること（著法113⑦）。

⑨ 　著作物等に付された「権利管理情報」（「電子透かし」などにより著作物等に付されている著作物等、権利者、著作物等の利用条件などの情報）について、虚偽の情報を故意に付加する行為、権利管理情報を故意に除去し又は改変する行為 (権利管理情報が不正に付加等されているものについて、そのことを知っていながら、販売、送信することも対象)、それらの行為が行われた著作物等について、事情を知りながら、「頒

布」し、頒布の目的を持って「輸入」若しくは「所持」する行為又は「公衆送信」し若しくは「送信可能化」すること（著法113⑧）。

⑩　国内で市販されているものと同一の市販用音楽ＣＤなどを、輸入してはいけないことを知りつつ、国内で頒布するために「輸入」し、「頒布」し又は頒布するために「所持」すること（販売価格が安い国から輸入される音楽ＣＤなどであること、また国内販売後７年を超えない範囲内で、政令で定める期間を経過する前に販売等されたものであること、などの要件を満たす場合に限られます。）（著法113⑩）。

　みなし侵害行為についても、当該行為を行った者は、通常の著作権等侵害に当たる行為を行った者と同様に民事責任を負うこととなり、具体的には権利者は差止請求（著法112①）及び損害賠償請求（民法709）を行うことができます。また、みなし侵害行為も刑事罰の対象とされています（著法119②三・四、120の２三・四）。なお、一部の行為については営利目的が必要であるとされています。

(5)　出版権[*26]

　著作物を出版する際に、他の出版者から別途出版されると売上が落ちるなどして問題だという事情がある場合には、著作権者から独占的な出版の許諾を得ることでそのような事態を防止することができます。

　しかしながら、このような独占的な許諾を得たとしても、著作権者がその独占契約に違反して他の出版者に別途出版の許諾を与えてしまうような場合が想定されます。そのような場合、独占的な許諾を受けた出版社は、その別途出版の許諾を得た出版者に対して差止めをしたり損害賠償を求めたりすることはできません。この場合には、著作権法の規定がなければ、著作権者に対して独占的な契約に違反したとして契約違反の責任を取るように主張できるだけです。

　そこで、このような事態を防止するために、著作権法において、出版権の設定の制度が設けられています。

　著作権者から出版権の設定を受けた者は、著作権者から別途出版の許諾を得て出版する者に対し、自らの出版権を侵害するものであるとしてその出版をやめさせることができます（著法80）。出版権が設定されることにより、著作権者が二重に出版の許諾を与えるのを防止することができ、出版の許諾を得たにすぎない者より、法的な保護が与えられています。ただし、文化庁に出版権の設定の登録を行わなければ、第三者に対抗することはできません（すなわち、上記のような差止めはできないということです。）（著法88①）。

　なお、出版権の設定を受けた場合、出版者側においても、著作物を継続的に発行しなければならないなど、一定の義務が課されることとなっています（著法81）。

(6)　著作隣接権 [*27]

　「著作隣接権」は、著作物などを人々に「伝達した者」に与えられる権利であり（著法89⑥）、著作権法においては、同法89条から104条までにおいて、その取扱いが定められています。

　具体的には、「実演」「レコード製作」「放送」「有線放送」の行為が行われた瞬間に自動的に付与されます。著作権と同様に申請や登録などの手続きは一切必要ありません。「著作隣接権」の場合、「著作者の権利」の場合とは異なり、関係する行為をするだけで権利が付与され、「創作性」は権利付与の要件となっていません。

4　著作権の使用料

(1)　租税法上の用語

　租税法上、著作権の使用料といった場合には、どのようなものが含まれるのでしょうか。例えば、所得税法161条1項11号ロは「著作権（出

版権及び著作隣接権その他これに準ずるものを含む。）の使用料又はその譲渡による対価」と規定するのみで、著作権に、出版権、著作隣接権、その他著作隣接権に準ずるものが含まれていることは分かりますが、租税法には定義規定がなく、それ以上の詳細な内容は不明です。

　出版権自体は、複製や公衆送信、さらに譲渡行為が許諾されていれば行使可能ですが、著作権法では、それに加えて、上記3⑸のように著作権者から出版権の設定を受けた者は、著作権者から別途出版の許諾を得て出版する者に対し、自らの出版権を侵害するものであるとしてその出版をやめさせることができるという権利を付与しています。

　著作隣接権は、著作権法上、著作物などを人々に伝達した者に与えられる権利で、関係する行為をするだけで権利が付与され、創作性は権利付与の要件とはされていないなど、通常の著作権とは異なる側面があります。

　また、「その他これに準ずるもの」という用語で、出版権、著作隣接権と並記する形で著作権に含まれるものが掲げられています。この意味内容は必ずしも明らかではありません。著作隣接権に準ずるものとしては、著作権法に規定されている報酬請求権（著法94の2、95の3③、97の3③）及び二次使用料請求権（著法95①、97①）が挙げられるようにも考えられます[*28]。

⑵　租税法上の用語の解釈の仕方

　租税法の中に解釈の手掛かりがない用語の意味内容については、どのように解すべきなのでしょうか。

　この点については、他の法分野で用いられている概念を租税法上でも用いることになるものと考えられます。他の法分野で用いられている概念を借用していることから、「借用概念」という用語が用いられています[*29]。すなわち、（民商法等の私法に関する借用概念を念頭に置いた記述で、見解の対立はあるものの）「借用概念は他の法分野におけると同じ意義に解釈するのが、租税法律主義＝法的安定性の概念に合致している。すな

わち、私法との関連で見ると、納税義務は、各種の経済活動ないし経済
現象から生じてくるのであるが、それらの活動ないし現象は、第一次的
には私法によって規律されているから、租税法がそれらを課税要件規定
の中にとりこむにあたって、私法上におけると同じ概念を用いている場
合には、別意に解すべきことが租税法規の明文またはその趣旨から明ら
かな場合は別として、それを私法上におけると同じ意義に解するのが、
法的安定性の見地からは好ましい。その意味で、借用概念は、原則とし
て、本来の法分野におけると同じ意義に解釈すべきであろう。」とされ
ています[*30]。

　このような考え方に基づけば、租税法上の「著作権」や「出版権」、
「著作隣接権」については著作権法における解釈と同義に解することが
法的安定性にも資し、妥当ということになるでしょう。

　ただし、上記の記述は先にも述べたとおり、私法を念頭に置いている
と考えられます。それでは、著作権法は私法として位置づけられるので
しょうか。著作権法は、著作物を創作した者に対して「著作権」を与え
ており、「著作権」という権利は私人間の契約で創設できるものではな
いため、この部分は国家と私人の関係を律する公法としての位置づけが
可能である一方、著作権を付与された者は、他の私人との関係で著作権
の保護を受けて、著作権に基づいて各種の経済活動を行うことができる
ので、この面では私法として位置づけられると考えられます。そうする
と、著作権法は公法と私法の混合的な性質を持つものと考えられます。
ただし、一定の経済活動が著作権法に関して行われるのはやはり私法的
な側面であるといえるので、上記の借用概念に関する解釈が妥当するこ
とになるものと考えられます。

　一方で、著作権法の目的は「著作物並びに実演、レコード、放送及び
有線放送に関し著作者の権利及びこれに隣接する権利を定め、これらの
文化的所産の公正な利用に留意しつつ、著作者等の権利の保護を図り、
もつて文化の発展に寄与することを目的とする。」（著法１）とされてお
り、特に「もつて文化の発展に寄与することを目的とする」の部分は公
法的な色彩が強く出ており、完全に著作権法の考え方を租税法において

も全く同様に受容するまでの必要はないようにも思われます。

　もっとも、上記の租税法における借用概念に関する見解もまた「別意に解すべきことが租税法規の明文またはその趣旨から明らかな場合は別として」と一定の留保を付しており、別意に解釈される場合があり得ることを想定しており、これが著作権法の公法と私法の混合という性質に呼応した留保といえるかは別として、租税法規において著作権法における概念とは別意に解し得る場合もあるのではないかと思われるところです。

　そのため、使用料に該当するか否かの基本的な考え方は、ある第三者の行為が著作権（支分権）を侵害している場合に、著作権者は損害賠償請求をすることができ、本来であればその第三者は著作権者から利用許諾を受けて対価を支払って著作権（支分権）侵害とならないような態様でやらなければならなかったところ、そのような許諾を取らなかったがゆえに損害賠償をしなければならなくなったことから、その損害賠償は使用料としての性格を有し、逆に許諾を取らなければ著作権侵害となるような行為について許諾の対価を支払っている場合には、それは使用料になるというものです。また、著作権者から許諾を取らずとも、著作権法上の規定により自由に行使できる行為態様について、何らかの対価を支払っている場合には、それは著作権の使用料とはならず、何らかの別の性質をもった対価を支払っているということができるものと考えられます。

[注]

＊1　文化庁「令和4年度著作権テキスト」（https://www.bunka.go.jp/seisaku/chosakuken/seidokaisetsu/93726501.html）5頁参照。

＊2　中山信弘『著作権法〔第三版〕』（有斐閣、2021）236頁参照。

＊3　前掲注2中山信弘237・238頁参照。

＊4　映画の著作物についても著作者に関する例外規定（著法16）が設けられていますが、ここでは割愛します。

＊5　この「法人等」については、「法人その他使用者」（著法15①）とされてお

り、この「使用者」には自然人（個人）も含まれると解釈されています。こ
れは、自然人を除外すべき理由もないからであるとされています（前掲注２
中山信弘251頁参照）。そのほか、人格なき社団・財団で代表者・管理者の定
めがあるもの、国・地方公共団体も含まれます。

＊６　このような職務著作が規定されている理由としては、著作物はほとんど登
録等がなされないために外部から見て誰が著作者か分かり易い制度が好まし
いとされること、パンフレットやメモ類、プログラム等のように個性の流出
度が低いものが多数存在し、法人等の使用者の名義で公表される著作物に関
しては従業者としても著作権を原始的に使用者に帰属させるという意思が推
測される場合が多く、また社会的評価を受ける主体は名義人（使用者）であ
るという実態があること、著作者人格権を従業者に残しておくと人格権を行
使された場合に事実上財産権としての著作権が無意味になる場合もあり得る
こと、そこで譲渡不能な著作者人格権も使用者に原始的に帰属させるために
は使用者を創作者とする必要があったことなど（前掲注２中山信弘250頁参
照）が挙げられています。

　　　この職務著作の仕組みには、著作物の利用・流通の促進という観点が看て
取れます。

＊７　前掲注２中山信弘253頁参照。

＊８　前掲注２中山信弘253頁。創作することについての意思決定が直接又は間
接に使用者の判断により行われていることを意味するとの趣旨の裁判例と
して大阪地判平成24年２月26日判時2162号124頁、使用者からの具体的な命令
がなくとも、当該雇用関係からみて使用者の間接的な意図の下に創作をした
場合も含むとされていることについて東京地判平成17年12月12日判時1949号
113頁参照。

＊９　前掲注２中山信弘254頁参照。

＊10　前掲注２中山信弘255頁参照。

＊11　前掲注２中山信弘255・256頁参照。

＊12　前掲注２中山信弘255・256頁参照。

＊13　前掲注２中山信弘257頁及びその脚注参照。

＊14　特定の創作行為に関する指揮命令・監督関係がある場合には、その具体的
状況に応じて、発注者が著作者になるか、受注者が著作者になるか、あるい
は共同著作者となるか、いずれかになろうとされています（前掲注２中山信
弘前257・258頁参照）。

＊15　前掲注２中山信弘258頁参照。

＊16　前掲注２中山信弘258頁参照。

＊17　前掲注２中山信弘259・260頁参照。

＊18　前掲注 2 中山信弘264頁参照。

＊19　前掲注 2 中山信弘300頁参照。

＊20　前掲注 2 中山信弘301頁参照。

＊21　前掲注 1 文化庁14頁以下から引用して列挙しています。

＊22　具体的には、ベルヌ条約、実演家、レコード製作者及び放送機関の保護に
　　　関する国際条約、視聴覚的実演に関する北京条約などのことを指します。

＊23　前掲注 1 文化庁61頁を参考として作成しています。

＊24　前掲注 1 文化庁96頁以下参照。

＊25　著作権法 2 条 1 項19号において、「頒布」とは、「有償であるか又は無償で
　　　あるかを問わず、複製物を公衆に譲渡し、又は貸与することをいい、映画の
　　　著作物又は映画の著作物において複製されている著作物にあつては、これら
　　　の著作物を公衆に提示することを目的として当該映画の著作物の複製物を譲
　　　渡し、又は貸与することを含むものとする。」と定義されています。

＊26　文化庁ホームページ「著作物の正しい利用方法」（https://www.bunka.go.
　　　jp/seisaku/chosakuken/seidokaisetsu/gaiyo/riyohoho.htm）1参照。

＊27　前掲注 1 文化庁23頁以下参照。

＊28　この点に関する考察は第 3 章を参照してください。

＊29　金子宏「租税法〔第24版〕」弘文堂・2021年、126頁参照。

＊30　前掲注29金子宏127頁参照。

第3節 ―――――――――――――――――――――――
契約類型別の課税の帰結

　本節では、法人間の取引を念頭に置き、著作権に関する様々な契約類型別に、課税上考慮すべき点に配慮しつつ、課税上の帰結がどのようになるのかということを検討します。

　なお、国際的な著作権に関する取引で、租税条約の適用がある場合において、当該租税条約が定義規定をおいていないときは、基本的に国内法の概念に従うこととされています。例えば、日米租税条約では、その3条2項で「一方の締約国によるこの条約の適用に際しては、この条約において定義されていない用語は、文脈により別に解釈すべき場合（中略）、この条約の適用を受ける租税に関する当該一方の締約国の法令において当該用語がその適用の時点で有する意義を有するものとする。当該一方の締約国において適用される租税に関する法令における当該用語の意義は、当該一方の締約国の他の法令における当該用語の意義に優先するものとする。」と規定されていますし、日仏租税条約3条2項、日英租税条約3条2項、日本ブラジル租税条約2条2項などにも同旨の規定があります。

1　譲渡契約

(1)　契約内容の概要

　契約内容としては、字義どおり著作権を譲渡するというものですが、第2節3でも述べたように、著作権法21条から28条までの支分権ごとに譲渡することができるし、支分権をさらに細分化して譲渡することもできるとされています。

　著作権法61条２項は「著作権を譲渡する契約において、第二十七条又は第二十八条に規定する権利が譲渡の目的として特掲されていないときは、これらの権利は、譲渡した者に留保されたものと推定する。」と規定しており、翻訳権・翻案権等（著法27）、二次的著作物の利用に関する原著作者の権利（著法28）については、別途、著作権法27条又は28条に規定された権利を譲渡する旨を契約書に記載していないと、譲渡されたことにはならないものと推定されることに留意が必要です。すなわち、譲渡人が「著作権の全てを譲渡する。」とのみ記載された著作権譲渡契約書がある場合には、それだけでは、翻訳権、翻案権、二次的著作物の利用に関する原著作者の権利が譲渡人に残っているものと推定されるため、確実にすべての支分権を譲渡するためには、著作権譲渡契約書に「翻訳権、翻案権及び二次的著作物の利用に関する原著作者の権利も含めた譲渡人が保有するすべての著作権を譲受人に譲渡する」旨の定めが必要であるということになります。

　ところで、上記著作権法61条２項の規定は「推定」しているだけですので、反証により、すべての著作権の支分権が譲渡されたものと解釈されることがあり得ます。

　また、外国法人との契約においては、準拠法によっては、上記のような「著作権の全てを譲渡する」という定めだけで、翻訳権、翻案権、二次的著作物の利用に関する原著作者の権利も譲渡されたと考えられる場合があるかもしれません。

(2)　課税上の帰結

　所得税法の規定によれば、外国法人や個人から著作権の譲渡を受けたような場合には、源泉所得税の課税の対象となります。

　譲渡人が日本と租税条約を締結している国等の法人や個人である場合には、租税条約の規定を確認し、源泉所得税が減免されていないか、譲渡所得条項で免税とされていないかということを確認することとなります。

　なお、譲渡の対価の額の妥当性については、上記のように、翻訳権、翻案権、二次的著作物の利用に関する原著作者の権利が明示されていない場合には、これらは譲渡人に留保されていると推定されることがあり、そうするとこれらの権利も含めたすべての著作権を譲渡する場合に比べれば、理論的には対価の額は安くなってもよいということもあり得るものと考えられます。

2　開発委託契約

(1)　契約内容の概要

　ここでは、大きく「開発委託契約」とまとめていますが、その内容は、実際には、多様となっているものと考えられます。

　まずは、(a)純粋な第三者に開発委託を依頼するような場合があります。すなわち、委託者である会社には開発能力がないため、開発能力を有する第三者に完全に開発を委託するような場合です。

　次に、(b)第三者が保有している開発能力を自己の開発能力の補完として用いるような場合です。このような場合には、委託会社の従業員が受託会社の従業員と協力して開発を行うことがあります。

　また、(c)上記(a)と(b)の場合に共通して、開発行為に派遣労働者が関与している場合もあります。

　これら(a)から(c)までの類型は、開発行為によって発生した著作物の著作権が誰に帰属するのか、という観点からの問題です。著作物の著作権の帰属先によって、著作権の譲渡があったのか否かが判明します。

　さらに、例えばコンピュータ・プログラムなどにみられます[*31]が、(d)どの程度の開発委託をしたのかという点も検討を要します。

　すなわち、コンピュータ・プログラムは、おおむね、要件定義→外部設計→内部設計→プログラミング→単体テスト→結合テスト→総合テスト（システムテスト）→運用テスト→システム移行（リリース）→運用・

保守という流れで供用が開始できるということになっています。委託会社はこのような流れのうち、すべてを委託したのか、あるいは、一部分のみを委託したのか、一定段階までを委託したのかなど、その委託の範囲を検討する必要があります。これは、内部設計程度までの委託であれば、コンピュータ・プログラムとしては著作物とは呼べない[*32]ので、著作物の完成を目的とした契約といえるかどうか、換言すれば、契約完遂段階で著作権の譲渡を必要とするかどうかという観点からの問題です。コンピュータ・プログラムについては、プログラミングが完成した段階で著作物となるものと考えられています。

　また、最後に、(e)開発委託契約完遂後に著作権の譲渡が受託者から委託者へあったか否かを確認することが必要でしょう。

① 上記(a)の場合
　i 基本的な課税上の帰結
　上記(a)の場合は、上記のとおり、第三者（受託者）に開発を完全に委託し、委託者は開発行為には何らの関与をせず、単に納入を受けるだけというものです。

　この場合には、受託者の側においては、役務を投下して著作物を作成し、それを委託者に納入することになりますので、委託者が支払う対価は、役務提供分と著作物について発生した著作権の譲渡分から構成されることになるものと考えられます。このため、この対価は、役務提供分と著作権譲渡分とに分けられて、前者は役務提供の対価、後者は日本の国内税法上は使用料として取り扱われることになるものと考えられます。

　上記でコンピュータ・プログラムについて述べたように、段階的に制作されて最終的に著作物となるような場合には、納入されたものが著作物となっているか否かを確認する必要があります（上記(d)の問題）[*33]。

　仮に、内部設計までの段階を委託したに過ぎないような場合には、内部設計の段階では、いまだ著作物とはいえないと考えられる場合がほとんどであろうと思われますので、著作権の譲渡は発生していない

といえるものと考えられます。そのため、委託者が受託者に支払う対価は著作権の使用料部分（著作権の譲渡対価）に該当するものはないものと考えられます。ただし、内部設計を委託した場合であっても、それが極めて詳細なもので、ごくわずかに機械的に手を加えることでプログラミングとして完成するようなものも状況によってはあるかもしれません。そのような場合には、著作権の使用料部分（著作権の譲渡対価）に該当するものも対価の中には含まれると考えられる場合もあるでしょう。さらに、内部設計をするに当たって、受託者側が何らかのノウハウを駆使していることも場合によってはあるかもしれません。そのような場合には、対価の中にノウハウの提供対価、すなわち工業所有権に準ずるものの利用許諾の対価が含まれていると考えられる場合もあるかもしれません。もしそうであれば、ノウハウとしての使用料対価部分が対価の中に含まれていると考えることもできるでしょう。

　また、これもコンピュータ・プログラムに典型的ですが、受託者において開発した著作物について、その著作権の譲渡が受託者から委託者に行われておらず、単に完成した著作物について受託者から委託者にライセンスが行われているにすぎない場合があります（上記(e)の問題）。すなわち、委託者としては著作権を受託者から譲り受けて著作権を保有していなくとも何ら不都合はなく、ライセンスさえ受けていれば足りる、という状況があります。この場合にも、委託者が受託者に対して支払う金銭は、役務提供の対価のみということになるものと考えられます。著作権の利用許諾の対価、すなわち、いわゆるライセンス料と考える（ないしライセンス料部分が対価に含まれていると考える）こともできるかもしれません。

ⅱ　職務著作の成立

　上記(a)のような場合には、通常、職務著作とはならないのが大半であろうと思われます。何故なら、上記第2節2(2)において述べた使用者の発意の要件や使用者の業務に従事する者という要件を満たさないからです。そのため、開発を委託された著作物について、原始的に委

託者に著作権が帰属するというケースは、ほとんどないことになります。

　しかしながら、第2節2(2)でも述べたように、職務著作の要件である使用者の発意については雇用の関係の如何によっても異なることがあり、例えば、正規の雇用契約関係にある者については使用者の発意は緩やかに解すべきであろうし、そうでない者（派遣社員、臨時社員など）についてはその状況に応じて厳しく解すべきであろう、とされていますし、使用者の業務に従事する者という要件についても、職務著作の適用範囲は実態から判断すべきで、請負等のような独立した者についてまで職務著作の成立を認めるべきではないが、形式的には請負や委任であっても実態が職務著作の要件における雇用であれば従業者に該当することもあり得るとされていることから、上記(a)のような場合であっても、職務著作が成立することが絶対にないとまではいえず、個別具体的な状況を慎重に確認することは必要でしょう。

　仮に、職務著作となるという場合には、委託されて完成された著作物の著作権は原始的に委託者に帰属し、委託者が受託者に支払う対価はすべて役務提供の対価ということになるものと考えられます。

iii　譲渡対価を認識すべきか

　上記iの場合において、開発委託をした著作物の著作権の譲渡対価が、委託者が受託者に支払う金銭の中に含まれる場合があるのは、既に述べたとおりです。

　しかしながら、開発委託契約の当事者の意識としては、著作権の譲渡をしている、あるいは著作権の譲渡を受けているという意識は極めて希薄であるか、あるいは全くないことがほとんどであるのが実態ではないかと思われます。

　特許権の対象となるような技術の開発委託契約の場合と比較すると、その場合には、受託者は特許として出願できるような状態の開発、換言すれば、特許を受ける権利、出願権の開発を目指して開発活動にいそしみます。一方で、著作物の開発委託契約においては、著作物の完

成は目指すのですが、著作権は当事者の意図とは無関係に著作物となった時点で自動的に発生してしまいます。そのため、当事者が望むと望まないとにかかわらず、勝手に発生した著作権が譲渡されているという状況が生じていることになります。換言すれば、著作権の譲渡について当事者が意図している場合は格別[34]、意図していない場合には当事者がコントロールできない状況で著作権が移転してしまうともいえそうです。

　仮に著作権の譲渡を認識しないということになると、実務的には第1節5に記載した寄附金課税などが問題となりますし、源泉徴収漏れということにもなる場合があります[35]。しかしながら、上記のように契約当事者は著作権の譲渡などは全く意識していないことも多いでしょうし、著作権の譲渡をする必要もないし、また委託者側においても著作権を譲り受ける必要もないこともあります。契約当事者の意思としては、まさに役務提供の対価についてのみ支払いを行うという点で合致しており、それ以上の意図がないことがほとんどでしょう。事実、上記(1)(e)のように著作権譲渡がなされない状況もあります。著作権の価値としては、役務提供の対価として委託者から受託者に支払われる金銭の中ですべて評価しつくされているともいえるでしょうし、客観的にみても、開発委託されたような著作物の著作権は外部の第三者にとってはいわばテーラーメードされたものとして価値はないとも考えられます。そうすると、著作権譲渡を認識する必要がない、すなわち、著作権譲渡対価を認識しなくとも構わない場合があるように思われます。

　著作権の支分権は財産権ですので、放棄することも可能であるとされています[36]。源泉所得税課税や寄付金課税などのリスクがある場合には、著作権を放棄することも考えられるかもしれません。この場合、著作権を放棄すると万人が利用可能な状態となるものと考えられています[37]が、その内容を秘密とすることにより不正競争防止法によって営業秘密として保護を受けられる場合も考えられ、利用上の不都合も解消される可能性があります。

② 上記(b)の場合

　次に、委託会社の従業員が受託会社の従業員と共同して開発するような場合です。この場合に問題となるのは、やはり著作権の帰属の問題として、職務著作が成立しているかどうか、という点であると考えられます。

　職務著作の要件は第2節2(2)で確認したとおりですが、職務著作について問題となり得る点は「使用者の業務に従事する者」（第2節2(2)②参照）という要件であることが多いものと思われます。この要件を充足するか否かは、結局のところ、事実認定の問題であり、事実関係を詳細に検討する必要があります。その際に検討すべきは、雇用関係があるか否か、雇用関係がなくとも、その関係は雇用関係類似といえるかどうか、あるいは指揮命令・監督関係があるかどうか、といったことになります。そして、雇用関係や雇用関係類似の関係、あるいは指揮命令・監督関係が認められれば職務著作が成立して、創作された著作物の著作権ははじめから委託者側に属するという場合もあり得るでしょう。このような場合には、委託者が受託者に支払う金銭は単に役務提供の対価ということになるものと考えられます。もちろん、状況によっては、受託者側において著作権を保有することになる（受託者が法人であれば、当該法人が原始的に著作権を取得することも考えられますが、職務著作の要件である使用者の発意という要件を満たさない場合も多いかもしれません。）でしょうし、また、委託会社の従業員と受託会社の従業員が共同著作者となる場合もあるでしょう。著作権者は、実質的にみて誰が創作したのかを検討することで、実質的に創作した者となるものと考えられます*38。そして、職務著作の要件を満たすものであれば、その創作者と雇用関係、雇用関係類似関係あるいは指揮命令・監督関係がある使用者に著作権が原始的に帰属することになります。

　委託者に職務著作の規定によって著作物の著作権が帰属しない限り、対価には役務提供部分と著作権の譲渡部分が含まれることになるでしょうが、著作権の譲渡対価部分を認識すべきか否かは上記①iiiと同様です。

　また、単に内部設計の委託であって著作物の創作にまでは至らないようなものの委託である場合（上記(d)の場合）、著作権の譲渡が行われていない場合（上記(e)の場合）には、著作権の譲渡が観念しえないこともまた同様です（上記①ⅰ参照）。

③　上記(c)の場合

　上記(c)の場合は、派遣労働者が著作物の開発に関与している場合です。この場合にも、誰が著作物の著作権を取得するか、誰に著作権が帰属するかという問題が生じます。

　これが問題となる背景は、職務著作の「使用者の業務に従事する者」という要件の解釈と関連して、雇用関係を厳格に捉えて職務著作の適用を狭く解釈し、使用者は雇用関係から生ずる社会保険や安全配慮義務など労務についても全面的な責任を負う者でなければならないと解する考え方があり、派遣労働者については、派遣元・派遣先のいずれも著作者となる要件を満たしていないため、職務著作は成立せず、派遣労働者自身が著作者となるとする見解[39]があることによります。

　しかしながら、第 2 節 2 (2)②において述べたように、必ずしもそのように狭く解釈する必要はないと考えられます。

　また、「正規従業者と派遣労働者とが同じような仕事をしている場合も多いにも拘わらず、正規従業者の作成した著作物の著作者は使用者であるのに対し、類似の指揮命令系統の下で働いている派遣労働者の作成した著作物の著作者は当該派遣労働者というのは余りにも平仄を欠き、実態を無視した解釈と言えよう。その上派遣労働者を著作者としても、契約で著作権を使用者に無償で譲渡することが予想され、そうなると派遣労働者には著作者人格権だけが残ることになるが、それでは経済的利益はなく、派遣労働者保護にはならない。そうなると派遣労働者を著作者とすることは、一見すると派遣労働者を保護しているように見えるが、現実には派遣労働者の職域を創作活動とは関係が薄い単純労働だけに追いやるおそれもある。職務著作物に関しては、後に法人等が改変して利用するような性格のものも多く、著作者人格権が派遣労働者に残ってい

たのでは職務著作物の利用・流通の大きな妨げとなり、職務著作制度を設けた意味がなくなる。」*40 として、上記のような考え方を採るべきではないとしている見解もあります。

　なお、労働者派遣法2条（用語の意義）1号は、「労働者派遣」とは「自己の雇用する労働者を、当該雇用関係の下に、かつ、他人の指揮命令を受けて、当該他人のために労働に従事させることをいい、当該他人に対し当該労働者を当該他人に雇用させることを約してするものを含まないものとする。」と定義しており、他人の指揮命令を受けるとして職務著作とは矛盾しない定義となっています。そのため、派遣労働者が著作物の創作に関与していたとしても上記②の場合と同様に職務著作に該当するのか否かということを考えればよいことになります。

④　役務提供の対価となった場合の課税

　上記①から③までの中で、役務提供の対価と考えられる場合があるということを記載しましたが、役務提供の対価となる場合であって、それが国際的な取引である場合には、役務提供の対価は、人的役務提供の対価として国内で役務提供が行われない限り、そもそも国内源泉所得として課税されないか、あるいは、事業所得ということになり、国内に恒久的施設があって当該恒久的施設に帰属する所得でない限り課税されないことになります。また、租税条約の適用がある場合には、通常、事業所得として日本では課税されないことになります。

3　複製物の売買契約

(1)　契約内容の概要

　「複製物の売買契約」とは、例えばコンピュータ・プログラムが格納されたCD等が販売され、それを購入するという契約です。

　このような契約には、売買についての条項のみならず、様々な制限が

付されている場合もあり得ると思います。例えば、私的な複製を除いて
複製してはいけないとか、公衆送信できる状態に置いてはいけない、と
いったような定めがある場合もあります。

(2)　課税上の帰結

　上記(1)で述べた契約においては、コンピュータ・プログラムが格納さ
れたCD等の媒体の所有権の移転が行われているのみです。購入者は、
第2節4(1)で述べたような様々な支分権についての何らかの著作物の利
用を許諾されているわけではありません。そのため、CD等の複製物の
対価を支払っているにしても、それは著作権の使用料であると考えるこ
とはできないということになります。

　確かに、コンピュータ・プログラムについては、一定の使用を侵害と
する規定*41が著作権法にあり、第2節3(4)に述べたようにみなし侵害
行為とされています。

　しかしながら、適法に複製物を購入する行為自体は、当然みなし侵害
行為にはなりませんので、対価を使用料と解することはできないと考え
られます*42。

　このような適法な複製物の販売によって得られた所得は、事業所得と
いうことになります。適法な複製物の購入者が、複製物を転売したとし
ても、複製物が市場におかれたことによって著作権の譲渡権は消尽して
いると考えられますので、もはや著作権の保護は及ばず、転売による対
価についても使用料と考えられることはありません。譲渡権は複製物の
譲渡から利益を得る制度であるので、最初の譲渡があったときに消尽す
るとされています*43。

　しかし、購入した複製物を貸与する場合には、貸与権はそもそも一つ
の複製物を複数の者が利用することから得られる利益を保護するための
制度であり、消尽させてしまうと制度の趣旨が失われてしまうため、貸
与権は消尽しておらず*44、いまだ著作権の貸与権は有効に存続してい
ると考えられます。そのため、購入した複製物を貸与する権利が付与さ

れている場合には、その部分に対応する対価は使用料であると考えられます*45。

4　複製物のダウンロード形式での売買契約

(1)　契約の内容の概要

　「複製物のダウンロード形式での売買契約」とは、上記3の複製物の売買契約がオンラインでダウンロードという形式で行われることを想定しています（有体物が存在しないのでそもそも「複製物」という呼び方は妥当ではないのですが、上記3との比較上、便宜的に「複製物」という用語を用いています。）。

　この場合、上記3と同様に、私的複製以外の複製の禁止等の制約が課されていることがほとんどでしょう。

　また、ダウンロード販売といっても、ダウンロード形式で販売されているのは、あくまでもユーザープログラムのみで、有料でユーザープログラムをダウンロードして、そこをいわば窓口のようにしてサーバープログラムにアクセスして、サーバープログラムの便益を享受する、という場合もあるでしょう。

　例えば、アプリをダウンロードして、アプリからメインのサーバープログラムにアクセスしてゲームを楽しむというような場合です。アプリのプログラムのダウンロード自体は無料である場合もあると思います（この場合には、メインのプログラム内における課金で企業は収益を得ることになるのでしょう。）。

(2)　課税上の帰結

①　プログラムのダウンロードの場合

　ここで問題となるのは、著作権の複製権です。すなわち、オンライン

のダウンロード形式で著作物を自己のパソコン上に保有することとなる場合には、明らかに複製が行われていることになるからです。そうすると、その対価を支払っているときは、その対価は、複製の許諾を受けたことによる対価として位置づけられることになり、そのため、当該対価の性質は使用料ということになり、使用料としての課税がなされるということになるものと考えられます。

　しかしながら、この結論は、上記 3 の場合と比べて、明らかに均衡を失しています。購入者の側における使用についてはほぼ全く差異がないにもかかわらず、CD などの有体物に売主が複製して販売すれば対価は使用料とはならず、ダウンロード形式で販売すれば使用料となるということになってしまいます。

　この点、租税条約の適用がある場合には、OECD モデル租税条約コメンタリーに解説*46 がなされており、上記 3 の場合と同様に取り扱うことができると考えられます。

　さはさりながら、国内税法が適用される場合には、やはり使用料と考えざるを得ないのでしょうか。

　この点、第 2 節 4(2)で述べたように、租税法上の用語の解釈の仕方は、「私法上におけると同じ概念を用いている場合には、別意に解すべきことが租税法規の明文またはその趣旨から明らかな場合は別として、それを私法上におけると同じ意義に解するのが、法的安定性の見地からは好ましい。その意味で、借用概念は、原則として、本来の法分野におけると同じ意義に解釈すべきであろう。」とされるわけですが、ダウンロード形式での販売については「別意に解すべきことが租税法規の明文またはその趣旨から明らかな場合」に該当すると考え、著作権の使用料から除外されると考えるか、あるいは、契約当事者の意図として複製の許諾をすることで対価を得ているわけではないし、複製の許諾を受けることによる対価を支払っているわけでもないということを重視して、ダウンロード形式での販売においては、販売の対象となっている著作物の利用・その便益の享受の対価を支払っているものとして、使用料には該当しないと考えるのが常識的であると考えられます。

　このようなダウンロードされた著作物（デジタル著作物）については、譲渡権の対象とはなりません。譲渡権は原作品か複製物という有体物を前提としているからです。そのため、消尽の対象ともなりません。しかしながら、購入者が複製をして公衆に提供すれば譲渡権の対象となりますし、インターネット上にアップロードして公衆に提供すれば公衆送信権の侵害となります*47。

　したがって、このような行為が購入者に許諾されており、その対価を販売者が得ているというような場合には、対価には使用料部分が含まれると考えることができます。ただし、これもまた上記3においてみたように、複製物については譲渡権は消尽により特に制約を受けないこととの均衡上、疑問があるともいえます。

　すなわち、複製物については中古品として転売する場合にはもはや譲渡権は及ばないにもかかわらず、ダウンロード形式の場合には消尽していないため譲渡権が及ぶことになり、デジタルの場合には使用料となることになってしまいます。この場合においても、上記のような租税法上の用語の解釈の仕方の例外と位置づけるか、あるいは、販売者はそのような購入者の行為から利益を得ることを想定していないという意思を課税上も尊重するといった考え方から妥当な結論を導くべきであるとも考えられます。

②　ユーザープログラムのダウンロードの場合

　これは、上記(1)の後段の場合、すなわち、ダウンロード形式で販売されているのは、あくまでもユーザープログラムのみで、有料でユーザープログラムをダウンロードして、そこをいわばユーザーインターフェースとしてサーバープログラムにアクセスして、サーバープログラムの便益を享受する、という場合です。

　具体的には、アプリをダウンロードして、アプリからメインのサーバープログラムにアクセスしてゲームを楽しんでもらうというような場合です。

　アプリのプログラムのダウンロード自体は無料である場合もあると思

われるのは上記のとおりです。完全無料の場合には、特に課税上の問題は生じないと考えて差し支えないでしょう。

　ユーザープログラムを有料でダウンロードしている場合には、複製をしていることになり、その対価は複製の許諾の対価ということになるものと考えられます。そして、当事者が複製の許諾をし、その対価を収受しているということで意思が合致していれば、その対価は使用料ということができるでしょう。

　しかしながら、契約当事者の意思として、一応、ユーザープログラムのダウンロードについて対価を収受してはいるものの、複製の許諾の対価という意思はなく、例えば、単に入場料に相当するような性質を付与しているにすぎない場合、あるいは、ザーバープログラムで利用することができる課金の前払い的なものとして対価を収受している場合もあるかもしれません。このような場合には、当事者の意思の合理的な解釈という観点からすれば、そこに使用料という性質はないということもできる場合があると考えられます。すなわち、入場料にしろ、あるいはサーバープログラムにおいて課金されるものの前払いであるにしろ、そこに何らかの著作物の利用（支分権の対象となっている行為）についての許諾は受けていないし、また、サーバープログラムを利用するに際しても、著作物の利用（支分権の対象となっている行為）の許諾という要素はないという場合が想定されます。そのため、このような場合には、対価は著作権の使用料とはならないと考えられます。

5　複製の許諾契約

(1)　契約の内容の概要

　「複製の許諾契約」とは、著作権者から複製を許諾される契約です。
　エンドユーザーに対し、直接、著作権者から複製が許諾されているという場合もあるでしょう。

また、例えば、販売代理店のような状況を想定すると、単に複製を許諾されただけでは、許諾された者にとっては意味がないので、譲渡行為が同時に許諾されている場合がほとんどでしょう。著作権者が外国に所在する場合には、日本の顧客が使いやすいように著作物が翻訳されることもあるので、翻訳・翻案が許諾されていることもあり得るでしょう。仮に複製のみが許諾されている場合には、むしろ著作権者による製造委託契約が締結されていると考えられます。製造委託契約については、下記7を参照してください。

(2) 課税上の帰結

① 原則的な考え方

「複製の許諾契約」の場合には、契約当事者の意思として、複製権の対価を支払っているのですから、その対価は使用料と考えて差し支えないでしょう。

また、契約当事者の意思として、まさに複製権及び譲渡権ないしは翻訳権・翻案権の対価を支払っているという認識であれば、使用料ということができるでしょう。

② 例外的な状況について

上記(1)の後段のような状況においては、販売代理店が著作権者に対して支払う代金がすべて使用料と考えられるのかという問題が生じます。

確かに、販売代理店において複製を許諾されて複製権を行使し、さらに譲渡を許諾されて譲渡権をも行使しているし、外国語から日本語に変えていれば翻訳権・翻案権を行使しているのですが、特に複製権と翻訳権・翻案権については、販売代理店は、直接、著作権に関する便益を受けているという意識を有していない、と考えられます。すなわち、販売代理店自身が直接的に複製をすることによって、あるいは翻訳することによって何らかの便益を受けているとはいえないのではないかと考えられます。複製や翻訳をすることによって、その著作権（著作物の複製物）

を利用して便益を享受することとはなっていないという状況にあるのではないかということです。

　そうであるとすれば、ここにおける複製権や翻訳権・翻案権は、単に顧客の誘因、すなわち、販売代理店の製品にはこのような便利な著作物が複製されて（しかも日本語になって）搭載されていて便利ですよ、と顧客にアピールをする目的のためだけのもので、著作権の便益を受けるのは顧客であるということができます。このような状況においては、契約当事者の意図としては、著作権者側は販売代理店に販売をしてもらって顧客によって著作物の複製物を利用してもらうことによって利益を出したい、と考えており、そのような考え方について、販売代理店側においても何ら齟齬はないという状況であれば、少なくとも複製権ないしは翻訳権・翻案権の対価という要素は当事者の意思解釈としては存在せず、単に販売代理店側で顧客を集められるようにするための機会を創出させるため対価であるとも考えられ、使用料とはならない部分があると考えることも可能ではないかと思われます。あるいは、実質的には顧客の求めに応じて顧客による複製や翻訳の代行・補助をしているだけと位置づけられる場合もあって、そのような理由から使用料ではないと考えることも可能かもしれません。

6　貸与許諾契約

(1)　契約の内容の概要

　「貸与許諾契約」とは、例えば、販売代理店に対してコンピュータ・プログラムの貸与行為を許諾するような契約です。

　著作権者は、その著作物を複製物の貸与により公衆に提供する権利を持っていますが（著法26の3）、原著作物は、貸与権の対象とはなっていません。

　著作物自体は、無体の情報なので、著作物自体を貸与することは想定

できないため、複製物の貸与という規定となっています。

　貸与は、いずれの名義又は方法をもってするかを問わないものとなっており、実質的に貸与に当たるような行為も、著作権法上、貸与とみなされます（著法2⑧）。

　そのため、買戻特約付売買や返品あるいは下取特約付売買であっても、その実体が貸与とみられる場合には、貸与権の効果が及ぶことになるとされています*48。期間経過後に返還したり破棄したりするものも、貸与権の対象となる行為に含まれるでしょうし、そのまま持ち続けている場合でも、契約内容から判断して、貸与となれば、貸与に含まれることになるでしょう。

(2)　課税上の帰結

　契約当事者の意思として、貸与権の対価を支払っているのであれば、その対価は使用料と考えて差し支えないでしょう。

7　製造委託契約

(1)　契約の内容の概要

　「製造委託契約」とは、著作権者が著作物の複製を第三者に依頼して複製物を製造してもらい、その複製物を著作権者が納入され、著作権者が販売するという内容の契約となります。このような契約においては、正確に複製することなどが契約書に定められていることでしょう。

(2)　課税上の帰結

　「製造委託契約」も、上記5(2)において述べた課税上の帰結と同様に考えることができます。すなわち、著作権者であると同時に委託者であ

る者が、第三者に複製を委託し、その第三者が受託をしている状況と捉えるということになります。

　第三者は、複製を許諾されているのですが、複製権の対価を支払うどころか逆に複製権を行使することで著作権者ではないのに対価を得ていることになります。

　当事者の意思としては、著作権者は自己の代わりに第三者である複製業者（受託者）をして複製をなさしめ、その対価を支払っていることになり、受託者においてもまさにそのような意思をもって合意していると考えられます。委託者の依頼を受けて複製をしているのですから、受託者が得る対価の性質は使用料ではないことは当然で、役務提供の対価を得ていることになりますし、委託者は役務提供の対価を支払っていることになります。

8　販売委託契約

(1)　契約の内容の概要

　「販売委託契約」とは、著作権者から販売代理店として任命され、著作物を複製して販売する行為（譲渡）を許諾されたというような契約です。

　この契約においては、対価の支払いとしては複製と販売の手数料を差し引いて売上額を著作権者に支払うというような場合があるでしょう。

(2)　課税上の帰結

　「販売委託契約」においては、著作権者であると同時に委託者である者が、第三者に複製と販売を委託し、その第三者が受託をしている状況と捉えることになります。

　第三者は複製及び譲渡行為を許諾されているのですが、第三者は複製権及び譲渡権の対価を支払うどころか逆に複製権及譲渡権を行使するこ

とで著作権者ではないのに対価を得ています。当事者の意思としては、著作権者は自己の代わりに第三者である複製業者（受託者）をして複製をなさしめ、販売させ、その対価を支払っていることになり、受託者においてもまさにそのような意思をもって合意していると考えられます。委託者の依頼を受けて複製と販売（譲渡）をしているのですから、受託者が得る対価の性質は使用料ではないことは当然で、役務提供の対価を得ていることになります。委託者においても役務提供の対価を支払っていることになります。

9　開発支援・助言の契約

(1)　契約の内容の概要

「開発支援・助言の契約」とは、著作物の開発に当たって、開発準備や設計等について、第三者が適宜開発のための助言を専門家として行うにとどまるような契約です。第三者はあくまでも助言をするにとどまるため、開発の主体は委託者であるということになり、著作物が具現化する際に第三者の助言が活かされているという状況です。

(2)　課税上の帰結

「開発支援・助言の契約」においては、上記(1)において述べたように、第三者はあくまでも助言をするにとどまるため、第2節3(1)において述べたように、当該著作に対して動機を与えたり、指示を出したりしただけでは創作的表現に関与したとはいえず著作者とはならないし、単にヒントを提供した者、単に著作者の指示の下に手足となって労力を提供した者、資金や情報を提供した者あるいは創作の依頼者は、創作的な表現の創出に実質的に関与したとはいえないことから著作者とはならないとされているのですから、開発の主体は委託者であるということになりま

すので、著作物を創作した者は、委託者になります。

　そのため、著作権も委託者が保有することになります。もちろん、職務著作の要件を満たせば、法人等に著作権が原始的に帰属します。受託者から委託者に対する著作権の譲渡といったようなことは観念しえず、受託者が開発援助をすることによって得る対価は、使用料ではなく、役務提供の対価ということになります。もちろん、そのような助言をするに際して、何らかの工業所有権に準ずるようなノウハウが用いられていれば、対価部分に工業所有権の使用料が含まれている場合はあり得るでしょう。

　なお、役務提供の対価であると考えられる場合であって、助言をした者が外国に所在する者であるときは、国内において役務提供（助言）がなされていなければ課税はされません。助言をした者が法人に所属している場合であって、法人に対して対価が支払われたような場合には、当該法人が日本国内に恒久的施設を有していないか、あるいは恒久的施設を有していても当該恒久的施設に帰属する所得でなければ課税はされません。仮に助言をした者個人に対して対価が支払われる場合で、租税条約の適用があるときは、短期滞在者免税などの適用があり得ることになります。

10　アクセスコントロール解除契約

(1)　契約の内容の概要

　「アクセスコントロール解除契約」とは、例えばパスワード保護されているようなコンテンツを使えるようにするために、対価を払ってパスワードの発行を受けるような契約です。この契約は、通常、シンプルなものであることが多いと思われます。パスワードの発行を受けて、実際に利用開始する場合には、様々な事項が定められる場合もあるでしょうが、それはいわば利用上の注意点のようなもので、パスワードの発行

とは別物と考えることもできると思われます。

(2)　課税上の帰結

　「アクセスコントロール解除契約」においては、パスワード等の購入対価が使用料と位置づけられるのかという問題があります。

　この点について、著作権法113条6項は、コンテンツの視聴を制限する技術的利用制限手段を権限なく回避する行為を著作権の侵害行為とみなし、また、同条7項はライセンス認証などを回避するための不正なシリアルコードなどを公衆に譲渡・貸与等する行為を著作権侵害行為とみなしています[*49]。これらは、著作権法21条から28条までに規定された著作権者が保有する様々な支分権とは別に、支分権に該当するような行為ではないが、著作権者の著作権を保護しようとする目的で定められた規定で、著作権を侵害するものとみなすとされています。

　このようなみなし侵害行為については、著作権法に規定された著作権と著作者人格権だけでは実質的に著作者、著作権者の利益が十分に護られないこともあるため、直接的に侵害行為を構成するものではないが、一定の行為を侵害とみなして、侵害に関して権利範囲を拡張したに等しい側面もあるとされています[*50]。しかし、このようなみなし侵害行為については、著作権自体を拡張したものではない[*51]とされていますし、著作権法における規定も「次に掲げる行為は、当該著作者人格権、著作権、出版権、実演家人格権又は著作隣接権を侵害する行為とみなす」として、あくまでも一定の「行為」を「侵害する行為」とみなすことを明示しており、著作権については何ら言及していません。

　以上の著作権法の規定ぶりをもとにして租税法規を見てみますと、「著作権（著作隣接権を含む。）～の使用料」（所法204①一）、あるいは、「著作権（出版権及び著作隣接権その他これに準ずるものを含む。）の使用料」（所法161①十一ロ）とされており、みなし侵害行為に基づいて支払われた対価については文言上含まれていないことは明白です。すなわち、みなし侵害行為は侵害に関して権利範囲を拡張したに等しい側面もある

とはいえ、著作権自体を拡張したものではないのですから、上記の租税法規における「著作権」という文言に含まれることはなく、「出版権」や「著作隣接権」でもないですし、また、「これ（著作隣接権）に準ずるもの」でもありません。

　以上のように考えると、みなし侵害行為の結果賠償金を支払ったり、あるいは、みなし侵害とならないようにするために対価を支払ったりしている者がいる場合には、その対価の性質は使用料とはならないと考えられます。

11　ＡＩによって生成された物のライセンス契約

(1)　契約の内容の概要

　例えば、ＡＩ（人工知能）が生成した外国語の小説を、日本語に翻訳して、販売することができる権利を得たような場合を想定します。契約内容としては、ＡＩによって生成されたことが明示されている場合と、様々な理由から明示されていない場合もあるかもしれません。それ以外には、販売地域などの定めが置かれていることが多いものと思われます。

　なお、現状では、すべてがＡＩによって生成される場合はいまだ多くなく、最終的には人間の手が一定程度入っていることが多いようですが、ここではすべてＡＩによって生成されたと仮定して検討します。

(2)　課税上の帰結

①　ＡＩによって生成された物の著作物性

　第2節1で述べたように、日本の著作権法では、著作権の対象である著作物は、「思想又は感情を創作的に表現したものであって、文芸、学術、美術又は音楽の範囲に属するものをいう」（著法2①一）とされており、「思想又は感情」という要件については、「単なるデータ」など（人の思

想や感情を伴わないもの）が著作物から除かれるとされています。そのため、ＡＩが創作した物（生成物）は、ＡＩに思想や感情がなく、人の思想や感情が伴ったものではないため、著作物に該当することはなく、そのため著作権も発生しないと考えられています*52。

　また、著作物として保護されるためには「創作性」が必要ですが、創作性は個性の現れと理解されていること、著作権法は著作者を「著作物を創作する者」（著法2①二）と定義していることから、職務著作に該当する場合を除いて著作者は自然人と考えられ、コンピュータには個性もないし自然人でもないためＡＩ創作物は現行の日本の著作権法が保護することはないと思われるとする見解もあります*53。ただし、人が思想感情を表現する「道具」としてＡＩを使用したと認められれば、人による創作物として著作物性が認められるとも考えられます*54。そのためすべてＡＩによって生成されたのではなく、最終的に人間の手が入っているような場合には、それはその手を入れた人の創作物として、その手を入れた人が著作者となると考えられます。

　ＡＩ生成作品については、アメリカ、ドイツ、フランスにおいても著作物性を認めていないとされています*55。

　一方、イギリスにおいてはその著作権法（Copyright, Designs and Patents Act 1988）の下computer generated works（コンピュータ生成作品）に著作物性を認めています*56。computer generated（コンピュータ生成）という用語は定義規定が置かれており、「in relation to a work, means that the work is generated by computer in circumstances such that there is no human author of the work」（著作物に関連して、その著作物が人間の著作者が存在しないような状況でコンピュータによって生成されたことを意味する）とされているので、まさにＡＩによって生成された作品も対象となっていることがわかります*57。

　ただし、通常の著作物とは異なり、保護期間はコンピュータ生成作品が生成された年の年末から50年（同法12条7項。通常の著作物は創作された年の年末から70年）、著作者人格権が認められていない（right to be identified as authorが認められておらず（同法79条2項(c)）、right to object to

derogatory treatment of workもまた認められていません（同法81条2項））と
いった異なる取扱いがなされています。

② ＡＩ生成物を著作物と認めない国からのライセンスの課税

　それでは、ＡＩ生成物をライセンスする契約の課税関係はどうなるで
しょうか。

　まず、アメリカ、ドイツ、フランスのようにＡＩ生成物に著作物性を
認めない国に所在するＡＩ生成物の保有者（ないし所有者）から日本の会
社がライセンスを受けるような場合には、日本においてもＡＩ生成物は
著作物とは認められないと考えられているわけですから、片方の国で著
作物と認められ、もう片方の国で著作物と認めらないもののライセンス
ではなく、契約当事者双方の国で著作物とは認められないもののライセ
ンスをしていることとなるので、著作物のライセンス契約とは認められ
ません。そのため、役務提供の契約であると課税上は考えられることと
なるでしょう。そのため使用料としての源泉徴収といった問題も生じな
いこととなります。

③ ＡＩ生成物を著作物と認める国からのライセンスの課税

　上記①に述べたとおり、イギリスなどではＡＩ生成物を著作物として
います。このような場合に、イギリスの著作権者から日本の法人がＡＩ
生成物のライセンスを受けたような場合の課税はどのような取扱いとな
るでしょうか。

　この点について直接的に判断した裁決や裁判例は現時点でないものと
思われます。ただし、外国における事象等を日本の課税目的上どのよう
に考えるか、という点については、外国事業体が我が国租税法規の法人
に該当するか否かを検討した判例[*58]はあり、要旨「(i)当該組織体に係る
設立根拠法令の規定の文言や法制の仕組みから、当該組織体が当該外国
の法令において日本法上の法人に相当する法的地位を付与されているこ
と又は付与されていないことが疑義のない程度に明白であるか否かを検
討して判断し、これができない場合には、(ii)当該組織体が権利義務の帰

属主体であると認められるか否かについて、当該組織体の設立根拠法令の規定の内容や趣旨等から、当該組織体が自ら法律行為の当事者となることができ、かつ、その法律効果が当該組織体に帰属すると認められるか否かという点を検討して判断すべきである。」として、基本的に外国準拠法の検討をしてそれが日本法上の法人に相当する法的地位を付与されているかどうかを検討するという判示をしています。この最高裁判例からすると、現地法で著作物性を検討して、その著作物性該当性が日本法上の著作物に相当するものといえるかどうかをまずは判断することになるものと考えて構わないように思われます。

　そうすると、上記①のとおり、ＡＩ生成物についてはイギリス法が著作物性を認めていることは明白ですが、その著作物該当性は日本では認められておらず、日本の著作権法から検討すると上記①で述べたように著作物としては認められないと考えられることから、日本の課税上は著作物のライセンスとは認められないと考えられることになります。そのため、課税の帰結としては、上記②の場合と同じく著作物のライセンス契約とは認められず、役務提供の契約であると課税上は考えられることとなるでしょう。

④　ＡＩ生成物であることを隠してあたかも真正の著作物であるとしてライセンスした場合の課税関係

　それでは、例えばＡＩ生成物であるとライセンシーにわかってしまうとライセンス料を値切られるなどして契約交渉上不利だと考えるなどして、ライセンサーがＡＩ生成物であることを秘して契約交渉をし、その結果、契約当事者の双方がＡＩ生成物であるにもかかわらず著作物のライセンスとしてライセンス契約を締結してしまった場合、課税はどのように取り扱われるのでしょうか。

　上記③のようにイギリス等においてはＡＩ生成物であっても上記②のように著作物性が認められるのですから、イギリスに所在するＡＩ生成物の著作権者は著作物であることを前提として契約交渉をするものと考えられ、ここで想定しているような事態は生じにくいかもしれませんが、

ドイツやフランス、アメリカなどとの関係では生じてもおかしくはないように考えられます。すなわち、状況としては、真実は著作物のライセンスではないものの、当事者が著作物のライセンスとして扱ってしまった、という状況を想定することができます*59。

　このような場合には、租税法規は「国内において業務を行う者から受ける次に掲げる使用料又は対価で当該業務に係るもの」(所法161①十一)とされ、「次に掲げる使用料」に「著作権(出版権及び著作隣接権その他これに準ずるものを含む。)の使用料又はその譲渡による対価」(同前)と規定しているのですから、契約の目的物が著作物ではなく、その対価が著作権の使用料に該当しなければ、いくら契約当事者が著作権の使用料の支払い・受領と認識していたとしても源泉徴収は必要なく、仮に源泉徴収をしてしまっていた(AI生成物であることを隠してあたかも真正の著作物であるとしてライセンスした場合であれば、租税条約の適用によって源泉徴収が免除されている場合は別として、源泉徴収をしてしまっているのが実情でしょう。)のであれば、理論的には、AI生成物であって、著作物ではないことを立証して、過誤納金として源泉徴収をした者(支払者)は還付を請求することができることとなります。

[注]

*31　そのほか、写真著作物なども撮影対象の確定→カメラの操作・撮影→写真(仮写真)の修正・加工という過程を経るような場合があります。

*32　著作物は思想・感情の創作性が認められれば著作物となるので、たとえ未完成であっても創作性が認められれば著作物となります。

*33　開発委託されたものの対象がデータベースや、(あまり例はないのかもしれませんが)図面や設計図などのように著作物性が明白に認定できないものである場合も、注意を要します。著作物は前述のとおり創作性を要しますので、誰が作成しても同じとなるような図面や設計図では創作性が認められず、著作物とならない場合もありますし、データベースについては、著作権法上、データベース著作物(著法2①十の三、12の2)がありますが、著作物である以上、創作性が求められ、データベースの著作物もまた創作的なものである必要があり、単に情報を集約したのみではデータベースの著作物とはなら

ないこともあります。ただし、これらの場合には、著作権法の保護は受けられないにしても、不正競争防止法の営業秘密として、同法の要件を満たせば保護を受けることがあります。そのような場合には、内容によってはノウハウ（工業所有権に準ずるもの）として、結局、対価が使用料となる場合もあるものと考えられます。

＊34　国税不服審判所裁決平成21年6月26日は、家庭用ゲームソフトの制作等を行っていた法人で、家庭用据置型テレビゲーム機用のPSソフトの著作権を有していた審査請求人が、中国に所在する完全子会社と当該PSソフトを携帯型ゲーム機であるPSP用に移植する業務を委託する旨の契約を締結し、契約金額8,000万円のうち源泉徴収の対象となる著作権の譲渡部分は800万円分であるして源泉所得税を納付していたところ、原処分庁が源泉徴収の対象額は8,000万円全部であるとして納税告知処分を行ったという事案において、ゲームソフトの創作的な部分を単に他の動作環境で作動するように移植するだけの作業は、それ自体には創作性が認められないため、移植後のゲームソフトは二次的著作物には該当しないが、作業過程でプログラム等に独自の創意が加えられる場合には二次的著作物に当たるプログラムが移植後のゲームソフトに含まれ、創作的部分の作業を行った者に二次的著作物に係る著作権が認められるところ、本件事案では移植業務には創作性は認められないが、プログラム等に何らかの創意が加えられる可能性を想定して、移植業務とは別に二次的著作物に係る著作権の譲渡対価を800万円と定めておくことは一応の合理性が認められ、それ以外の部分は移植作業の対価であるから納税告知処分は取り消されるべきである、とした事案があります。
　　この事案は、契約当事者が著作権の譲渡部分と役務提供部分を分けてそれぞれの対価を決定していたことについて、その対価の額に合理性が認められていますので、このような場合には譲渡と役務提供それぞれの合理的な対価の額を事前に決めておくことは重要であるということができます。

＊35　国税不服審判所裁決平成21年12月11日は、『審査請求人が、ロールプレイングゲームソフトの開発費及びゲームソフトのパッケージ・広告用のイラストの制作費（原著作物と類似のものの開発委託）としてE国に本店を置く外国法人に対して支払った金員について、原処分庁が、当該開発費及び当該イラスト制作費は所得税法161条7号ロ（筆者注：現在の所得税法161条1項11号ロ）に規定する著作権の譲渡の対価に当たるものであり国内源泉所得に該当するとして、源泉徴収に係る所得税（以下「源泉所得税」という。）の納税告知処分及び不納付加算税の賦課決定処分を行ったのに対し、ロールプレイングゲームソフトは「プログラムの著作物」であるとともに「映画の著作物」に当たり、映画の著作物に係る著作権は、その著作者が映画製作者に対

し、当該映画の著作物の製作に参加することを約しているときは、映画の製作者に帰属するが（著法29）、映画製作者は、「映画の著作物の製作に発意と責任を有する者」であり（著法2①十）、「映画の著作物の製作に発意と責任を有する者」とは、映画の著作物を製作する意思を有し、著作物の製作に関する法律上の権利義務が帰属する主体であって、そのことの反映として同著作物の製作に関する経済的な収入・支出の主体ともなる者であると解されるとしたうえで、本件ではストーリー、キャラクターや背景などのグラフィック、音楽などはすべて新たに制作したものであるし、原著作物と本件ソフトは、主人公の名前や舞台となる場所の名称こそ同じであるが、その設定はそれぞれ異なるものとなっているのであって、原著作物を基礎として本件開発業務により創作された原著作物に係る二次的著作物であると認められる、本件開発委託費が国内源泉所得となる著作権の使用料又は譲渡の対価に該当するか否かを、本件開発委託契約の目的、内容に照らし、その本体をなす合意に基づいて判断すると国内源泉所得となる著作権の使用料又は譲渡の対価に該当するとみるのが相当であるとして、納税告知処分及び不納付加算税の賦課決定処分は適法である』としています（裁決事例集No.78・208頁 https://www.kfs.go.jp/service/JP/78/14/index.html）。

＊36　前掲注2中山信弘563頁。

＊37　前掲注2中山信弘563頁。

＊38　前掲注2中山信弘258頁参照。

＊39　斉藤博『著作権法〔第3版〕』（有斐閣、2007）127頁など。

＊40　前掲注2中山信弘256頁。

＊41　著作権法113条。

＊42　この点について、国税不服審判所裁決平成16年3月31日は、パッケージソフトの流通について著作権者とパッケージソフトの購入者との関係について、要旨、パッケージソフトの購入者（所有者）は、自ら電子計算機において実行するのに必要な限度でソフトウエアを複製することができるので、パッケージソフトを購入した者によるソフトウエアの自己使用においては著作権者の許諾を要する複製は観念しえず、その購入代金は使用料とはならない、としています。

＊43　前掲注2中山信弘330、332及び338頁参照。

＊44　前掲注2中山信弘338頁参照。

＊45　なお、前掲注42に記載した国税不服審判所裁決平成16年3月31日は、パッケージソフトの購入をした者が当該パッケージソフトの賃貸をした場合、あるいは、パッケージソフトの賃借を受けた者が当該パッケージソフトの転貸をした場合には著作権者の許諾を要することなく複製をして使用することを

認める規定が当時の著作権法上存在しないため、パッケージソフトの利用に際して必然的に発生する複製についての対価といい得るものが賃借料、転貸料に含まれており、それらは使用料となるとして、賃貸か売買かで区別をしています。

現在では、著作権法47条の4（電子計算機における著作物の利用に付随する利用等）1項1号は、電子計算機における利用（情報通信の技術を利用する方法による利用を含みます。）に供される著作物は、「電子計算機において、著作物を当該著作物の複製物を用いて利用する場合又は無線通信若しくは有線電気通信の送信がされる著作物を当該送信を受信して利用する場合において、これらの利用のための当該電子計算機による情報処理の過程において、当該情報処理を円滑又は効率的に行うために当該著作物を当該電子計算機の記録媒体に記録するとき」（著法47の4①一）、「その他これらと同様に当該著作物の電子計算機における利用を円滑又は効率的に行うために当該電子計算機における利用に付随する利用に供することを目的とする場合には、その必要と認められる限度において、いずれの方法によるかを問わず、利用することができる。ただし、当該著作物の種類及び用途並びに当該利用の態様に照らし著作権者の利益を不当に害することとなる場合は、この限りでない。」（著法47の4①）と規定しており、当該規定の文言上、複製権の権利制限について利用する者を限定していないことから、少なくとも転貸料については複製の対価としての使用料は含まれないと解することが可能と考えられます。

*46 Commentaries on the Articles of the Model Tax Conventionの12条の14.1は「The method of transferring the computer program to the transferee is not relevant. For example, it does not matter whether the transferee acquires a computer disk containing a copy of the program or directly receives a copy on the hard disk of her computer via a modem connection. It is also of no relevance that there may be restrictions on the use to which the transferee can put the software.」（https://www.oecd.org/berlin/publikationen/43324465.pdf）と記述しており、コンピュータ・プログラムが譲受人に譲渡される方法は（課税上）関係ないし、また、譲渡されたプログラムに関する利用の制限もまた（課税上）無関係であるとされています。

OECDモデル租税条約のコメンタリーは、租税条約の関係文言の解釈をするにあたって「解釈の補足的な手段」として位置づけられ、参照することができます（最判平成21年10月29日民集63巻8号1881頁）。

このような解釈は、条約法に関するウィーン条約31条、32条との関係からも当然でしょう。

*47 前掲注2中山信弘330頁参照。

＊48　前掲注2中山信弘338頁参照。

＊49　第2節3(4)参照。

＊50　前掲注2中山信弘781頁参照。

＊51　前掲注2中山信弘781頁参照。

＊52　内閣官房知的財産戦略推進事務局「ＡＩによって生み出される創作物の取扱い」(平成28年1月)10頁参照(https://www.kantei.go.jp/jp/singi/titeki2/tyousakAI/kensho_hyoka_kikaku/2016/jisedAI_tizAI/dAI4/siryou2.pdf)。

＊53　山本隆司「ＡＩ時代の著作権」NBL1131号・2018年、30頁以下参照。

＊54　文化庁「著作権審議会第9小委員会(コンピュータ創作物関係)報告書」(平成5年)(https://www.cric.or.jp/db/report/h5_11_2/h5_11_2_main.html)参照。

＊55　前掲注53山本隆司29頁以下参照。

＊56　Copyright, Designs and Patents Act 1988の9条3項は「In the case of a literary, dramatic, musical or artistic work which is computer generated, the author shall be taken to be the person by whom the arrangements nec essary for the creation of the work are undertaken.」(「コンピュータで生成された文学的、演劇的、音楽的又は芸術的な作品の場合、著作者は、作品の作成に必要な用意を行った人物であると見なされる。」)と規定しており、コンピュータ生成物に著作物性を認め、著作者を「必要な用意」をした者としています。

＊57　そのほか、香港(香港著作権法(An Ordinance to make provisions in resp ect of copyright and related rights and for connected purposes)11条(3)「In the case of a literary, dramatic, musical or artistic work which is computer-generated, the author is taken to be the person by whom the arrangements necessary for the creation of the work are undertaken.」)、インド(インド著作権法(The Copyright Act, 1957 (14 of 1957)) 2条(d)(vi)「"author" means ～ in relation to any literary, dramatic, musical or artistic work which is computer-generated, the person who causes the work to be created」)、アイルランド(アイルランド著作権法(Copyright and Related Rights Act, 2000) 21条(f)「In this Act, "author" means the person who creates a work and inc ludes ～ in the case of a work which is computer-generated, the person by whom the arrangements necessary for the creation of the work are underta ken」)、ニュージーランド(ニュージーランド著作権法(Copyright Act 1994) 5条(2)(a)「For the purposes of subsection (1), the person who creates a work shall be taken to be ～ in the case of a literary, dramatic, musical, or artistic work that is computer-generated, the person by whom the arrange ments necessary for the creation of the work are undertaken」)などでもＡ

Ｉ生成作品の著作物性が認められています。世界知的所有権機関（WIPO）ホームページhttps://www.wipo.int/wipo_magazine/en/2017/05/article_0003.html参照。

＊58　最判平成27年７月17日民集第69巻５号1253頁。

＊59　このような状況は、容易に著作物性の判断がつかない図面やデータベースといったものについても起こり得ます。

第3章

税法等に頻出する
「著作権の使用料」の解釈論

（山下　貴）

第3章　目次

はじめに――――――――――――――――――

　税法等における著作権等の取扱いについては、その条文等において
「著作権（出版権及び著作隣接権その他これに準ずるものを含む。）の
使用料」（以下、適宜、「著作権の使用料」と略します。）という文言が頻繁
に用いられており（所得税法161条 1 項11号ロ、同法95条 4 項 9 号ロ、同法165
条の 6 第 4 項 8 号ロ、法人税法69条 4 項 9 号ロ、同法144条の 2 第 4 項 8 号ロ、
租税特別措置法40条の 4 第 6 項 9 号、同法66条の 6 第 6 項 9 号など）、その意義
を明らかにすることは重要であると考えられます。

　そこで本章においては、所得税法161条 1 項11号ロにおける「著作権
の使用料」の解釈について、同号のイとロの比較及び同条と所得税法
204条 1 項 1 号との比較の観点などから論じることとします。

　仮にここで示す解釈が相当であるとして、次に問題となるのが、所得
税法161条 1 項11号ロ以外の条文等における「著作権の使用料」の意義
を、同条の「著作権の使用料」のそれと同じと考えてよいか否かです。

　この点、いわゆる借用概念論*1を踏まえてもなお、税に関する法令
等の内と外で同じ文言が用いられている場合はもちろん、その内部にお
いても、各法令等の趣旨・目的等に鑑みて、同じ文言が用いられていて
もその意義を別異に解することはあり得るというべきです。

　そこで、所得税法、法人税法及びこれらに係る租税特別措置法の諸規
定について検討すると、そこにおいて用いられている「著作権の使用
料」を別異に解すべき理由は、特に見当たりません。したがって、少な
くとも所得税法、法人税法及びこれらに係る租税特別措置法の諸規定に
おける「著作権の使用料」については、いずれも同じ意義を有するもの
と考えられます*2。

〔注〕
＊1　金子宏『租税法［第24版］』（有斐閣、2021）126〜129頁参照。
＊2　なお、消費税法については、税に関する法令等における体系上の地位が所
　　　得税法及び法人税法と異なることから別異に解する余地があるかもしれませ
　　　んが、本章においては検討の対象から除くこととします。

第1節 ─────────────────────────────
文理からの検討

1　「イの領域」と「ロの領域」の相違

　所得税法161条1項11号は、イで工業所有権等の使用料等について規定し、ロで著作権等の使用料等について規定しているところ、このイとロでは、文言に微妙な違いがあります。筆者は、この文言の選び方の違いには重要な意味があり、その違いが「イの領域」と「ロの領域」の条文の建付けに大きな影響を及ぼしていると考えています。すなわち、「イの領域」の境界線には曖昧なところがあるのに対し、「ロの領域」の境界線は明確に引かれていると考えられるのです。

　それでは、まず現行法の条文を確認します。

所得税法161条1項11号（ハは省略）
　十一　国内において業務を行う者から受ける次に掲げる使用料又は対価で当該業務に係るもの
　イ　工業所有権その他の技術に関する権利、特別の技術による生産方式若しくはこれらに準ずるものの使用料又はその譲渡による対価
　ロ　著作権（出版権及び著作隣接権その他これに準ずるものを含む。）の使用料又はその譲渡による対価

　これをみると、イでは、「工業所有権その他の技術に関する権利」とされているのに対し、ロでは、「著作隣接権その他これに準ずるもの」とされており、「その他の」と「その他」が使い分けられています。

この点、法令用語の用法上、「その他の」は、「その他の」の前にくる文言が、「その他の」の後にくる文言の一部をなし、その例示的な役割を果たす場合に用いられます。そして、「その他」は、「その他」の前にくる文言と後にくる文言が並列的関係にある場合に用いられます。

したがって、イの「工業所有権」は、「技術に関する権利」の概念に包含され、「技術に関する権利」の例を示す概念ということになりますから、イの解釈においては、「技術に関する権利」とは何かという点が主たる問題となるのであって、「工業所有権」の概念は、それが「技術に関する権利」の中核をなすという意味では重要ですが、「工業所有権」にはどのような権利が含まれるかという点は、イの解釈論上は副次的な問題にとどまります[*3]。

これに対し、ロでは、「著作隣接権」と「これに準ずるもの」は並列的関係に立ちますから、ロの解釈においては、「著作隣接権」とは何かという問題と「これに準ずるもの」とは何かという問題は、別個に論じられるべきということになります。

2 「これら」と「これ」の使い分け

次に問題となるのが、「これら」と「これ」の使い分けです。この点、イでは、「…技術に関する権利、特別の技術による生産方式若しくはこれらに準ずるもの」とされています。したがって、イには、「若しくは」の前に置かれている、「(工業所有権を含む)技術に関する権利」と「特別の技術による生産方式」に加えて、「(工業所有権を含む)技術に関する権利に準ずるもの」という概念と、「特別の技術による生産方式に準ずるもの」という概念が含まれることになります。その結果、「イの領域」は、解釈の仕方によっては相当広くとらえることが可能な条文構造になっています[*4]。

これに対し、ロでは、「著作権(出版権及び著作隣接権その他これに準ずるものを含む。)」とされています。ここで、文理上「これ」とは直

前に置かれている「著作隣接権」だけを指すものと解されますから、ロに含まれるのは、「著作権」、「出版権」、「著作隣接権」及び「著作隣接権に準ずるもの」にとどまり、「著作権に準ずるもの」という概念や「出版権に準ずるもの」という概念は、ロには含まれないことになります。

3　「これ」とは何か

　問題は、所法161条1項11号ロの解釈論として、このような文理解釈を貫くべきか、あるいは、同条の趣旨等からして、当然、「著作権に準ずるもの」も含まれると解すべきであり、イでは「これら」となっているのに対しロでは「これ」となっていることに特に意味はなく、単に「ら」の付け忘れにすぎないと考えるべきなのかということです。

　答えは否であり、ロにおける「これ」は、やはり「これ」だけ、すなわち著作隣接権だけを指すと解すべきです。なぜなら、イの「これら」こそが、「ら」の付け忘れを修正した文言であるとされているところ、ロの「これ」は、イの修正と同時に採用された文言であり、そこには立法府の明確な意図が存在すると考えられるからです。この点、昭和39年の所得税法[*5]、昭和40年に全文改正された所得税法[*6]及び著作権法改正に連動して改正された昭和46年の所得税法[*7]を比較してみます（傍点筆者）。

昭和39年所得税法1条3項6号

六　この法律の施行地において事業をなす者から受ける工業所有権その他の技術に関する権利若しくは特別の技術による生産方式及びこれに準ずるもの又は著作権（映画フィルムの上映権を含む。）の使用料で当該者のこの法律の施行地にある事業に係るもの

昭和40年所得税法161条7号（ハは省略）

七　国内において業務を行なう者から受ける次に掲げる使用料又は対
　　価で当該業務に係るもの

　　イ　工業所有権その他の技術に関する権利、特別の技術による生産
　　　　方式若しくはこれらに準ずるものの使用料又はその譲渡による対
　　　　価

　　ロ　著作権（出版権並びに映画フィルムの上映権及びこれに準ずる
　　　　ものとして政令で定めるものを含む。）の使用料又はその譲渡に
　　　　よる対価

昭和46年所得税法161条7号（ハは省略）

七　国内において業務を行なう者から受ける次に掲げる使用料又は対
　　価で当該業務に係るもの

　　イ　工業所有権その他の技術に関する権利、特別の技術による生産
　　　　方式若しくはこれらに準ずるものの使用料又はその譲渡による対
　　　　価

　　ロ　著作権（出版権及び著作隣接権その他これに準ずるものを含
　　　　む。）の使用料又はその譲渡による対価

　このように、昭和39年所得税法においては、「…技術に関する権利若
しくは特別の技術による生産方式及びこれに準ずるもの」とされていま
したから、文理上は、「特別の技術による生産方式に準ずるもの」は含
まれますが、「技術に関する権利に準ずるもの」は含まれないことにな
ります。また、著作権については、「これ」も「これら」も用いられて
いませんでした。

　これに対し、昭和40年所得税法においては、イにおいて「これ」が
「これら」に変更され、文理上も「技術に関する権利に準ずるもの」が
含まれることが明らかになりました。この点、国税庁編・大蔵省主税局
執筆の「改正税法のすべて」によれば、その変更の趣旨は次のように説

明されています＊8。

> 　国内業務に係る使用料については、（イ）工業所有権その他の技術に関する権利に準ずるもの（例えば未登録の意匠権など。）の使用料を含む趣旨が法文上明確化されたこと（中略）が主要な改正点です。これらの点は、国内源泉所得の範囲を変更するというより、むしろ確認的な意味で規定を整備するものです。

　すなわち、「これ」という文言が用いられていた頃から、当然、国内源泉所得に「技術に関する権利に準ずるもの」も含まれていたのであり、ここで「これ」を「これら」に変更したのは、このあたりまえの解釈を確認的に規定したものにすぎず、国内源泉所得の範囲を拡張したものではないというわけです。すなわち、そもそも「これ」というのは「これら」と読むべきであったのであり、かつ、普通に考えれば当然そう読めるものであったというのです。

　そうすると、現行の所得税法161条1項11号ロの「これ」についても、上記と同様に考え、「著作権に準ずるもの」も含まれると解する余地が出てくることになります。しかしながら、①工業所有権等について「これ」を「これら」に変更したのと同じ年に、著作権等について初めて「これ」という文言を採用したということや、②その6年後に行われた所得税法161条7号ロの改正においても「これ」という文言が維持されているということからすると＊9、立法府は、ロについては、あえて「これら」ではなく「これ」を用いることにこだわったと考えるのが自然です。

───────────────

［注］

＊3　この点、現行の所得税基本通達には、「工業所有権」の定義は置かれていませんが、旧通達ではこれが定義されていました（旧所得税法関係通達・総

則・第一条関係・第一・「この通達における用語の定義」一の１）。これによれば、「工業所有権」とは、工業所有権保護に関する1883年３月20日の「パリ同盟条約」によって国際的な保護の目的となっている権利で登録されているものをいうとされています。そして、同条約１条(2)は、工業所有権の保護対象を、特許、実用新案、意匠、商標、サービス・マーク、商号、原産地表示又は原産地名称及び不正競争の防止に関するものと定めています。また、同条約１条(3)は、工業所有権の語は最も広義に解釈するものとし、本来の工業及び商業のみならず、農業及び採取産業の分野並びに製造した又は天然のすべての産品（例えば、ぶどう酒、穀物、たばこの葉、果実、家畜、鉱物、鉱水、ビール、花、穀粉）についても用いられると定めています。なお、上記のとおり、「工業所有権」といっても必ずしも「工業」に関する権利に限られるものではないことや、「所有権」という言葉は一般的に有体物について用いられるものであることなどから、最近では「工業所有権」に代えて「産業財産権」という用語が用いられるようになってきています。

＊４　国内源泉所得の範囲を定める所法161条１項11号イが、「技術に関する権利」という不明確な概念に「準ずるもの」を上乗せするという、非常に曖昧な条文構造を採用したことには、予測可能性確保の観点から問題が少なくありません。

＊５　昭和39年６月10日現在。

＊６　昭和40年６月１日現在。

＊７　昭和46年６月１日現在。この年に現行法と同じ条文になりました。

＊８　『改正税法のすべて』（日本税務協会、1965）192頁参照。

＊９　昭和46年改正の趣旨については、次のように説明されています（『改正税法のすべて』（大蔵財務協会、1971）43頁参照）。

「著作権法の全文改正により新たに「著作隣接権」が設けられたことに伴い、国内源泉所得である工業所有権や著作権の使用料や譲渡による対価の範囲についても所要の整備が行なわれました。すなわち、所得税法第161条第７号ロにおいて、従来「著作権（出版権ならびに映画フイルムの上映権およびこれに準ずるものとして政令で定めるものも含む。）」と規定されていたのが、「著作権（出版権および著作隣接権その他これに準ずるものを含む。）」と改められたわけですが、このように従来規定されていた映画フイルムの上映権やビデオテープ等についての放送にかかる権利は、今回の著作権法の全文改正により、著作権に包含されることが明確にされたことによるものです。」

第2節 ─────────────────────────────
趣旨等からの検討

1　「これら」と「これ」の区別の趣旨

　ここまで見てきたように、所法161条1項11号イにおける「これらに準ずるもの」という文言と、同号ロにおける「これに準ずるもの」という文言は、意識的に区別して用いられているということが明らかとなりました。したがって、文理上、同号イの使用料には「(工業所有権などの) 技術に関する権利に準ずるもの」や、「特別の技術による生産方式に準ずるもの」に関する対価も含まれることになり、使用料の対象がかなり拡張されていますが、同号ロの使用料には、「(これ＝) 著作隣接権に準ずるもの」に関する対価は含まれますが、「著作権に準ずるもの」や「出版権に準ずるもの」に関する対価は含まれないことになり、その対象は限定的となっています。

　それでは、同号ロにおいて、著作隣接権に対してのみ「準ずるもの」という文言が付加されている趣旨はどこにあるのでしょうか。この点、中里実名誉教授は、外国において開催される外国人歌手Xのコンサートを、日本のテレビ局甲が当該外国から衛星により中継放送するという設例の検討において、次のように述べています[*10]。

> 　本件Xの実演は、日本のローマ条約加盟以前の状況においては日本の著作権法の保護を受けない。それは、次のように規定する著作権法附則2条5項のためである。
> 　「新法中著作隣接権に関する規定 (95条の規定を含む。) は、国内に常居所を有しない外国人である実演家については、当分の間、適用しない。…」

　したがって、本件における甲の支払は「著作隣接権の使用料」とはならない（もちろん、仮に、この著作権法附則2条5項にいう「当分の間」が経過したとすれば、本件における甲の支払は、所得税法161条七号ロにいう「著作権（…著作隣接権…を含む。）の使用料」にあたるとされることになりえたであろう）。また、日本がローマ条約に加盟した現在においては、Xの実演がローマ条約加盟国で行われたか否か等により、異なった結果が生ずることになってしまう[*11]。

　しかし、このように、ローマ条約加盟以前においては、著作権附則2条5項により本件における甲の支払は「著作隣接権の使用料」とはならなかったから、本来、それに対する源泉徴収は行えないはずであるが、実際には国内源泉所得として源泉徴収がおこなわれていた。また、ローマ条約加盟後も、Xの実演がローマ条約加盟国外で行われかつXがローマ条約加盟国以外の国の国民である場合は、本件における甲の支払は「著作隣接権の使用料」とはならないが、現実には国内源泉所得としての源泉徴収が行われている。これは、所得税法161条七号ロにおける「著作権（……著作隣接権その他これに準ずるものを含む）の使用料」という文言の「著作隣接権その他これに準ずるもの」という部分を根拠としている。この部分は、以下のような経緯で成立した（原注）。すなわち、著作権法附則2条5項により、国内に常居所を有しない外国人である実演家については、著作権法における著作隣接権の規定を当分の間適用しないこととされていた（たとえば、外国人実演家が来日して実演を行う場合）。しかし、このように著作権法上は著作隣接権が成立しない場合であっても、外国人実演家は、実際には、契約により自らの実演の利用に関する権利を行使していたものと思われる。そこで、課税の公平の見地から、このような場合における源泉徴収を可能とするために「その他これに準ずるもの」という表現が設けられ、著作権法上は著作隣接権が成立しなくとも、契約上、著作隣接権が成立しているのと同様の対価が支払われている場合には、当該対価は、国内源泉所得とされたのである。そして、日本がローマ条約に加盟した現在においても、著作権法2条5項の規定は削除されはしたが、依然として、ローマ条約に加盟していない国の実演家につ

いては、「その他これに準ずるもの」が意味をもち、そのような実演家について、著作権法上は著作隣接権が成立しなくとも、契約上、著作隣接権が成立しているのと同様の対価が支払われている場合には、当該対価は、国内源泉所得とされるものと思われる。特に、日本で著作隣接権により保護されている権利については、国によりこれを保護する制度がかなり異なる（たとえば、ある国では、著作隣接権で保護されるが、他の国では著作隣接権という権利が存在せず、著作権で保護される等）ので、このような国による著作権法の制度の違いにより課税に差異が生ずるのを避ける意味でも、「その他これに準ずるもの」という規定の意味は重要である。

（原注：この点については、公表された資料からは必ずしも明らかではない[*12]。）

　このように、著作権法上は著作隣接権が成立しない場合であっても、契約上、著作隣接権が成立しているのと同様の対価が支払われている場合には、課税の公平の見地から、このような場合にも支払者に源泉徴収義務を課すために「その他これに準ずるもの」という文言が用いられたのだとする見解もあります。

　しかしながら、ここで「課税の公平」を持ち出してくるのであれば、著作権法上は「著作権」が成立しないが、契約上、「著作権」が成立しているのと同様の対価が支払われている場合にも支払者に源泉徴収義務を課すべきであり、そのために、所法161条1項11号ロに「著作権に準ずるもの」という概念を導入すべきだったのではないでしょうか。

　この点、立法府が「著作隣接権に準ずるもの」という概念を導入しつつ、「著作権に準ずるもの」という概念の導入を見送ったことの趣旨について、中里名誉教授は次のように述べています[*13]。

　結局、著作隣接権という権利は、未だ権利として必ずしも国際的に一般に認知されたものとはいえず、国により扱いは様々であり、また、

> 著作隣接権は、契約によっては当事者の利益を守れないような場合の
> 救済措置として必要性のある場合に補完的に認められたものである。
> したがって、著作隣接権に関して、日本の著作権法において著作隣接
> 権が生ずる場合にのみ国内源泉所得となるとすると、たとえば本件の
> ような対価については、課税の公平の見地から望ましくない事態が生
> ずる。そこで、著作隣接権は発生しないが、契約上の実態が著作隣接
> 権が発生する場合と同様の場合についても課税を及ぼすために、「そ
> の他これに準ずるもの」という文言が付け加えられたと考えられる。
> なお、著作権については、少なくとも、条約加盟国以外の著作権者に
> 関して日本で著作権が生じないが、主要国はすべて条約に加盟してい
> るところから、所得税法上、「その他これに準ずるもの」という定め
> は置かれていない。

　たしかに、主要国で著作隣接権のない国はあっても著作権のない国は
ありませんが、「国により扱いは様々」という点では、著作権も同様で
す。たとえば、ＡＩ創作物の著作物性について、今のところ日本は著作
物性を否定していますが、イギリスは著作物性を認めて著作権法上の保
護を与えています。また、著作隣接権制度の趣旨が、契約による利益確
保が困難な領域の救済にあるというのも疑問です。

　そうすると、やはり「準ずるもの」を付加するか否かという点におけ
る、著作権と著作隣接権の取扱いの差異を「課税の公平」という実質論
で説明するのには無理があります。また、「著作隣接権に準ずるもの」
をこのような実質論に基づいて解釈してしまうと、納税者の予測可能性
を著しく損なうことになってしまいますし、結果的に「著作権に準ずる
もの」をも国内源泉所得に取り込んでしまうことにもなりかねません。

2　著作隣接権制度の本質

　ここまでの検討から、所得税法161条1項11号ロは、「著作権に準ずるもの」や「出版権に準ずるもの」という概念を同号から排除しつつ、一方で、「著作隣接権に準ずるもの」という概念については、これを同号に取り込んでいることが明らかとなりました。それでは、なぜ著作隣接権だけが「特別扱い」されているのでしょうか。その謎を解く鍵は、著作隣接権制度の本質論にあります。

　そもそも著作権法は、著作物を創作する者（＝著作者）に著作権という禁止権を与えて保護するということを中心に組み立てられた法律です。したがって、著作権法上の保護が付与されるか否かの判断においては、「著作物性」や「創作性」の有無が中心的な問題となります[*14]。

　ところが、著作隣接権を付与される者の多くは創作活動には直接関与せず、かつ、その者が関与する対象が著作物ではない場合にも権利が認められています。すなわち、著作隣接権は、「著作物性」や「創作性」とは無縁の領域にも成立するというわけです。

　この点、中山信弘名誉教授は、次のように述べています[*15]。

　　単に著作物が創作されるだけでは、その流通・利用は覚束ない。著作物を利用・流通させ、多くの者に著作物を享受させるためには、それらを伝達・媒介する者が必要である。仲介業が重要であることは物流の場合も同様であるが、著作物の伝達については物流とは異なった特性があり、法で特に保護する必要性が高いものもある。例えば放送事業者は、法で保護しない限り、他人が当該放送を受信して再放送することを防ぐことは物理的に難しいので、情報の媒介者のために著作隣接権という権利を定めている。ただ著作隣接権には、著作物の公衆への伝達者以外にも、著作物でないもの（例えば鳥のさえずり）の伝達者や著作物を演じるものでない芸能的なもの（例えば奇術）を演じる者も含まれているので、著作隣接権の存在の正当化根拠の説明は難

しい。

（中略）

著作隣接権は著作権法において規定されてはいるが、その対象は著作物の伝達行為に関連しているものとは限らない。著作隣接権者は著作物の伝達をすることが多いであろうが、被伝達物が著作物であるから保護されているのではなく、情報の伝達者であるから保護されていると考えるべきである。例えば野球中継放送は著作物ではないが、その放送を他の者が無断で受信し再放送することを認めたのでは、情報の性質上、二番目の放送事業者は安価なコストで野球中継放送できることになり、多額を投資した最初の放送事業が成り立たなくなる。要するに情報の伝達者の中で、保護をしないと業として成立が危ぶまれるものにつき特別な権利を与え、インセンティヴを与えていると考えるべきであろう。

このように、著作隣接権者として著作権法上の保護を受けるためには、著作権法の根幹にかかわる「創作行為」や創作によって生み出される「著作物」の流通に何ら関与していなくても差し支えないというわけです。

ここで疑問に思われるのは、なぜ著作権法は、いわば自らの体系の根幹をゆがめてまで、情報の伝達者の一部たる著作隣接権者を保護しようとするのかということです。現行著作権法において著作隣接権者として保護されているのは、実演家・レコード製作者・放送事業者・有線放送事業者の四者です。これらの者が情報の伝達・流通において重要な役割を担っていることや、その際になされた投資の回収をできるだけ確実なものにしたいと考えていること自体は理解できますが、なぜ情報の伝達・流通にかかわる者のうちこれらの四者だけが保護され、それ以外の者が保護の対象から外されているのでしょうか。

その理由については、著作物の創作活動に準じたある種の創作的な活動が行われているということを挙げる論者が少なくありません。

この点、加戸守行氏は、次のように述べています*16。

> 　実演家・レコード製作者・放送事業者及び有線放送事業者を保護することとしたのは、実演、レコード、放送、有線放送といったものについては、著作物の創作活動に準じたある種の創作的な活動が行われるところから、そういった著作物の創作活動に準じた創作活動を行った者に著作権に準じた保護を与えることが、その準創作活動を奨励するものであり、かつ、そういった著作物に準ずる準創作物の知的価値を正当に評価するものであるからでございます。

　たしかに、実演家についてはこのような説明も妥当する部分があるかと思われます。

　しかしながら、レコード製作者や放送事業者が行っている「ある種の創作的活動」とは何かということになりますと、素人目にはよくわかりませんし、それをいうなら、たとえば書籍の出版社もこれらの事業者と同等の活動を行っており、著作隣接権者として保護されてもよいのではないかとも思われます。

　この点、元・文化庁著作権課長の岡本薫氏は、次のように述べて、こうした疑問に端的かつ明快に答えています[*17]。

> 　著作権に関する多くの書物は、いきなり現行の法律ルールの解説から始まっているが、本来は、まず著作権というものの「本質」を見るべきだ。
> 　また、現行の法律ルールは、過去100年間の様々な歴史・経緯・政治情勢等を反映して作られてきたものであり、規定によっては、政治的な妥協の産物として（理屈はつかないが）「やむなくこうなってしまった」というものも少なくない。しかし、官僚も学者も専門家も、「要するに政治力で決まるのだ」という現実を認めたくないためか、そうした規定についても「当然こうするのが正しいのだ」といったまことしやかな説明をしがちだ。
> （中略）
> 　こうした説明の大部分は「後付けの理屈」であり、信じてはならない。

　出版業界の団体は、それなりに努力をしてきたが、実は学者や専門家の「後付けの理屈」に振り回されるという重大なミスを犯してきた。出版業界が獲得を目指してきた「版面権」は、（出版社が著作物を創作しているわけではないので）「著作隣接権」の一種と言えるが、この著作隣接権というものについて、学者・官僚・専門家らは従来から、「伝達者の権利」「伝達行為における工夫や準創作性を評価して与えられる権利」と説明してきた。これが典型的な「後付けの理屈」である。

（中略）

　「音を録音して伝達する」のがレコード製作者なら、「映像を録画して伝達する」のが映画会社であり、さらには、「文章や静止画を印刷して伝達する」のが出版社だ。いったいこれらのどこが、大きく違うというのだろうか。

（中略）

　この三者の区分が、「創作性のレベルの違い」という「後付けの理屈」で説明されてきたことが、出版業界をミスリードしてきたのだ。具体的に言えば、日本の出版業界の団体は、「出版においても、活字の選択、ページのレイアウト、版の構成などについて、少なくともレコード製作に匹敵する工夫は行われており、準創作性を有する行為が行われているのだ」ということを、各方面に対して必死で説明・立証しようとしてきたのである。

　一般人の通常の感覚で見れば、レコード製作とは、単なる「録音行為」（録音される内容は、作詞家、作曲家、歌手・演奏家等のアーティストに負うところが大きい）であり、原稿用紙に書かれた原稿をもらった出版社（編集者）がしていることの方が、はるかに工夫の度合いは高いだろう。

　しかし、出版業界がとってきたこの方針は、完全に間違っている。なぜなら、著作隣接権の付与は、「準創作性の存在」を科学的・学問的・客観的に評価した結果として行われているものではないからだ。では、何を基準に「映画会社」「レコード会社」「出版社」の権利が区別されているのかというと、答えは極めて簡単で、「業界の政治力」（多くの国会議員が権利付与に賛成するような状況を作れる力）の差

である。

（中略）

　要するに著作隣接権とは、「政治力の強い業界を優遇する」という
ものなのだ。この事実を端的に示す証拠は、例えば、アメリカではレ
コード業界の政治力が極めて強いため、レコード製作者は「著作隣接
権」ではなく「著作権②」*18を与えられているという事実や、また、
イギリスでは出版業界の政治力が強いため、出版社に「著作隣接権」
（版面権）が与えられているという事実である。

　このように、著作隣接権の付与が著作権法の基本理念から離れたとこ
ろで各業界の政治力で決まるものであり、その結果、どの業界をどの程
度保護するかについて各国の対応がバラバラになっているという状況に
かんがみますと、「著作隣接権に準ずるもの」を「著作隣接権そのもので
はないが、これと経済的実質を同じくするもの」と解することは、いた
ずらに混乱を生み出すだけであると思われます。

3　通達における著作隣接権等の取扱い

　租税法の条文において「準ずるもの」という文言を用いる場合、その
意義が社会通念上明らかなものを除き、政令等の下位規範や通達でその
「準ずるもの」の内容が相当程度明示されているのが通例です。そして、
「著作隣接権に準ずるもの」における「準ずるもの」は社会通念上明ら
かとはいえませんから、本来、その内容は政令等の下位規範や通達に書
かれているはずです。

　この点、所得税法161条1項11号7号「イ」の「準ずるもの」は、次の
とおり、所得税基本通達161－34でその意義が明らかにされています。

（工業所有権等の意義）

161-34　法第161条第1項第11号イに規定する「工業所有権その他の技術に関する権利、特別の技術による生産方式若しくはこれらに準ずるもの」（以下第161条関係において「工業所有権等」という。）とは、特許権、実用新案権、意匠権、商標権の工業所有権及びその実施権等のほか、これらの権利の目的にはなっていないが、生産その他業務に関し繰り返し使用し得るまでに形成された創作、すなわち、特別の原料、処方、機械、器具、工程によるなど独自の考案又は方法を用いた生産についての方式、これに準ずる秘けつ、秘伝その他特別に技術的価値を有する知識及び意匠等をいう。したがって、ノーハウはもちろん、機械、設備等の設計及び図面等に化体された生産方式、デザインもこれに含まれるが、海外における技術の動向、製品の販路、特定の品目の生産高等の情報又は機械、装置、原材料等の材質等の鑑定若しくは性能の調査、検査等は、これに該当しない。

ところがこれに対し、所得税法161条1項11号「ロ」の「準ずるもの」とは何かという点については、通達等をいくら見ても、何も書かれていません。それはなぜかというと、以下で示すとおり、イの「準ずるもの」とは異なり、ロの「準ずるもの」は通達等で定義するまでもなく、著作権法を見れば一目瞭然だからです。

　この点、所得税法161条7号ロにおいて、「著作権」や「出版権」については何も余計な文言が付されていないのに対し、「著作隣接権」についてだけ「準ずるもの」という文言が付加された原因は、前述のとおり、現行の著作権法における著作隣接権規定が、著作物性や創作性を中核とする著作権法の基本理念から離れたところで導入されたものであるというところにあります。

　そもそも、著作権の本質は、他人が著作権法に限定列挙された行為（法定利用行為）を無断でなすことを禁止することを著作権者に認めるというところにあります。

　この点、田村善之教授は、次のように述べています[*19]。

> 　著作権は、他人が著作物を21条から28条、あるいは113条１項、２項に規定されている行為をなすことを禁止する権利であると定義するのが正しい。

　したがって著作権者は、他人が法定利用行為を無断で行っている場合、これを差止め、損害賠償を請求することができます（著作権法112条１項、民法709条）。

　ところがここで、いわば「業界のゴリ押し」によって著作隣接権者に与えられた権利のすべてを禁止権という「強い権利」にしてしまうと、権利者の保護と著作物の利用促進との間の利害調整バランスが崩れ、文化の発展に寄与するという法の目的（著作権法１条）の実現をかえって阻害することになり、「著作隣接権者も文化の発展に寄与している」という法の建前すら維持できなくなるおそれがあります。

　そこで著作権法は、著作隣接権者に帰属する権利の一部を禁止権から報酬請求権[20]に「格下げ」し、他人の行為の差止めまでは認めず、その行為の対価を請求することだけを認めることとしたり、禁止権を認めるものの、その行使の機会を一度に限定するなどして[21]バランスをとろうと努めています。

　この点、田村教授は、次のように述べています[22]。

> 　現行法は、伝達行為に携わる者のうち、複製技術の普及により実演の機会が減少し、労働意欲の著しい減退を来している実演家と、事業の開始、運営に多大な資本投下を必要とするレコード事業者、放送事業者、有線放送事業者の保護が特に必要であると判断し、その成果物の複製等に対して著作隣接権を認めることにした。くわえて、法は、彼ら著作隣接権者が伝達するものが著作物ではない場合にも文化の発展に寄与するものとして等しく権利を認めるという方針を採用している。他方、多数の者に著作権や著作隣接権が認められることにより、権利処理が煩雑となって著作物の利用が妨げられることになるという

事態は法の望むところではない。ゆえに、法は、何らかの保護が必要であると思料される場合にも、あえて著作隣接権者の権利を禁止権ではなく報酬請求権に止めたり、禁止権を行使しうる機会を一度限りに限定する等の手段を駆使し、利用者の便宜を図っている。

　こうして、著作権法においては、著作隣接権者に帰属する権利についてだけ、禁止権と報酬請求権という二種類の権利が並存するという奇妙な事態が生じることとなったわけです。

　ところが、著作権法は禁止権を中核として組み立てられた法律ですから、著作権者の権利と著作隣接権者の権利を一つの条文でまとめて規定しようとすると、著作隣接権者の権利のうち報酬請求権の部分について、辻褄が合わないところが出てきてしまいます。そのため著作権法は、著作隣接権者の権利のうち禁止権だけを「著作隣接権」と呼ぶこととし、報酬請求権は、「著作隣接権者に帰属する権利ではあるが、著作隣接権ではないもの」にカテゴライズするという条文構造を採用することとしたのです。

　この点、田村教授は、次のように述べています[*23]。

　著作権法上は、著作隣接権者に認められている諸権利のうち禁止権のみが「著作隣接権」と呼称されており、報酬請求権は含まれないとされている（89条6項）。これは、112条等、禁止権のみに適用される規定があるための法技術上の区別である。

　これらの規定によれば、「著作隣接権者に帰属する権利ではあるが、著作隣接権ではないもの」は、①放送される実演の有線放送に係る報酬請求権（著法94の2）、②実演家に帰属する、商業用レコードの公衆への貸与に係る報酬請求権（同法95の3③）、③実演家に帰属する、商業用レコードの二次使用に係る二次使用料請求権（同法95①）、④レコード製作者に帰属する、商業用レコードの二次使用に係る二次使用料請求権（同

法97①）及び、⑤レコード製作者に帰属する商業用レコードの公衆への貸
与に係る報酬請求権（同法97の3③）の五つということになります。

　ここで仮に、所得税法161条1項11号ロの条文が「著作隣接権」だけに
なっていたとすると、著作隣接権者の権利ではあるが著作隣接権ではな
い上記五つの権利が、同号から漏れることになってしまいます。このよ
うな事態を避け、もって所得税法と著作権法を完全に対応させるために、
所得税法は「これ（＝著作隣接権）に準ずるもの」という概念を導入した
のです。つまり、所得税法161条1項11号ロの「これ（＝著作隣接権）に準
ずるもの」とは、著作権法に規定されている報酬請求権及び二次使用料
請求権（上記の五つの権利）だけをいうのであって、これ以外は一切含ま
れないと解すべきです。そうだとすると、ここには「これと経済的実質
を同じくするもの云々」といった話が入り込む余地ないこととなります。
このように考えると、「著作隣接権に準ずるもの」の意義は著作権法を見
れば一目瞭然であり、そうであるからこそ、所得税法161条1項11号イの
「準ずるもの」とは異なり、ロの「準ずるもの」の内容については、通
達等をいくら見ても何も書かれていない考えられます。

　所得税法が161条1項11号ロでこのような手当てを行った結果、著作権
法に掲げられているすべての権利と所得税法161条7号ロの対応関係は、
次のとおりとなります。

著作権法	所得税法161条1項11号ロ
著作者人格権	規定なし（財産権としての性質が希薄）
著作権	著作権
出版権	出版権
実演家人格権	規定なし（財産権としての性質が希薄）
著作隣接権	著作隣接権
著作隣接権者の報酬請求権及び 二次使用料請求権	これ（＝著作隣接権）に準ずるもの

　こうして、所得税法161条1項11号ロは、財産権としての性質が希薄な
人格権を除き、著作権法にリンクすることとなったのです。

4 所得税法204条1項1号との関係

　また、このような、所得税法161条1項11号ロの「これ（＝著作隣接権）に準ずるもの」とは、著作権法に規定されている報酬請求権及び二次使用料請求権（上記3で掲げた五つの権利）だけをいうのであって、これ以外は一切含まれないとする解釈の正当性を反面から示す根拠となるのが、所得税法204条1項1号、所得税法施行令320条1項及び所得税基本通達204-6です。

所得税法204条1項1号

　居住者に対し国内において次に掲げる報酬若しくは料金、契約金又は賞金の支払をする者は、その支払の際、その報酬若しくは料金、契約金又は賞金について所得税を徴収し、その徴収の日の属する月の翌月十日までに、これを国に納付しなければならない。

一　原稿、さし絵、作曲、レコード吹込み又はデザインの報酬、放送謝金、著作権（著作隣接権を含む。）又は工業所有権の使用料並びにこれらに類するもので政令で定める報酬又は料金

所得税法施行令320条1項

　法第204条第1項第1号（源泉徴収義務）に規定する政令で定める報酬又は料金は、テープ若しくはワイヤーの吹込み、脚本、脚色、翻訳、通訳、校正、書籍の装てい、速記、版下（写真製版用写真原板の修整を含むものとし、写真植字を除くものとする。）若しくは雑誌、広告その他の印刷物に掲載するための写真の報酬若しくは料金、技術に関する権利、特別の技術による生産方式若しくはこれらに準ずるものの使用料、技芸、スポーツその他これらに類するものの教授若しくは指導若しくは知識の教授の報酬若しくは料金又は金融商品取引法第28条第6項（通則）に規定する投資助言業務に係る報酬若しくは料金とする。

　このように、所得税法204条1項1号及び所得税法施行令320条1項によれば、ここで著作権等の使用料として源泉徴収の対象とされているのは、所得税法161条1項11号ロとは異なり、「著作権（著作隣接権を含む。）」だけであり、「著作隣接権に準ずるもの」は含まれていません。

　ここで、所得税法161条1項11号ロの「これ（＝著作隣接権）に準ずるもの」とは、著作権法に規定されている報酬請求権及び二次使用料請求権（上記3で掲げた五つの権利）だけをいうという解釈が正しいとすれば、著作隣接権者に帰属する権利ではあるが著作隣接権ではない報酬請求権及び二次使用料請求権は、所得税法204条1項1号に基づく源泉徴収の対象から外れるはずです。

　この点、同条に関する通達は、例示として商業用レコードの二次使用料を著作隣接権の使用料から除外しており、上記の解釈を裏付けるものとなっています*24。

（原稿等の報酬又は料金）

204－6　法第204条第1項第1号に掲げる原稿の報酬その他の報酬又は料金に該当するかどうかについては、おおむね表6のとおりである。

〔表6〕（抄）

報酬又は料金の区分	左の報酬又は料金に該当するもの	左の報酬又は料金に類似するが該当しないもの
著作隣接権の使用料		著作権法第95条第1項《商業用レコードの二次使用》及び第97条第1項《商業用レコードの二次使用》に規定する二次使用料

[注]

＊10　中里実『国際取引と課税』（有斐閣、1994）201〜202頁、237頁参照。

＊11　ローマ条約（隣接権条約とも呼ばれます）は、正式名称を「実演家、レコード製作者及び放送機関の保護に関する国際条約」といい、日本は、1989（平元）年7月26日に加入書を寄託し、同年10月26日に効力が発生しています。

実演家等に対する保護の内容は、他の締約国における実演家等に対して、内国民待遇を付与することなどです（この点につき、北川善太郎・斉藤博監修『知的財産権辞典』（三省堂、2001年）211頁参照）。これを受けて、著作権法附則2条5項は削除されました。

＊12　筆者も所得税法161条7号ロの立法経緯について調べてみましたが、中里名誉教授が述べるような、「著作権法附則2条5項が適用される場合の課税の公平」などの実質論に触れた資料は見つかりませんでした。

＊13　前掲注10中里実203頁参照。

＊14　なお、このような基本構造自体が、現代の高度情報化社会の要請に十分応えられるものではなくなっているとして、著作権法におけるパラダイムの根本的な転換の必要性を論じる向きが少なくありません。この点につき、中山信弘『著作権法［第3版］』（有斐閣、2020）3～13頁参照。

＊15　前掲注14中山信弘657、659頁参照。

＊16　加戸守行『著作権法逐条講義［七訂新版］』（著作権情報センター、2021）627頁参照。

＊17　岡本薫『著作権とのつきあい方―活字文化・出版関係者のために』（商事法務、2007）27頁、177～179頁参照。

＊18　「著作権②」とは、岡本教授の前掲書における独自のカテゴリーで、著作者の権利（著作者人格権及び財産権としての著作権）のことを指しています。

＊19　田村善之『著作権法概説［第2版］』（有斐閣、2001）47頁参照。なお、ここで挙げられている条項には現行法と一致しない部分があります。

＊20　ここでは、個別に明示する場合を除き報酬請求権及び二次使用料請求権をまとめて「報酬請求権」と呼ぶこととします。

＊21　これを、ワン・チャンス主義といいます。

＊22　前掲注19田村善之518～519頁参照。

＊23　前掲注19田村善之519頁参照。

＊24　ここに二次使用料が掲げられている一方で報酬請求権が掲げられていないのは、この別表6は、「おおむね」という文言が示すとおり、そこで掲げられているものはあくまでも例示にすぎないものであると解されるところ、別表6が最初に定められた後に著作権法に導入された報酬請求権については、あえて追記するまでもないと判断されたためであると考えられます。

第4章

著作権の本質と
税法等における著作権等の取扱い

（山下　貴）

第4章 目次

はじめに

　前章では、所得税法161条１項11号ロ等の「著作権（出版権及び著作隣接権その他これに準ずるものを含む。）の使用料」の概念（以下、適宜、「著作権の使用料」と略します。）は、著作権法にリンクすると解されることを明らかにしました。このことは、著作権法の領域における議論の特殊性や研究者間の見解の相違などの影響が、税法等における著作権等の取扱いに及ぶことをも意味します。

　そこで第４章においては、その具体的な影響について、コンピュータ・プログラムの取引対価の「著作権の使用料」該当性を題材として、これを著作権の本質にさかのぼって検討することとします。

第1節 ──────────────
著作権法の議論から受ける違和感の正体

1 便法としての著作権

　著作権法に限定列挙されている法定利用行為以外の使用行為は、原則として自由であり、著作権法における「使用」概念と「利用」概念は、

　　　　「あらゆる使い方」－「利用」＝「使用」

という関係に立ちます[*1]。

　具体的には、「利用」とは、「複製」、「貸与」、「演奏」「上演」、「上映」などの行為をいい、「使用」とは、たとえば書籍であれば「読むこと」、CDやDVDであれば「視聴すること」、文書作成ソフトウェアであれば「プレゼン資料を作成すること」といった行為をいいます。

　こうしてみると、ユーザーがこれらの著作物に期待する「最もおいしい部分」こそが「使用だから自由」とされており、勝手に行ってはいけないとされる「複製」、「貸与」云々といった「利用」行為は、言われてみればそうかもしれないですが、自由とされる「最もおいしい部分」に比べると、どこか的外れな感じがつきまとっているようにも思われます。

　この点、元文化庁著作権課長の岡本薫氏は、この疑問の本質について、次のように指摘しています[*2]。

> 　「利益を独占できる」ということがインセンティブになるのは、当然のことながら、「コンテンツが利益をもたらす」からだ。より具体的に言えば、「人々がコンテンツにお金を払うからである。では、人々はなぜコンテンツにお金を払うのだろうか。

　それは、本ならば「読みたい」から、音楽ならば「聴きたい」から、映画であれば「観たい」からだろう。これらの行為は、全体として「知覚」と総称できるが、要するに人々は、「知覚したい」からコンテンツにお金を払うのである。決して、「コピーしたい」からではないのだ。

　要するに、コンテンツが価値を生み出す（人々がお金を払う）のは、「知覚されること」によってであり、簡単に言えば、コンテンツとは、「知覚されてナンボ」というものなのだ。ということは、著作権が本来対象とすべき、利益を生み出す「利用行為」——すなわち、法律によって「権利者に無断でしてはいけない」「権利者から求められれば利用料を支払わなければならない」とすべき行為——とは、コンテンツの「知覚行為」であるべきであり、また、「知覚行為」のみでいいはずである。

　例えば「本」の場合、既に出版されている本を、著者が頼みもしないのに誰かがわざわざコピーしてくれ、さらに販売までしてくれたら、著者としては手間がはぶけてありがたいはずだ。ただし、そこでひとつだけ、極めて重要な条件がある。その条件とは、そのコピー（海賊版）を買った人が、それを開いて読む（その本が購入者に対して価値を生み出す知覚行為をする）前に、必ず著者に連絡して、「読んでも（知覚しても）いいでしょうか？」と了解を得ることだ。当然ながら、そこで著者が示した利用料を支払い、著者の許諾を得なければ、購入者はその本を読んではならない。

　この条件さえ満たされれば、様々な利用行為について著作権法が個々に規定している種々の権利は、基本的にすべて不要になる。つまり、「無断で知覚されない権利」（知覚権・アクセス権などと呼ばれるもの）を作れば、著作権法は極めて簡単・単純なものになるのだ。このひとつの権利のみで、「他人が書いた本を無断で読んではいけない」「他人がつくった音楽を無断で聴いてはいけない」「他人がつくった動画・静止画を無断で見てはいけない」ということを実現でき、「利益を生み出す行為」はすべてコントロールできる。

　そのような法制にした場合、唯一の（かつ、致命的な）問題は、

「すべてのエンドユーザーのすべての知覚行為を完全に把握することはできない」ということだ。要するに、法の実効性を担保できないのである。そこで、国際著作権ルール（条約）や、それに基づく各国の著作権法は、あくまでも「次善の策」として、「実際に利益を生み出す知覚行為」ではなく、「その一歩手前の行為」を「権利者に無断でしてはいけない」と定めてきた。要するに、すべての権利は「便法」なのである。

この、知覚行為の「一歩手前の行為」（言わば「知覚幇助行為」）が、「コピー」「譲渡」「レンタル」「放送」「インターネット送信」「演奏」「上演」「口述」「上映」「展示」など、著作権法が対象としている様々な利用行為である。これらはいずれも、これらの行為の「次の段階」で、エンドユーザーによる「知覚」を実現するものだ。

（中略）

このように、あくまでも次善の策の「便法」として、実際に利益を生み出す知覚行為の「一歩手前」の「知覚幇助行為」を権利の対象（無断でしてはいけない行為）としてしまっているため、おかしなことが色々と起こる。

（中略）

著作権について考え、また、著作権に関係する実務に携わる人々は、常にこの「価値を生み出しているのは知覚行為」「本来は知覚権（無断で知覚されない権利）だけでいい」「既存の権利はすべて便法にすぎない」といったことを、まずよく知っておく必要がある。「なぜこうなるのだろう？」とか、「なぜあの場合はああなのに、この場合はこうなのだろう？」など、首を傾げざるを得ない状況が生じる原因は、多くの場合、この「便法と現実のギャップ」にあるからである。

税法等、たとえば所得税法161条1項11号ロが著作権法にリンクするということは、「同条は、このような著作権法における『便法と現実のギャップ』（ひいては、そのギャップから生じる様々な「おかしなこと」）にとことん付き合わなければならない」ということを意味します。

2　「著作権の使用料＝入場料」論

　とはいえ、税に関する実務家の立場からすると、「とことん付き合え」と言われても、その「付き合い方」には、とても気を使わされます。ここで実に悩ましいのが、「知覚行為の対価」という概念を「著作権の使用料」との関係においてどのように位置付けるべきかということです。

　この点、まず、「コンテンツの価値を生み出しているのは知覚行為」という本質論を前面に押し出して、「コンテンツに係る取引対価は、究極的にはすべて著作権法の規制の埒外にある知覚行為の対価であり、知覚幇助行為すなわち法定利用行為の対価ではない」としてしまうと、およそ「著作権の使用料」などあり得ないことになってしまいます。

　次に、知覚行為の対価と知覚幇助行為の対価を合理的に区分して後者のみを著作権の使用料と捉えようとしても、現実的には、その区分を合理的に行うことはきわめて困難でしょうし[*3]、仮に区分できたとしても著作権の使用料たる知覚幇助行為の対価が全体に占める割合はごく一部と認識されるケースがほとんどでしょう。これでは税法が「著作権の使用料」概念を著作権法にリンクさせた趣旨が没却されることに変わりありません。

　結局ここでは、知覚幇助行為（＝法定利用行為）が知覚行為の「一歩手前」の行為であることに着目し、「知覚幇助行為は、知覚行為エリアへのいわば入場門にあたるところ、取引対価は、その入場門をくぐって知覚行為エリアに入るための対価であるから、その全額が入場料として著作権の使用料に該当する」と構成するほかないと考えられます。すなわち、この問題は、「入口で入場料（＝著作権の使用料）として○○円申し受けます。入場されましたら自由にご覧ください。」[*4]という話に尽きると考えるわけです[*5]。

　そうすると、「著作権の使用料」該当性の検討においては、知覚幇助行為（＝法定利用行為）の有無こそが基本となり、そこに「知覚行為の対価」という概念が入り込む余地はないこととなります。しかしながら、「知覚

行為こそが利益の源」という考えは私たちの常識的感覚に訴えるところ
が大きいですから、それに引きずられないよう留意する必要があるで
しょう*6。

3　使用許諾契約とは何か

　この点、誤解しやすいのが、コンピュータ・プログラムの取引の際に
締結される「使用許諾契約」です。たとえば、「本件取引においては、権
利者とエンドユーザーとの間で著作物たるコンピュータ・プログラムの
使用許諾契約が締結されているところ、エンドユーザーは、当該使用許
諾契約に基づいて当該著作物を使用し、それにより当該著作物の本質的
価値を享受しているのだから、本件取引の対価は当該使用許諾の対価と
して著作権の使用料に該当する。」という見解がありますが、これは誤り
です。以下、理由を述べます。

　私たちがコンピュータ・プログラムを購入し、自分のパソコンにイン
ストールしようとすると、はじめに、「インストールできる端末は一つだ
け」、とか「譲渡は禁止する」などといった「使用許諾条項」なるものが
画面に表示され、「これらの各条項をよく読んだ上で、納得したら『同意
する』を押せ」という旨の指示がなされます。ここで『同意する』を押
さないと先に進めないため、多くの人は中身を詳細に検討することなく
漫然と同意しているのが実情でしょう。このような場合に、『同意する』
を押した時点で成立するとされているのが、「使用許諾契約」であり、コ
ンピュータ・プログラムの取引において使用許諾契約が伴わないケース
はほとんどないという状況です。こうした状況を指して、「著作権法にお
いては認められていないが、実務においては著作物の『使用権』という
概念が定着している」などといわれることもあります。

　そこで、この「使用権」という言葉を「著作権法上の支分権ではない
が、実務上、支分権と同視し得る権利」という意味で用いるのであれば、
これは、「使用禁止権」ということになり、著作権法における「著作権法

に限定列挙されている行為態様（＝法定利用行為）以外の行為（＝使用）は自由」の原則に正面から抵触します[7]。すなわち、「供給側はそもそも法律上自由な行為をなぜ禁止することができるのか、逆にいえば、ユーザーはそもそも自由に行ってよい行為についてなぜ許諾を受けなくてはならないのか」が問題となるというわけです。

そして、この問いに対する答えは、「あくまでも著作権法上は、供給側は法定利用行為以外の使用を禁止することなどできないし、ユーザーは使用するための許諾を受ける必要などない。」ということになります。すなわち、ユーザーにとっては、使用許諾契約の締結など本来必要ないのであり、その締結を望んでいるのは、もっぱら供給側です。

使用許諾契約の各条項を読んでみますと、使用者の範囲の限定、使用機の限定、プログラムの解析行為の禁止、複製物等の譲渡禁止など、ユーザーの活動に対し、様々な制約が課されていることがわかりますが、このような制約を設けることこそが、「使用許諾契約」に込められた供給側の意図です。

この点、田村善之教授は、次のように述べています[8]。

適法に作成された複製物が転々流通した場合には、もはやその使用を禁止することはできないから、複製物の入手者はわざわざ使用許諾を求める必要はない。ゆえに、その場合には、使用者に使用許諾契約を求めるよう仕向ける法的な保障をどのように仕組むのか、ということを検討する実益が生じる。

まさにここで「仕向ける」とか「仕組む」といった表現が用いられているところに、「使用許諾契約」という名称からうかがわれる供給側の強気の姿勢とは逆の、供給側の苦慮が滲んでいるようにも思われますが、ともかく供給側は、いろいろと知恵を絞って様々な「仕向け方」や「仕組み」を考え出してきています。ところが、やはりそこには無理があるのか、こうした供給側の取り組みに対しては、概して厳しい視線が向け

られています。

　この点、田村教授は次のように述べています[9]。

　　実務上は、市販のプログラムのパッケージにプログラムの使用条件
　なるものを印刷しておき、ユーザーがパッケージを開封すると当該条
　件下でプログラムの使用許諾契約が成立したものとみなす旨、記載し
　ておく方式（シュリンク・ラップ方式）が用いられることがある。
　　しかし、契約の申込者が承諾の方式を、それがどんな方式であって
　も自由に指定できるという法はどこにも存在しない（民法526条２項
　参照）。たとえば、「明日、貴方が勤務先に出社した場合には、別紙の
　条件で当方と契約が成立したものとみなします」などという乱暴な手
　紙が送り付けられてきたとしても、相手にする者はどこにもいないで
　あろう。シュリンク・ラップ方式についても、プログラムを購入した
　一般ユーザーとしてはたとえパッケージの記載に目を止めてその内容
　に不服を持ったとしても、これを小売店につっかえしてトラブルを抱
　えるよりは目先の使用を優先してパッケージを開封してしまうことの
　方が多いであろう。かかる消費者の性向を利用する手段により契約が
　成立したと解することには問題があるといわざるを得ない。
　　（中略）
　　この他、小売店で購入したプログラムをインストールする際に画面
　に「下記の使用条件に同意しない場合にはプログラムを使用すること
　はできません」といった文章を表示する方式（クリック・オン方式）
　も流布しているが、適法に複製されたものである限り、別に著作権者
　の許可をもらわなくとも使用することができるのだから、先の乱暴な
　手紙と選ぶところはない。その文言を無視して使用したところで契約
　が成立したとみなすことはできないと解される。画面上に表示された
　「同意する」をクリックしない限りインストールを不可能とする技術
　的な方策を施したところで、法律論を左右することにはならないとい
　うべきである。結局、「インストールすると同意したものとみなしま
　す」と言っていることと変わりはないから、シュリンク・ラップ方式

と本質的な差異は認められないからである。

（中略）

　最近では、同じクリック・オン方式でも、インターネットを通じてプログラムを購入してダウンロードする際に画面上に同様の表示がなされる方式も流布している。この方式は、プログラムの購入を中止しうる段階で表示の内容を購入者に伝えるように仕組まれている点で別途の考慮を必要とし、一律に契約の成立を否定すべきではなかろう。簡単に中止しうる以上、それにも拘わらず前に進んだという購入者の態度に一定の意思の表示を認めても不合理とはいえないからである。もっとも、その場合でも、個別の交渉を経たのであれば格別、公衆向けに定形的に用意された条項が使用者や使用機を制限したり、個別貸与を禁じたり、リヴァース・エンジニアリングを制約することを意図している場合などには、現行著作権法上、自由になしうるとされている行為（ただし、リヴァース・エンジニアリングについては争いがある）を事実上、禁止する効果をもつものとして、その有効性が問題となる。著作権法の公序に違反するものとして、民法90条により無効とされる場合があると考えるべきだろう[10]。

　上記のとおり、使用許諾契約の目的は、「使用を許諾する（＝禁止しない）」ということではなく、「著作権法では規制の対象とされていない行為について、当事者の合意に基づいて、あえて制限を加える」ということにあります。すなわち、使用許諾契約は、著作権法の枠外で契約自由の原則に基づいて締結されるものです。したがって、ユーザーが使用許諾契約に違反する行為を行ったとしても、著作権損害の問題が生じることはなく、単に契約違反（債務不履行）の問題が生じるにすぎません。

　また、コンピュータ・プログラムの供給側が使用許諾契約にこだわるのは、ユーザーの活動に様々な制約を課すことによって、ソフトウェアの不正なコピーや使い回しなどの違法活動を抑止したいと考えているためです。

　この点、供給側は、「使用許諾契約を締結しないと、違法活動の発生リスクが高まり、そのリスク増加分を販売価格に転嫁しなければならなくなってしまう。それでは多くの善良なユーザーに迷惑をかけることになってしまうので、善良なユーザーにとっては困らない程度の制限を加えることによって、余計な価格転嫁を回避する」という旨の説明することがあります。すなわち、「使用許諾契約がないと、たとえば本来100という対価で販売できるソフトウェアに対して、違法活動発生リスク分の20を加算して120の値段をつけなくてはならなくなるところ、使用許諾契約に掲げられている様々な制限をユーザーが受け入れてくれるのなら、本来の100でお届けできる」ということです。そうだとすると、少なくとも理論上は、ユーザーは使用許諾契約の締結に合意することによって、（120のものを100で買えるという意味で）20の対価を受け取っているともいえるでしょう。

　つまり、使用許諾契約の本質は、供給側が使用を許諾することによって対価を得るというものではなく、ユーザーが本来拒否できる使用制限条項を受け入れることによって見えない対価を得るということにあると考えられます。その意味で、こうした契約形態に対しては「使用許諾契約」という名称ではなく、たとえば「使用制限受忍契約」というような名称を与えるべきであったと思われます。すなわち、使用許諾契約についての誤解は、このように名が体を表していないところから生じるのです。

　そうすると、「本件取引対価は、ソフトウェアの使用許諾契約に基づく対価として、『著作権の使用料』に該当する。」という見解は、①著作権法上自由になし得る行為の制限について「使用（禁止）権」という概念を導入すること自体が著作権の本質的理解に反すること、②百歩譲って著作権法上の支分権に準ずるものとしての「使用権」の存在を認めるとしても、所得税法161条1項11号ロ等の「著作権の使用料」は、その文理等から「著作権に準ずるものの使用料」という概念を排除していると解されること[*11]、③使用許諾契約の経済的実態に鑑みると、そこから対価を得ているのは供給側ではなくむしろユーザー側であると考えられることからして、誤りだといえます。

4　まとめ

　ここまでの検討をまとめると、①様々なコンテンツの価値の源となる「最もおいしい部分」（＝知覚行為。たとえば、本であればそれを読むこと）が、著作権法による保護の対象からすっぽり抜け落ちており、それに到達する一歩手前の「周縁部分」（＝知覚幇助行為）だけが、法定利用行為として限定列挙される形で著作権法による保護の対象とされているにすぎないこと、②したがって、著作権法にリンクしている所得税法161条1項11号ロ等の「著作権の使用料」を「最もおいしい部分（＝知覚行為）の対価」と構成することはできず、「著作権の使用料とは、最もおいしい部分の周縁部分（＝知覚幇助行為）の対価をいうのであり、知覚行為自体の対価は無償である。」と解されること、③著作権法で保護されている知覚幇助行為が知覚行為の「一歩手前」の行為であることに着目すると、②の結論を導く説明としては、「知覚幇助行為エリアは知覚行為エリアへの入場門にあたるところ、あるコンテンツの取引対価は、客がその入場門を通過して知覚行為エリアに入るための対価であるから、その全額が入場料として著作権の使用料に該当するのであって、入場した後に客がそのコンテンツをどのように知覚し享受したかは無関係である。なお、入場料の徴収方法は、1回対価を支払えば無期限で入場し放題のものから、1回入場するごとにいくら、1時間当たりいくらといったものまで様々な形態があり得る。」という構成（「著作権の使用料＝入場料」論）が導かれることとなります。

[注]
＊1　岡本薫『著作権の考え方』（岩波書店、2003）2～3頁参照。
＊2　岡本薫『著作権とのつきあい方―活字文化・出版関係者のために』（商事法務、2007）28～32頁参照。
＊3　「著作権の使用料」は、源泉徴収の要否判定の場面で問題となることが多いところ、対価の支払時までにこの合理的区分を行わなければならないとな

ると、さらに困難さが増すものと思われます。

＊4　入場料の徴収方法は、1回対価を支払えば無期限で入場し放題のものから、1回入場するごとにいくら、1時間当たりいくらといったものまで様々な形態が考えられます。

＊5　この考え方は、パッケージソフトの流通について著作権の使用料該当性が争われた国税不服審判所平成16年3月31日裁決（東裁(諸)平15第253号）にも表れています。

＊6　この考え方は、「著作権の使用料」における「知覚幇助行為（＝法定利用行為）の対価」と「知覚行為以外の何かの対価」を合理的に区分し、前者は著作権の使用料に該当し、後者は該当しないとする議論の成立を妨げるものではありません。たとえば、コンピュータ・プログラムの開発委託契約におけるライセンス料と役務提供対価の合理的区分の結果、前者のみを著作権の使用料とすることはあり得るでしょう。また、ここでの検討は国内法の解釈に関するものであり、租税条約の適用がある場合のOECDモデル租税条約コメンタリーに基づく解釈論を排斥するものではありません。

＊7　著作権の本質が禁止権であることについて、本書第3章第2節参照。

＊8　田村善之『著作権法概説［第2版］』（有斐閣、2001）164頁参照。

＊9　前掲注8田村善之164〜166頁参照。

＊10　こうしてみますと、使用許諾契約を伴わないコンピュータ・プログラムの取引はほとんどないといっても、その有効性に疑問の残る契約も少なくないように思われますが、ここでは契約自体は有効に成立しているという前提で話を進めています。

＊11　この点の詳細については、本書第3章参照。

第2節

具体例の検討——コンピュータ・プログラムの取引対価の「著作権の使用料」該当性

1　複製権と複製行為の現代的意義

　「著作権の使用料＝入場料」論によって、税に関する法令等における著作権等の取扱いは相当程度明らかにできると思われます。しかしながら、これで課題をすべて解決できるというわけではありません。この点で問題となるのが、著作権法に基づいて設けられた入場門たる知覚幇助行為＝法定利用行為のすべてがそこで入場料を徴収することを意識して設けられたわけではないということを、税に関する法令等の解釈においてどのように位置付けるべきかということです。

　そこで、この問題について、現行著作権法における法定利用行為の中核をなす複製権[*12]を題材にして検討します。

　「複製」と聞いて一般的に想起されるのは、あるコンテンツを丸ごとコピーすることであると思われますが、そもそも著作権という考え方が生まれてからデジタル化社会の前夜までの間における「複製」は、まさにこのような素朴な感覚に近い形で行われることがほとんどでした。それに当時は、複製行為が行われたことを権利者が認識し、それに対し対価を請求することも比較的容易であり、かつ、そこで行われる複製は、明らかにその対価を授受すべきといえるものでした。

　この点、田村善之教授は、次のように述べています[*13]。

　　複製行為は、最近に至るまでは、手写するなど奇特な人の行為を別とすれば、特別の設備を要し、出版社など相当の資本投下をなした者にのみ許されるものであったから、複製を行う者は、読書をなす者の

数に比べて極めて少なかった。また、多くの場合、出版物という形で複製の証が世に出回るから、権利侵害の把握は可能である。そして、複製の数は、使用の数にそれなりに対応するので、複製のところで著作権者に対価を払うようなシステムを採用したとしても、著作物の使用価値に応じた対価を著作権者に還流させることが可能である。

ところが、最近の急激な技術発展によって、従来の「明らかに対価の授受が行われるべき複製行為の存在」→「権利者による当該複製行為の認識」→「権利者と複製行為者との間の交渉等に基づく対価の授受」という、著作権法が本来想定していた流れが危機に瀕しています。

この点、田村教授は次のように述べています＊14。

特に最近のように複製行為というものが、それほどの投下資本を要することなく誰もがどこでもできるような行為になってくると、複製者の数が激増するために交渉費用がかさむこととなって、複製のところで対価を徴収する現行著作権法の前提が崩壊する。それどころか誰もが自由になしうる複製行為を徒に禁止する法制度は、人間の行動の自由を過度に阻害することにつながる。この問題に対する何らかの対応策を検討することが、現行著作権法の最大の課題であるといっても過言ではない。

このような「現行著作権法の最大の課題」に対して、あらゆる形態の複製行為を一律かつ絶対的に禁止することをもって対処することは、公正な利用に配慮しつつ権利の保護を図り、もって文化の発展に寄与するという著作権法の目的（著作権法1条参照）に照らして、著しくバランスを欠くものですし、これを前提とする違法活動の取締りも実効性が乏しいです。一方で、従来型の複製行為以外はすべて野放しというのも、権利の空洞化につながり、妥当とはいえません。そこで著作権法は、新し

い形態の複製等を規律する規定を置くことによって、権利者の保護と著作物の利用者の自由とのバランスを図っています。

　この点、たとえば著作権法47条の3第1項は、次のように定めています。

（プログラムの著作物の複製物の所有者による複製等）
第四十七条の三　プログラムの著作物の複製物の所有者は、自ら当該著作物を電子計算機において実行するために必要と認められる限度において、当該著作物を複製することができる。ただし、当該実行に係る複製物の使用につき、第113条第5項の規定が適用される場合は、この限りでない。

　ここでいう「プログラムの著作物の複製物」とは、コンピュータ・プログラムの入ったCD-ROMなどをいい、また、「複製」とは、いわゆるインストールやバックアップといった行為を指します。つまり、有体物たるCD-ROMを購入した者（複製物の所有者）は、同条に基づき、プログラムのインストールや必要範囲内のバックアップという複製行為を自由に行ってよいこととなります。一方で同条の文理によると、CD-ROMの「所有者」ではない者（たとえばそれを適法に借りてきた者）は、インストール等を行う際に権利者の許諾を受けなければならないということになります。

　すなわち、コンピュータ・プログラムをパソコン等で使用する場合、インストールの段階で「複製」という名の「入場門」が現れるところ、プログラムを購入した者は自由にこの入場門を通過できるのに対し、これを借りてきた者は、そこでストップがかかるというわけです。とはいえ、ここでわざわざ権利者に対し「私はこのプログラムを適法に借りてきた者ですが、インストールしてもよいでしょうか」と連絡する者はほとんどいませんし、権利者側からしても、わざわざそんな連絡を受けてもかえって煩わしいだけです。したがってこのような場合は、CD-ROMが適法にレンタルに供された段階で、インストール等の複製行為について黙示の許諾があったとして処理されているのが通常でしょう。

2 裁決例の検討

　著作権法上の権利処理についてはこれでよいとしても、ここで前述の
「著作権の使用料＝入場料」論を杓子定規に適用してしまいますと、
CD-ROMの売買によるコンピュータ・プログラムの取引対価は、所得
税法161条１項11号ロの「著作権の使用料」に該当しないが、CD-ROM
の賃貸によるコンピュータ・プログラムの取引対価は、その全額がイン
ストール等に係る複製権許諾の対価として「著作権の使用料」に該当す
るという、常識外れの結論が導かれてしまいます。実際、東京国税不服
審判所平成16年３月31日裁決（東裁(諸)平15第253号）は、まさにこの
点を理由として売買形式を用いたプログラムの取引と賃貸形式を用いた
それとで異なる判断を示しています。しかし、本当にそれでよいので
しょうか。

　本書第３章で述べたとおり、所得税法161条１項11号ロ等の「著作権
（出版権及び著作隣接権その他これに準ずるものを含む。）の使用料」概
念は、著作権法にリンクしていると解されます。ただし、「所得税法と
著作権法がリンクする」といっても、それは所得税法上の取扱いと著作
権法上の取扱いを細部にわたりすべて一致させなければならないという
ことを意味するものではなく、所得税法の各条項の趣旨・目的に鑑みて、
所得税法上の取扱いにおいては著作権法上の取扱いを排除することはあ
り得ると考えられます[15]。

　この点、前述の「媒体（CD-ROM）を購入した者は自由にインス
トールできるが、媒体を借りてきた者はインストールに際し権利者の許
諾を要する」という著作権法47条の３第１項の通説に対し、田村教授は、
次のとおり有力な反対説を主張しています[16]。

　本項は、文言上、複製物の「所有者」の自己使用を要件としており、
ために複製物の借主には本条の適用はないという見解が支配的である。

　しかし、それでは、大型の汎用コンピュータのプログラムのリースのような場合、リースをなした者は自ら使用するわけではなく、また、リースを受けた者は「所有者」ではないから、双方ともに本項によるコピーができないことになる。パソコン・レヴェルの自己使用者に目を向けても、プログラムの複製物を借りてきて使用するためには借用期間中ハードディスクにインストールする必要性があることは否めない。借り主に対して本項の適用を否定するということは、著作権法上禁止されていない個別の貸し借りを禁止するに等しい。プログラムが譲渡担保に供された場合にも同様の問題が発生する。「複製物を使用する権原を取得した」者にプログラムの使用の自由を認める113条２項（執筆者注：現行法では113条５項）における法の判断と平仄を合わせ、使用に随伴する複製、翻案を自由とする47条の２第１項（執筆者注：現行法では47条の３第１項）も同様に「複製物を使用する権原を取得した」者に適用されると解すべきである。

　また、これに対し中山信弘名誉教授は次のとおり述べ、現行著作権法の作りに鑑みて、結論としては上記の田村説を採用することはできないとしながらも、田村説の方が妥当な結論を導けると評価しつつ、現行法の作りについては「極めて遺憾なこと」と述懐しています[*17]。

　立法者は、「所有者」（47条の３）と「複製物を使用する権原を取得した」者（113条２項）（執筆者注：現行法では113条５項）とを意識的に使い分けており、47条の３の適用を受けるのは、プログラム著作物の「複製物の所有者」に限定されている。つまり本条により複製し得る権原を、電子計算機で当該プログラムの複製物を使用する権原から導いているのではなく、複製物という有体物の所有権から導いており、その意味からプログラム著作物の複製物の賃借人は、使用する権原を有してはいるが、所有者ではないため、47条の３の規定の適用を

受けないことになる。著作権法上、使用権なる権利はないために錯綜した関係になっている。

　本条はパソコン用プログラムのように、市販されているプログラムを主として念頭においているものと思われる。市販されているプログラムについては、プログラムの著作権者と複製物の所有者との直接の契約関係はないことが多く、著作権法で複製物の所有者に一定限度での複製の権原を認めないと、電子計算機の円滑な実行ができないことになる。それに対して、大型コンピュータ用プログラム等については、契約に任せておけば十分であると考えたものと推測される。しかし賃借人は所有者ではないので複製できないし、所有者である賃貸人も自らの利用のためではないので、結局誰も複製できないという結論になりかねない。また理論的には譲渡担保をはじめとした様々な形での非典型担保に供する場合に問題になり得るが、賃貸借・リース等の場合には、当初から権利者と契約を締結しておけという趣旨であろう。しかし根本的には、本条の複製し得る権原の淵源を「使用する権原」ではなく、「複製物という有体物の所有権」に求めた点に疑問がある。

　（執筆者注：以下は、前文「しかし根本的には〜疑問がある。」の原注である。）

　これに対して、田村善之『著作権法概説［第２版］』224頁は、「解釈論として47条の３第１項は『複製物を使用する権原を取得した者』に適用される」と述べている。そのような解釈のほうが妥当な結論を導くと思えるが、極めて遺憾なことに現行法はそのような作りになっていない。おそらく「使用する権原」なるものの著作権法上の位置付けが定まらないためであろう。

　これらの見解からすると、適法に借りてきた者は自由にインストールしてよいと認めることが著作権法の解釈として成立するか否かは措くとして、結論としては認める方が妥当だという点では、著作権法の研究者等も一致しているとみてよいでしょう。もちろん、社会通念に照らして

もその結論は妥当です。そして、このように著作権法の作りがうまくないために誰が見ても妥当な結論が導けない状況においてまで、所得税法が著作権法に従わなければならないとする税法解釈上の理由はありません。一方で、著作権法の研究者等が一致して支持する結論をそれが社会通念に反するというだけで所得税法から排除するというのは、所得税法が自らの基本構造を著作権法にリンクさせることとした趣旨に反します。

　そうすると、所得税法とのリンクの前提となる著作権法上の取扱いについて、①文理上又は判例・通説における解釈上導かれる結論に対し著作権法の研究者等による有力な反対説が存在し、かつ、②当該反対説に基づく結論が社会通念上妥当と認められ、③さらにそれが税に関する法令等の趣旨・目的にも合致すると認められる場合には、当該反対説による結論を著作権法上の取扱いとして、それを所得税法161条1項11号ロ等の「著作権の使用料」にリンクさせるべきという考え方が、所得税法の解釈から導かれる余地はあるものと考えられます。

[注]

＊12　著作権の中心が複製権にあることは、著作権が「コピーライト」と呼ばれていることからも明らかでしょう。ただし、必ずしも従来の複製権中心主義に拘泥する必要はないとする見解も有力です。この点、田村善之『機能的知的財産法の理論』（信山社、1996）183〜204頁参照。

＊13　前掲注8田村善之109頁参照。

＊14　前掲注8田村善之111頁参照。

＊15　なお、著作権は特許権等とは異なり何ら手続を要せずに生じる権利であり、かつ、その権利の外縁も必ずしも明確でないことなどから、所得税法は自らの基本構造を著作権法にリンクさせることとしたと考えられることからすると、たとえば著作権法上の支分権そのものではないがそれと経済的実質を同じくするものなど、著作権法に規定のないものが所得税法に入り込む余地はありません。つまり、「リンクは絶対的なものではない」といっても、それは著作権法に規定のあるものが所得税法から排除されることがあり得るというにすぎないのであって、著作権法に規定のないものが所得税法に取り込まれることはあり得ないという意味では、リンクは絶対的と解すべきです。

＊16　前掲注８田村善之223〜224頁参照。

＊17　中山信弘『著作権法［第３版］』（有斐閣、2020）462頁参照。

第5章

コンピュータ・ソフトウェアに関するOECDモデル租税条約コメンタリーの参照

（南　繁樹）

第5章　目次

はじめに

　日本国内で販売されているコンピュータ・ソフトウェアの中には、外国の事業者が開発したものが多く存在します。それらの中には、外国のIT事業者がソフトウェアを開発し、それをCD-ROMやUSBメモリの形態で物理的に格納し、日本の事業者（ディストリビューター）がそれらCD-ROMやUSBメモリを日本の消費者（エンドユーザー）に販売する場合があります。最近では、消費者に暗号解除キーを通知することによって販売し、消費者はインターネット上でソフトウェアにアクセスする形態も一般化しています。では、日本の事業者は、外国のＩＴ事業者に対して対価を支払う際に、源泉徴収義務を負うのでしょうか。この点を解決するためには、我が国国内法と適用される租税条約の両方の検討が必要です。本章では、租税条約に関する検討を行います*1。

　問題となるのは、おおまかにいうと、日本の事業者（国内ディストリビューター）が外国ＩＴ事業者の開発したコンピュータ・ソフトウェアについて、販売活動を日本で行う取引です（【図A】参照。以下「本設例」といいます。）。

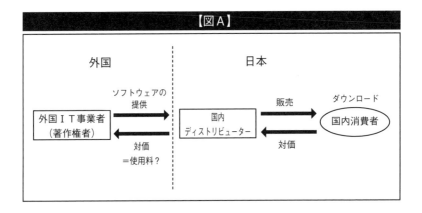

　国内ディストリビューターが行うソフトウェアの販売が「著作権」の「使用」[*2]に該当するのであれば、外国のＩＴ事業者は、「国内において業務を行う者」から受けた「著作権」の「使用料」について、国内源泉所得に関する納税義務を負います。これに対応して、当該「使用料」の支払者である日本の事業者は使用料に対して税率20.42％の源泉徴収義務を負い、源泉徴収によって外国のＩＴ事業者の課税関係は終了します（なお、本稿では、外国ＩＴ事業者は我が国に恒久的施設を有しないことを前提とします。）。

　ただし、日本は二重課税の除去を目的とする租税条約を79の国・地域との間で締結しており[*3]、それらの租税条約の「使用料」条項との関係が問題となります。米国、英国、その他最近締結された租税条約では「使用料」に対し源泉地国（上記の例では日本）は課税権を有しないものとされており[*4]、それらの国に所在する外国のＩＴ事業者が行う取引については、日本を源泉とする「使用料」に対する源泉徴収は行われません（免除）。しかし、現在でも「使用料」の源泉地国に軽減税率ながら課税権を認める租税条約は多数あります[*5]ので（軽減）、それらの租税条約が適用される場合において、コンピュータ・ソフトウェアのライセンスに関するロイヤルティが<u>租税条約上の「使用料」に該当するか否か</u>は大きな問題となります。特に、OECDモデル租税条約（以下「モデル租税条約」といいます。）のコメンタリー（以下「モデル租税条約コメンタリー」又は「コメンタリー」といいます。）は、以下の立場を採っていることから、租税条約の解釈において、モデル租税条約コメンタリーを参照すべきか否かが重要な問題となります。

　流通販売業者［筆者注、ディストリビューターを意味する。］は、<u>当該ソフトウェアの複製物の取得に対してのみ支払いを行っているのであって</u>、どのような権利であれ、<u>当該ソフトウェアの著作権に係る権利の利用に対して支払いを行っているのではない</u>。したがって、流通販売業者がソフトウェアの複製物の取得および頒布（ただし、ソフトウェアを複製する権利は付与されていない）のために支払いを行う場合、

> これらの流通行為に関する権利は、租税に関して取引の性質を分析す
> る際には、無視すべきである。これらの種類の取引における支払金は、
> 第7条［筆者注、モデル租税条約の第7条を意味する。］にしたがっ
> て事業利益として扱われる（第12条パラグラフ14.4。なお、以下、訳文は
> ことわりのない限り、水野忠恒監訳『OECDモデル租税条約2017年版（所得と
> 財産に対するモデル租税条約）』（公益社団法人日本租税協会、2019）に依拠し
> ます。また、本稿において、モデル租税条約コメンタリーのほか、法令、条約、
> 判決、文献の引用における下線や強調は、ことわりのない限り、全て筆者によ
> るものです。）。

　我が国が締結した各租税条約の解釈上、モデル租税条約コメンタリー
が参照され、上記パラグラフに従って解釈するのであれば、当該対価は
「使用料」に該当しないことになります。そして、外国ＩＴ事業者に
とって、その対価は「企業の利得」に該当しますので、日本国内にある
「恒久的施設を通じて……事業を行わない限り」、我が国は課税権を有
しません（モデル租税条約7条1項[*6]）。そこで、本稿では、外国ＩＴ
事業者（ライセンサー）が保有するコンピュータ・ソフトウェアについ
て、その日本国内での販売を日本の事業者であるディストリビューター
（ライセンシー）に許諾した場合、その対価が、各租税条約を適用する
際に、その前提となっている所得税法161条1項11号の「使用料」に該
当し、源泉徴収の対象となるか否かについて検討します。

　なお、一般的に、我が国において、コンピュータ・ソフトウェアは著
作権で保護されています[*7]。なぜならば、著作権法10条1項は、「この
法律にいう著作物を例示すると、おおむね次のとおりである。」と規定
した上で、同項9号で「プログラムの著作物」を挙げているからです。

　著作権法は、「プログラム」を「電子計算機を機能させて一の結果を
得ることができるようにこれに対する指令を組み合わせたものとして表
現したもの」（著法2①十の二）と定義しています[*8]。

　以下では、コンピュータ・ソフトウェアについては、我が国の「著作

権」で保護され、その使用（利用）の許諾の対価は著作権の「使用料」
に該当することを前提とします。

[注]

＊1　本稿の草稿に対し、宮武敏夫弁護士、本田光宏教授、細川健税理士、大野
　　貴史公認会計士・税理士、浅妻章如教授及び吉村浩一郎弁護士から、記載内
　　容への賛否を含め貴重なコメントをいただきました（順不同）。また、本稿
　　は朝長英樹税理士、手塚崇史弁護士、山下貴税理士、秋山高善税理士との議
　　論に多くを負っています。記して心より感謝申し上げます。もちろん、本稿
　　にありうべき誤りは全て著者南繁樹に帰するものです。また、本稿における
　　意見はすべて著者個人のものであり、著者が属するいかなる組織のものでも
　　ありません。

＊2　所得税法161条1項11号ロは「著作権」の「使用」という用語を用いていま
　　す。しかし、著作物の「使用」とは単なる知覚行為（本を読むこと、DVD
　　を視聴すること等）であって、それ自体は自由であり、著作権の対象（禁止
　　の対象）となっていません。これに対し、著作権法は、知覚行為の「一歩手
　　前の行為」（いわば「知覚幇助行為」）を権利の対象とし、知覚幇助行為を著
　　作権者以外の者が行うことを禁止することで、著作権者の利益を保護してい
　　ます。この後者の「知覚幇助行為」は著作権法上、「複製」、「貸与」、「演奏」
　　「上演」、「上映」などの具体的な行為として定められており、著作権法上は、
　　それらの行為を行うことは「利用」と表現されています（たとえば、著作権
　　法63条1項は「著作権者は、他人に対し、その著作物の利用を許諾すること
　　ができる。」と規定しています。）。したがって、用語としては「利用」とす
　　るのが適切なように思われますが、所得税法は「使用」の用語を用いていま
　　す。本稿では、所得税法の用語法に従い、「使用」の用語を用います。なお、
　　以上については、第4章第1節をご参照ください。

＊3　財務省ウェブサイト「我が国の租税条約ネットワーク」参照（2023年2月
　　1日現在）。

＊4　アイスランド、アメリカ、イギリス、オーストリア、オランダ、スイス、
　　スウェーデン、スペイン、デンマーク、ドイツ、フランス、ベルギー、ラト
　　ビア、リトアニア、ロシアとの各租税条約等。租税条約等の実施に伴う所得
　　税法、法人税法及び地方税法の特例等に関する法律（以下「実施法」といい
　　ます。）3条の2第2項参照。

＊5　オーストラリア、香港との租税条約は税率5％。アイルランド、イスラエ

ル、イタリア、インド、カナダ、シンガポール、中国との租税条約は税率 10％。実施法3条の2第1項参照。

* 6　我が国が締結した租税条約の多くに、モデル租税条約7条1項と同様の規定が置かれています。

* 7　中山信弘『著作権法〔第三版〕』（有斐閣、2021）132頁以下参照。同書は、「昭和60年改正でプログラムを著作物とすることが明文で規定されて以降は、議論はその要件（特に創作性）と保護範囲の問題に移った」（132頁）としています。

* 8　「ソフトウェア」の概念については、著作権法に定義規定はなく、「煎じ詰めればコンピュータの使用方法ないしは計算方法ということができ、広義にはプログラムだけではなく、システム設計書、フローチャート、マニュアル等も含まれる。」とされています（前掲注7中山信弘134頁）。他方、「プログラム」の概念については、「コンピュータに対する指令の組合せの表現であればよく、アプリケーション・プログラム、オペレーティング・システム等のプログラムの種類を問わない。」とされています（前掲注7中山信弘134頁）。

第1節
問題の所在

1　問題となる取引の類型

　本設例は、外国ⅠT事業者が開発したコンピュータ・ソフトウェアについて、ディストリビューターである日本の事業者が日本において消費者に対する販売を行う取引ですが、当該取引には様々な形態が想定されます。以下では、次の①～④に掲げる4形態を対象とします。

①　複製物再販売

　外国ⅠT事業者が、コンピュータ・ソフトウェアを格納したCD-ROM又はUSBメモリ等の物理的媒体を製造した上、当該物理的媒体を国内ディストリビューターに販売し、国内ディストリビューターは当該物理的媒体を日本の消費者に再販売する形態（【図1】参照。以下「複製物再販売」といいます。）

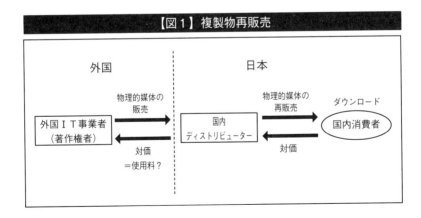

【図1】複製物再販売

② 国内複製販売

　外国IT事業者は、コンピュータ・ソフトウェアのマスター・ファイルの使用を国内ディストリビューターに許諾し、国内ディストリビューターは当該マスター・ファイルからCD-ROM又はUSBメモリ等の複製物を製造し、当該物理的媒体を日本の消費者に販売する形態（【図2】参照。以下「国内複製販売」といいます。）

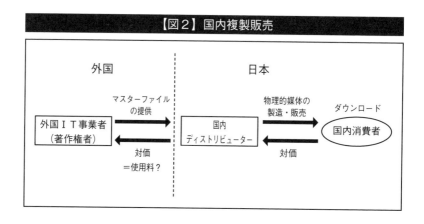

③ ダウンロード販売

　外国IT事業者は、コンピュータ・ソフトウェアへアクセス可能なウェブサイトを、外国IT事業者の管理する外国に所在するサーバーに設置し、又は国内ディストリビューターを介して日本国内のサーバーに設置させ、国内ディストリビューターは、当該ウェブサイトにアクセスすることが可能な暗号解除キーを日本の消費者に販売し、消費者は当該ウェブサイトからコンピュータ・ソフトウェアをダウンロードする形態（【図3】参照。以下「ダウンロード販売」といいます。）

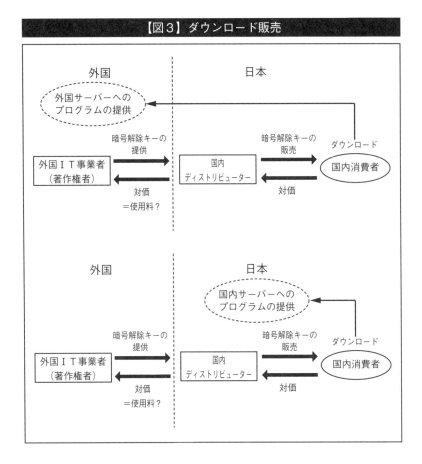

④　SaaS販売

　外国ＩＴ事業者は、コンピュータ・ソフトウェアへアクセス可能な
ウェブサイトを外国のサーバーに設置し、国内ディストリビューターは、
当該コンピュータ・ソフトウェアにアクセスすることが可能なアクセス
情報を日本の消費者に販売し、消費者は当該ウェブサイトにアクセスし、
SaaS（Software as a Service）として、コンピュータ・ソフトウェアを利用
する形態（【図4】参照。以下「SaaS販売」といいます。）

【図４】SaaS販売

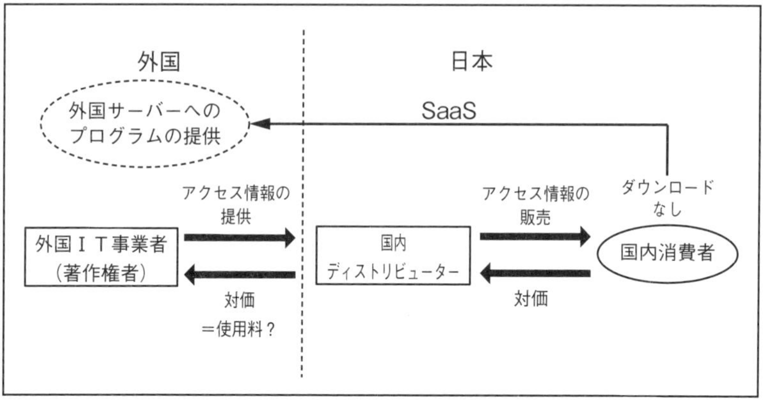

　以上の４形態のうち、①の複製物再販売については、後述する国税不服審判所平成16年３月31日裁決が「著作権法上、ソフトウェアの使用行為自体は法定利用行為には該当せず、ソフトウェア製品を購入しその所有権を取得した者は、同法第47条の２［筆者注、現行47条の３］の規定により、自らソフトウェアをコンピュータで利用するために必要な複製及び翻案をすることができるから、その使用について、著作権者から法定利用行為に係る許諾を受ける必要はない。したがって、ソフトウェア製品の譲渡代金は、法定利用行為に係る対価ではないから、著作権の使用料には該当しないと解するのが相当である。」と述べ、源泉徴収は不要であると判示しています[＊9]。

　しかし、②の国内複製販売の場合は、国内においてコンピュータ・ソフトウェアを複製する行為が「複製権」（著法21）の使用に該当するかが問題となります。③のダウンロード販売の場合には、サーバーからコンピュータ・ソフトウェアをダウンロードさせることが「著作権」のうちの「自動公衆送信権」（著法23①）の使用に該当し、「著作権」の「使用料」に該当すると解する余地があります。消費者が自らソフトウェアをコンピュータで利用するために必要な複製（ダウンロード）を行うことについても、「複製権」（著法21）の行使に該当しその例外（著法47の３）に

も該当しないとすると、「著作権」の「使用料」が発生すると解する余地
があります。さらに、④のSaaS販売の場合には、そもそもどのような著
作権の使用があるのかが問題となります。

　以上についての国内法の問題は、本書の他の章に譲り、本章では、こ
れらの取引類型に租税条約が適用される場合において、当該租税条約の
使用料条項に関し、モデル租税条約コメンタリーを参照し、同コメンタ
リーの記述に従って解釈すべきかを問題とします。なぜならば、同コメ
ンタリーは、ディストリビューターによるソフトウェアの販売において、
ディストリビューターはソフトウェアの「複製物」の取得に対してのみ
支払を行っているのであって、当該ソフトウェアの著作権に係る権利の
利用に対して支払を行っているのではないとの立場を採っており、モデ
ル租税条約コメンタリーを参照する場合には、対価の支払者に源泉徴収
義務が生じる場合が大きく限定されると解されるからです。

2　問題となる法令

(1)　所得税法161条1項11号ロにおける「著作権」の「使用料」

　本設例は、いずれも日本の事業者（個人の居住者又は内国法人）がコン
ピュータ・ソフトウェアの販売活動を日本で行う取引です。その際に、
国内ディストリビューターは、コンピュータ・ソフトウェアを様々な形
態で利用しますが、その際に外国IT事業者に支払う対価が所得税法
161条1項11号ロに規定する「使用料」に該当するかが問題です。

（国内源泉所得）
　第百六十一条　この編において「国内源泉所得」とは、次に掲げるも
　のをいう。
　十一　国内において業務を行う者から受ける次に掲げる<u>使用料</u>又は

> 　対価で当該業務に係るもの
> 　ロ　著作権（出版権及び著作隣接権その他これに準ずるものを含
> 　　む。）の使用料又はその譲渡による対価

　国内ディストリビューターから外国ＩＴ事業者（個人の非居住者又は外国法人）に支払われる当該ソフトウェアの販売の対価が「著作権」の「使用料」に該当するのであれば、外国のＩＴ事業者は、「著作権」の「使用料」を受けたものとして納税義務を負います（所法５④、７①五、161①十一、178、179一）。前述の取引形態において、我が国の著作権法上の「複製権」又は「自動公衆送信権」の使用があり、外国IT事業者が当該使用を国内ディストリビューターに許諾している場合には、その対価が「著作権」の「使用料」として所得税の対象になります。

　「使用料」の支払者である国内ディストリビューターは使用料に対し税率20.42％の税率で源泉徴収義務を負います（所法５①、212①、213①一、復興財確法28①・②）。

⑵　日本アイルランド租税条約13条

　租税条約が適用される場合には、その租税条約の規定が国内法に優先して適用されます（憲法98②）。たとえば、我が国とアイルランドとの間の租税条約13条（使用料）は、以下のように規定し、源泉地国（下記の「一方の締約国」）に課税権を認めています*10。

> **第13条（使用料）**
> 1　一方の締約国内で生じ、他方の締約国の居住者に支払われる使用料に対しては、当該他方の締約国において租税を課することができる。
> 2　1の使用料に対しては、当該使用料が生じた締約国において、その締約国の法令に従って租税を課することができる。その租税の額

> は、当該使用料の金額の10パーセントを超えないものとする。
> 3　この条において、「使用料」とは、文学上、美術上若しくは学術
> 　上の著作物（映画フィルム及びラジオ放送用又はテレビジョン放送
> 　用のフィルム又はテープを含む。）の著作権、……の使用若しくは
> 　使用の権利の対価として、産業上、商業上若しくは学術上の設備の
> 　使用若しくは使用の権利の対価として、又は産業上、商業上若しく
> 　は学術上の経験に関する情報の対価として受け取るすべての種類の
> 　支払金をいう。

　我が国が締結している租税条約のうち、源泉地国に課税権を認めるも
の[*11]においては、基本的に上記と同様の規定が置かれています。これ
らの条文においては、源泉地国である「一方の締約国」に関し、「当該
使用料が生じた締約国において、その締約国の法令に従って租税を課す
ることができる」としており、源泉地国に課税権を認め、それを前提に
限度税率を定めています。このため、国内ディストリビューターが外国
ＩＴ事業者に支払う対価が「使用料」に該当すると解釈される限り、源
泉地国である日本に課税権が認められ、（限度税率の範囲内で）対価の支
払者において源泉徴収が必要になるのです。
　そこで、租税条約が適用される場合における「著作権」の「使用料」
の意義が問題になります。この点について、次節で見てみることとしま
す。

[注]
＊9　税務当局は、2000年には「広く不特定多数の者に対し販売する目的でプロ
　　グラムをパッケージされているもの（いわゆるパッケージソフト）」につい
　　て、「不特定多数を顧客対象とする標準化され、汎用性のあるソフトウエア
　　製品」であり、「販売者は、製造者より製品を購入する（製品の所有権が移
　　転）するものであること」等の要件を充足する場合には、「著作複製物の販
　　売契約」であって、著作権の使用許諾契約ではないことから、現行所得税法
　　161条１項11号ロには該当せず、源泉徴収は要しない旨との見解を明らかに

していました（冨永賢一「ソフトウエア製品の購入の対価に対する源泉課税の可否」税務通信2630号、2000）51頁）。

*10　「所得に対する租税に関する二重課税の回避及び脱税の防止のための日本国とアイルランドとの間の条約」（昭和49年条約第12号）。なお、「税源浸食及び利益移転を防止するための租税条約関連措置を実施するための多数国間条約」（MLI）による修正を受けますが、本稿における議論についてMLIによる影響はありません。

*11　前掲注5参照。

第2節 ————————————————————————
租税条約と国内法の適用関係

1　租税条約3条2項

　租税条約上における「著作権」の「使用料」の意義について、モデル租税条約3条2項では、以下のように規定しています。

> 　一方の締約国によるこの条約の適用に際しては、<u>この条約において定義されていない用語</u>は、<u>文脈により別に解すべき場合</u>または第25条の規定に基づく権限ある当局の合意による場合を<u>除いて</u>、<u>この条約の適用を受ける租税に関する当該一方の締約国の法令において</u><u>当該用語がその適用の時点で有する意義</u>を有するものとし、当該一方の締約国において適用される租税法における当該用語の意義は、当該一方の締約国の他の法令における当該用語の意義に優先するものとする。

　各租税条約も、基本的にはモデル租税条約の規定を踏襲し、たとえば、日本アイルランド租税条約3条2項は、以下のように規定しています。

> 　一方の締約国によるこの条約の適用上、<u>特に定義されていない用語</u>は、<u>文脈により別に解釈すべき場合を除くほか</u>、この条約の対象である租税に関する<u>当該一方の締約国の法令上有する意義</u>を有するものとする。

　第4節3(2)③において述べるとおり、モデル租税条約12条（使用料）に関するコメンタリーは、コンピュータ・ソフトウェアに関し、ディストリビューターが著作権者に支払う対価について、多くの場合に「使用料」に該当することを否定する旨の見解を採用しています。

　そこで、本設例において、「使用料」については租税条約上の概念であるとして、モデル租税条約コメンタリーの解釈が参照される（したがって、源泉徴収義務は否定される可能性がある）のか、それとも「当該一方の締約国の法令において当該用語がその適用の時点で有する意義を有する」（モデル租税条約3条2項）から、日本の法令において「使用料」が有する意義を有すると解する（したがって、源泉徴収義務は肯定される可能性がある）かが問題になります[*12]。

2　租税条約3条2項の解釈上の論点

　以上の条文構造を前提とすると、我が国が締結した租税条約における「使用料」条項に関し、その「使用料」の解釈にモデル租税条約コメンタリーが参照されるべきか否かについて、以下の点が論点となります。

(1)　「使用料」は、「この条約において定義されていない用語」に該当するか
(2)　本設例の場面が、「文脈により別に解すべき場合」に該当するか
(3)　「使用料」について「当該一方の締約国の法令において当該用語が……有する意義」とは何か

　まず、当該租税条約がOECD加盟国と日本との間で締結されていることを前提として検討します[*13]。

(1)　「定義されていない用語」

　まず、モデル租税条約３条２項の「この条約において定義されていない用語」とは、「○○とは、○○を意味する」というような定義規定がない用語のことを意味するのか、それとも、当該租税条約全体で、特定の意味を付与している場合をいうのかが問題となります。

　「使用料」に関しては、モデル租税条約12条２項において、「『使用料』とは、文学上、美術上若しくは学術上の著作物（……）の著作権、……の使用若しくは使用の権利の対価……」であるとの定義があります。しかし、本設例においては、コンピュータ・ソフトウェアをディストリビューターが販売する形態において、そもそも「著作権」を「使用」したといえるのか、「使用又は使用の権利の対価」といえるのかが問題となり、「使用料」の概念を構成する「著作権」、「使用」、「対価」という各用語、あるいはそれらを組み合わせた「著作権の使用又は使用の権利の対価」の意義が問題となっています。このため、これらの各用語は「この条約において定義されていない用語」であると解すべきです[*14]。後述する国税不服審判所平成16年３月31日裁決も、「著作権の使用又は使用の権利の対価」という用語について、定義されていない旨を判示しています。

　そうすると、「文脈により別に解すべき場合」に該当し「文脈」によって解釈すべきか、「当該一方の締約国の法令において当該用語が……有する意義」を有するとして解釈すべきかが問題となります（なお、「第25条の規定に基づく権限ある当局の合意による場合」については、本稿では検討の対象外とします。）。

(2)　「文脈」及び「当該一方の締約国の法令において当該用語が……有する意義」

①　平成16年３月31日裁決

　コンピュータ・ソフトウェアのライセンスに関し、裁判例は見当たりませんが、国税不服審判所の平成16年３月31日裁決（東裁（諸）平15第253号・

TAINS:F0-2-167）があります*15。同裁決は、「日米租税条約第2条(2)及び日加租税条約第3条第2項が、条約により定義されていない用語は、締約国の租税法令上の意義を有する旨規定していることから、日米租税条約及び日加租税条約における『著作権の使用又は使用の権利の対価』は、所得税法上の著作権の使用料と同義に解するのが相当である。」と判示しています*16。

　この判断は、「著作権」、「使用」、「対価」を分断することをせず、当該取引について「著作権の使用又は使用の権利の対価」という一体の概念を対象とした上で、(a)それが「条約において定義されていない用語」であることを前提として、(b)租税条約独自の「文脈により別に解釈すべき場合」には該当せず、(c)「当該一方の締約国［筆者注、日本］の法令において当該用語がその適用の時点で有する意義を有する」、すなわち日本法上の意義を有すると解しているものと見られます*17。また、「OECDコメンタリーには法的拘束力がなく、所得税法上の「著作権の使用料」の解釈について影響を与えるものではない」とも判示しています*18。

②　学説

　宮武敏夫弁護士は、「条約法に関するウィーン条約第31条第2項は、条約に関するいかなる合意（any agreement）をも文脈に含めており、OECDコメンタリーはかかる合意を形成し、OECD加盟国間の租税条約については、特に加盟国による留保がなされていない限り、OECDコメンタリーに従った解釈が、加盟国の国内税法規定の適用に優先すると考えられます。」と述べ、モデル租税条約コメンタリーが後述するウィーン条約31条2項の「文脈」に該当し、モデル租税条約コメンタリーが参照され、国内税法の適用に優先する旨を述べています*19。必ずしも明らかではありませんが、この見解は、モデル租税条約コメンタリーが租税条約3条2項の「文脈」にも該当することを前提としているものと思われます。

　また、浅妻章如教授は、日本政府がモデル租税条約コメンタリーの12条（使用料）に関する記述について留保（reservation）を付していない以上、「OECDコメンタリーの記述に反して課税するということは、少なく

とも通達の記述に反して課税するということと類似の法的状態」にあり、
「少なくとも信義則違反のように課税が許されなくなる余地は十分にある」との見解を述べています[20]・[21]。

3　条約法に関するウィーン条約

　租税条約の解釈に際しては、条約法に関するウィーン条約（1981年7月20日条約第16号。以下「ウィーン条約」といいます。）が問題となります。
　以下に、ウィーン条約の31条及び32条の条文を記載します。

第3節　条約の解釈
第31条（解釈に関する一般的な規則）
1　条約は、文脈によりかつその趣旨及び目的に照らして与えられる用語の通常の意味に従い、誠実に解釈するものとする。
2　条約の解釈上、文脈というときは、条約文（前文及び附属書を含む。）のほかに、次のものを含める。
　(a)　条約の締結に関連してすべての当事国の間でされた条約の関係合意
　(b)　条約の締結に関連して当事国の一又は二以上が作成した文書であつてこれらの当事国以外の当事国が条約の関係文書として認めたもの
3　文脈とともに、次のものを考慮する。
　(a)　条約の解釈又は適用につき当事国の間で後にされた合意
　(b)　条約の適用につき後に生じた慣行であつて、条約の解釈についての当事国の合意を確立するもの
　(c)　当事国の間の関係において適用される国際法の関連規則
4　用語は、当事国がこれに特別の意味を与えることを意図していたと認められる場合には、当該特別の意味を有する。

第32条（解釈の補足的な手段）

　前条の規定の適用により得られた意味を確認するため又は次の場合における意味を決定するため、解釈の補足的な手段、特に条約の準備作業及び条約の締結の際の事情に依拠することができる。

(a)　前条の規定による解釈によつては意味があいまい又は不明確である場合

(b)　前条の規定による解釈により明らかに常識に反した又は不合理な結果がもたらされる場合

第33条（二以上の言語により確定がされた条約の解釈）

（略）

　上記31条と32条において、31条は「一般的な規則」であるのに対し、32条は「補足的な手段」であり、前者に従った解釈が優先することになります。

[注]

＊12　コンピュータ・ソフトウェアのライセンス使用料が国内法上源泉徴収の対象になるか否かについては、第3章及び第4章をご参照ください。

＊13　OECD非加盟国との租税条約については、第4節4参照。

＊14　今村隆教授は、モデル租税条約12条の"copyright"や"use"という用語について「モデル租税条約上定義がないので、MC［筆者注、モデル租税条約］3条(2)によりそれぞれの締約国の国内法に戻る」と述べています（今村隆『課税権配分ルールのメカニズム』（中央経済社、2020）369頁）。

＊15　同裁決については、第4章第2節（山下貴執筆）参照。

＊16　同裁決の事案においては、平成10（1998）年1月から平成13（2001）年9月までの各月分の源泉所得税が対象となっており、平成16（2004）年改正前日米租税条約及び平成12（2000）年改正前及び同改正後日加租税条約が適用されていますが、これらの改正は、本稿の論点には影響しないと思われます。

＊17　同裁決に先立つ国税当局関係者の論文も、租税条約上、「著作権」については定義が置かれていないことを根拠として、モデル租税条約3条2項の適

用により、「『著作権』の意義は国内税法と同義であると解される。」と述べていました（増井弘一国税庁法人税課監理第二係長（当時）「ロイヤリティ課税を巡る諸問題」税大論叢27号（1996）403頁）。

*18　この判示は、そもそも「所得税法上の著作権の使用料」（下線筆者）が問題であるから、モデル租税条約コメンタリーは関係がないとするものであるのか、それともモデル租税条約コメンタリーの法的性質として法的拘束力を有しないとするものであるのか、必ずしも明らかではありません。なお、同裁決は、後述する最高裁平成21年10月29日判決民集63巻8号1881頁（グラクソ事件最高裁判決）において、モデル租税条約コメンタリーが、条約法に関するウィーン条約32条にいう「解釈の補足的な手段」として参照されるべき資料である旨を判示する前のものでした。木村昌代税務大学校研究員（当時）は、グラクソ事件最高裁判決が下される前に、同事件控訴審判決（東京高裁平成19年11月1日民集63巻8号1979頁）の「同コメンタリーは、その性質上、法的拘束力を有するものではない」との判示に言及した上で、「国内法やこれに関する解釈指針において、……コメンタリーに示されているような規定がない以上、国内法の規定に従って課税上の取扱いを判断することが適当であり、先に検討した平成16年裁決事例の結論は妥当であると考える。」と述べていました（木村昌代「国内源泉所得のあり方について」税大論叢63号（2009）442頁）

*19　宮武敏夫「国境を越えたソフトウェア取引の課税」（租税研究652号）83頁（2004）。このほか、モデル租税条約コメンタリーを参酌すべき旨の見解を述べるものとして、仲谷栄一郎ほか『国際取引と海外進出の税務』（税務研究会出版局、2019）297頁、監修廣瀬壮一・執筆山下貴「自社製品に組み込むソフトウェアの購入対価と源泉徴収の要否」（国際税務2015年11月号）146頁があります。

*20　浅妻章如・山下貴「特別対談　知的財産の法務＆税務・最前線」国際税務28巻12号（2008）33頁。なお、各国の独自の立場について、モデル租税条約の目的および主要規定（各条項そのもの）に対して同意しないことは「留保」（reservation）、モデル租税条約コメンタリーに対して同意しないことは「所見」（observation）と称されています（モデル租税条約コメンタリー序論、30項及び31項）。この用語法に従うと、本件に関しては、コメンタリーの参照が問題となっているので「所見」（又は「意見」）という表現が適切と思われますが、学説上の議論においては、コメンタリーに関しても「留保」と称されていることが多いので、本稿もそれに従っています。

*21　今村隆教授は、「プログラム複製物に対する権利を取得する場合」は「事業所得」であると述べています（前掲注14今村隆380頁）。

第3節 ——————————————————————————
グラクソ事件最高裁判決の意義と射程

1　グラクソ事件最高裁判決の判示

　モデル租税条約コメンタリーの法的な位置付けに関しては、最高裁平成21年10月29日判決民集63巻8号1881頁（以下「グラクソ事件最高裁判決」といいます。）が、「日星租税条約は、経済協力開発機構（OECD）のモデル租税条約に倣ったものであるから、同条約に関してOECDの租税委員会が作成したコメンタリーは、条約法に関するウィーン条約（昭和56年条約第16号）32条にいう「解釈の補足的な手段」として、日星租税条約の解釈に際しても参照されるべき資料ということができる」と述べていました[*22]。

2　「解釈の補足的な手段」の意味

　グラクソ事件最高裁判決の下で、本設例の各事案に対して租税条約の使用料条項を適用するに際し、モデル租税条約コメンタリーの規定を（解釈の補助的手段として）参照すべきかが問題となります。この点に関し、グラクソ事件最高裁判決に先だって下された平成16年3月31日裁決は、租税条約3条2項の「文脈」を問題とせずに、租税条約において「著作権の使用又は使用の権利の対価」が定義されていない以上、もはや租税条約上の「著作権の使用又は使用の権利の対価」の意義を検討する余地はなく、我が国所得税法上の著作権の使用料と同義に解するとの立場を保っているように思われます。この立場は、「文脈」に従った解釈の余地はなく、問題となっているのは我が国所得税法上の「著作権の

使用料」であるから、もはやモデル租税条約コメンタリーを参照する余地はないとの解釈によるものと思われます。他方で、上記裁決は「OECDコメンタリーには法的拘束力がな」いと述べていたことから、その裁決の判断がグラクソ事件最高裁判決によって影響を受けると解する余地もあります。

　このため、グラクソ事件最高裁判決の後も、本設例の各事案について、モデル租税条約コメンタリーの解釈が我が国所得税法161条1項11号の解釈に優先すべきものであるか否かに関し、租税条約3条2項をいかに解釈すべきか、不明確な点が残されていました。

[注]

＊22　租税条約の解釈に関するモデル租税条約コメンタリーの法的地位については、藤谷武史「国際租税法の法源と規範構造」、金子宏監修『現代租税法講座第4巻　国際課税』（日本評論社、2017）41頁において詳論されており、本稿もそれに多くを負っています。

　モデル租税条約コメンタリーのウィーン条約の解釈規則上の位置付けについては、「特別の意味」（同条約31条4項）にあたるという立場（谷口勢津夫『租税条約論』（清文社、1999）17頁）、「解釈の補足的な手段」（同条約32条）とする立場（前掲藤谷武史44頁、後掲注30川端康之229頁）が対立軸を構成し、前者によれば同コメンタリーは条約文その他の論拠と並んで解釈の直接の根拠となるのに対して、後者に従えば、コメンタリーは、既に条約文その他（31条列挙の）根拠によって得られた解釈の確認の手段としてのみ、又は31条に列挙された根拠に基づく解釈が不明確若しくは不合理な結果にとどまる場合に限って、援用を許されるにすぎません。このほか、慣習法とする立場（木村弘之亮「国際租税法の法源（2．完）」法學研究70巻8号（1997）27頁）、具体的状況を想定し検討するとする立場（浅妻章如「国際租税法におけるルール形成とソフトロー」中山信弘編集代表『政府規制とソフトロー』（2008）261頁が主張されています。また、加藤友佳「税制適格ストックオプション行使益の源泉地」ジュリスト1525号（2018）152頁参照。

第4節

東京地裁令和4年判決

1　東京地裁令和4年判決の判断

　前節で述べたような状況下において、東京地裁令和4年2月17日判決
（D1-Law判例体系29069609。以下「東京地裁令和4年判決」といいます。）が現
れました。租税条約3条2項の解釈については、過去に裁判例や裁決が
下されていたものの、ウィーン条約との関係やグラクソ事件最高裁判決
との関係は必ずしも明らかではありませんでした*23。東京地裁令和4
年判決は、租税条約3条2項の解釈のあり方と、モデル租税条約コメン
タリーの関係を示したものであり、注目されます*24。

　同判決の事案は、日本・ルクセンブルク租税条約10条2項が配当につ
いて議決権25％を保有する株主に対する源泉地国の課税権を5％に限定
する旨を定めていたところ、その適用条件としての当該議決権の最低保
有期間（6か月）の起算日を定めた「the end of the accounting period
for which the distribution of profits takes place」（日本国政府の訳文は
「利得の分配に係る事業年度の終了の日」）の解釈が問題となったものです。

　同判決は、上記用語に関し、「その用語を定義した規定は存在せず、
これについて定めた当事国の関係合意ないし関係文書も見当たらない」
とした上で、以下のとおり判示しました。

　まず、〈1〉本件租税条約3条2項に定められた文脈に従って、日
本の法令における当該用語の意義について政府訳文を参照しつつ検討
し、次いで、〈2〉ウィーン条約31条1項が提示するもう一つの規則
である『趣旨及び目的に照らして与えられる用語の通常の意味』につ
いても、正文である英文に基づき検討することとする。

　この枠組みの下で、同判決は、〈1〉の「日本の法令における当該用語の意義」について、我が国の法令（法人税法）の関連条文を検討し、「日本の法令における用語の意義」を確定しました。

　次に、同判決は〈2〉の「趣旨及び目的に照らして与えられる用語の通常の意味」について、租税条約3条2項ではなく、<u>ウィーン条約31条1項を根拠として</u>、同租税条約の「趣旨及び目的」を検討しました。その際に、同判決は、モデル租税条約コメンタリーを参照し、問題となる規定（同租税条約10条2項）の趣旨を確定しました[*25]。

　そして、最後に、同判決は、上記の「趣旨及び目的」を踏まえて、問題となる用語の「通常の意味」を確定しました[*26]。

　この判断手法は、「複数の観点から文言の解釈について検討した上で、それらが実質的に一致することを確認して最終的な解釈を確定するという手法」であると評価されています[*27]。

2　東京地裁令和4年判決の意義

(1)　東京地裁令和4年判決の特色

　東京地裁令和4年判決は、租税条約上の用語に関し、「<u>当該一方の締約国の法令における当該用語の意義</u>」によるのか、<u>租税条約固有の意味</u>があるのかについて、両者を二律背反と捉える考え方、すなわちモデル租税条約3条2項の「文脈」がなければ「国内法上の意味」、「文脈」があれば「租税条約上の意味」という二分法を採っていない点に大きな特色があります。

　この点を敷衍すると以下のとおりです。

　平成16年3月31日裁決は、条約により定義されていない用語について、直ちに当該用語は所得税法上の用語と同義に解するのが相当であると結論付け、租税条約上の意義を探索することをせず、モデル租税条約コメンタリーの適用の参照可能性を一切検討していませんでした（「文脈」に

ついても検討されていませんでした。)。このようなアプローチは、過去の
裁判例や裁決例にも見られるものです*28。

　これに対し、東京地裁令和4年判決は、条約において定義されていな
い用語であるにもかかわらず、直ちに国内法上の意味であると決め付け
ることなく、国内法上の文言の意味と、租税条約上の文言の意味との2
つの解釈の可能性を並行して検討している点が、過去の裁判例や裁決例
に見られない特色です。

（従来の考え方）
　　①　租税条約3条2項の「文脈」

　　②　「文脈」なし→国内法上の意味
　　②'　「文脈」あり→租税条約上の意味（ウィーン条約）

（東京地裁令和4年判決）

　　①　国内法上の意味→租税条約3条2項の「文脈」に照らして検討
　　②　租税条約上の意味→ウィーン条約に照らして検討

　　③　→双方を比較

(2)　東京地裁令和4年判決の妥当性

　では、東京地裁令和4年判決のロジックは妥当でしょうか。同判決の
ロジックを分析します。同判決は、最初に、「本件租税条約3条2項に
定められた文脈」を検討していますが、租税条約3条2項の「文脈」の
有無によって、国内法上の意味か、それ以外の（租税条約固有の）意味か
が決まるという二者択一の方法を採らず、「本件租税条約3条2項に定
められた文脈に従って、日本の法令における当該用語の意義」を暫定的
に確定し、次のステップとして、「本件租税条約の目的及び同条約10条
の趣旨」を検討し、当該「趣旨及び目的に照らして与えられる用語の通
常の意味」を確定し、最後に、「前者と後者とは実質的に同義である」

として結論に到達しています。

　ここで、租税条約３条２項とウィーン条約31条の関係が問題となりま
す*29。租税条約３条２項は、条約解釈に関する一般法であるウィーン
条約31条に対し、「租税条約」についてのみ適用される特別法であると
の解釈が有力ですが*30、東京地裁令和４年判決は、租税条約３条２項
に関し、「文脈」の有無による二分法によって国内法上の意味か租税条
約固有の意味かを一義的に確定するという手順を採っていません。それ
に代えて、同判決は、特別法である租税条約３条２項の「文脈」に従っ
た国内法の解釈を暫定的に示した後、一般法であるウィーン条約31条１
項の「条約は、文脈によりかつその趣旨及び目的に照らして与えられる
用語の通常の意味に従い、誠実に解釈するものとする。」との原則を適
用した租税条約の解釈を示し、「前者と後者とは実質的に同義である」
という判断手法を採用しています。

　この解釈は、「文脈により別に解釈すべき場合」であるか否かを直ち
に定めがたい場合に、純然たる国内法上の意味が租税条約の「文脈」に
よって変容しうる（制約を受ける）ことを前提に、租税条約の文言の解
釈である以上、ウィーン条約に従ったあくまで租税条約の文言の解釈を
行い、両者に矛盾のない解釈をはかったものであると理解することがで
きます*31・*32。

　すなわち、①「日本の法令における当該用語の意義」について、純然
たる国内法の意味に「文脈」を加えた解釈を行い、かつ、②租税条約上
の意味の解釈を行います。この手法は、①国内法上の意味を基礎としつ
つも、租税条約を適用する以上、租税条約上の「文脈」の制約を受ける
との前提に立っていると考えられます。また、②租税条約を適用する際
には、ウィーン条約の適用があるのも、また当然であると考えられます。

　以上の点において、国内法上の概念と租税法の概念の交通整理をは
かっていると理解することができます。私見ですが、以上の枠組みは、
①国内法上の租税法律主義の規律を維持し、かつ、②租税条約に関する
国際的な解釈との調和をはかるものと理解することができます。

3 東京地裁令和4年判決を踏まえた検討

東京地裁令和4年判決の基本的枠組みを発展させ、本設例に当てはめるとどのような結論になるでしょうか。以下において私見を試みます。

(1) 租税条約3条2項の「文脈」の下での「日本の法令における当該用語の意義」

まず、租税条約3条2項に定められた文脈に従って、日本の法令における当該用語の意義について検討することになります。租税条約3条2項に定められた「文脈」の意味については、ウィーン条約31条2項の「文脈」よりも広く解し[33]、かつ、コメンタリーは租税条約3条2項の「文脈」に当たると解する学説が有力です[34]。この学説に従うならば、モデル租税条約コメンタリーを「文脈」に該当すると解することができます。

この点について、宮武敏夫弁護士は、「条約法に関するウィーン条約第31条第2項は、条約に関するいかなる合意（any agreement）をも文脈に含めており、OECDコメンタリーはかかる合意を形成し、OECD加盟国間の租税条約については、特に加盟国による留保がなされていない限り、OECDコメンタリーに従った解釈が、加盟国の国内税法規定の適用に優先すると考えられます。従って、OECDコメンタリーの内容は、きわめて重要であると思われます。」[35]と述べており、少なくとも、ソフトウェアに関する限り、モデル租税条約コメンタリーがウィーン条約31条2項の「文脈」に該当し、かつモデル租税条約3条2項の「文脈」に該当するとの立場を採用されていると見られます。

ただし、コメンタリーがモデル租税条約3条2項の「文脈」に該当するとしても、それにいかなる効力を与えるか（コメンタリーの記載に規範的効力を認めるのか、あくまでも国内法の解釈に際し考慮が求められるにすぎないのか）について、さらに議論があります。この点に関し、藤谷武史教

授の「租税法律主義を重視するわが国租税法秩序との整合性という観点からは、コメンタリーに国内裁判所の条約解釈を拘束する地位を認めるべきではない」との見解[*36]は正当であり、同教授の説かれるとおり、一般的には、モデル租税条約コメンタリーは「解釈の補足的手段」に留まるものと解するのが妥当であり、同コメンタリーが常に国内法の解釈に優先するものではないと考えます。

　しかし、・コ・ン・ピ・ュ・ー・タ・・ソ・フ・ト・ウ・ェ・ア・に・関・す・る・限・り・、以下に述べるとおり、私見によると、使用料条項に関するモデル租税条約コメンタリーの改正の経緯や日本政府の対応に照らし、モデル租税条約コメンタリーのコンピュータ・ソフトウェアに関する記載は、所得税法161条1項11号ロに関する解釈として妥当するものと考えます。

　なぜならば、第1に、日本政府は、モデル租税条約コメンタリーに賛成している旨の「公的見解の表示」をしたと理解することができ、最高裁判決（最判昭和62年10月30日訟務月報34巻4号853頁。以下「昭和62年最高裁判決」といいます。）によって、信義則の法理の適用により、これに反する課税処分は違法なものとなると解されるからです。

　その経緯を振り返ると、コンピュータ・ソフトウェアの租税条約上の取扱いに関してはOECDにおいて重要なテーマとなり、1985年に「ソフトウェア：新興する産業」という報告書が公表された後、1992年に「ソフトウェアの取扱い」という報告書（以下「1992年報告書」といいます。）が公表されました。1992年報告書は、ソフトウェアの取扱いに関する各国の税法及び実務上の取扱いに関する質問書と回答書も添付しており、各国の法制度の違いを認識した上でソフトウェアの適切な取扱いについて合意に達することを視野に入れたものでした[*37]。

　1992年報告書は、結論として「ソフトウェアに対する支払は、「パッケージソフト」であるか否かを問わず、買主の個人的使用又は事業目的の使用のために取得されたものである場合は、ロイヤルティに該当しない。」と述べており、これを反映して、1992年にモデル租税条約コメンタリーの改正が行われました。その後も、2001年に報告書が公表され、それら報告書を反映してモデル租税条約コメンタリーに関しても1992年、

2000年、2003年及び2008年に改正が行われました[*38]。特に、1992年報告書は各国における取扱いの違いを認識したうえで取扱いの合意を目指したものであり、1992年報告書に各国への質問及び回答が添付されているとおり、我が国としても1992年報告書を受けてどのような取扱いをすべきかを検討すべき契機を与えられていたといえます。しかしながら、1992年報告書を受けたモデル租税条約コメンタリーの1992年の改正に際しても、また、その後の改正に際しても、我が国政府はモデル租税条約コメンタリーに留保を付していません。そうである以上、浅妻章如教授が指摘されているとおり、「そうした留保も付さない場合には日本の立場としてOECDコメンタリーの記述に賛成であることを公に示していると見ることができる」といえます[*39]。

昭和62年最高裁判決は、税務当局に対して信義則が適用される要件として、税務当局による「公的見解の表示」がなされ、納税者が当該公的見解を信頼し、それに基づいて行動したことを重要な要件としています[*40]。したがって、私見では、モデル租税条約コメンタリーについて留保を付していないことを「公的見解の表示」とみることができ、納税者がそれを信頼して源泉所得税を納付しなかった（源泉徴収義務者が源泉徴収を行わなかった）場合も、同判決の要件に従い、税務当局はそれに反する処分を行うことが信義則上許されなくなるものと考えられます。

ただし、「公的見解」の表示に信義則上の拘束力が認められるとしても、その見解が法的解釈として正しいことを必ずしも意味しません。

そこで、第2に、租税条約3条2項の「文脈」の下での国内法（所得税法161条1項11号ロ）の解釈として、コメンタリーの記載と同様の結果をもたらすに従った解釈が認められるとの私見を、以下において述べます。

我が国の裁判例は、著作権者において、著作権法に定める著作権（支分権）の利用行為（法定利用行為）を相手方に許諾している場合に「使用料」の該当性を認めていると理解されます[*41]。それが国内法の原則であるとしても、その法定利用行為があくまでも「流通販売業者がソフトウェアのプログラムの複製物を頒布するために必要」であるにすぎない場合、いわば手段に過ぎない場合には、国内ディストリビューター（流通販売業者）が

支払う対価は「当該ソフトウェアの複製物の取得に対してのみ支払いを行っているのであって、どのような権利であれ、当該ソフトウェアの著作権に係る権利の利用に対して支払いを行っているのではない」ということを、当該契約に関する意思表示の解釈として自然に導くことができます（以上の引用は、コメンタリー第12条パラグラフ14及び14.4）。我が国の民法上、当事者が契約内容に与えた意味は、当該事情のもとで当事者が達成しようとしたと考えられる経済的・社会的目的に適合するように、確定されなければならないからです[*42]。事実認定を含め、このような国内法の解釈を採りうるならば、これは従前の国内法に関する裁判例と必ずしも矛盾するものではありません。コンピュータ・ソフトウェアの国内ディストリビューターの販売においても、複製物再販売（【図1】）及びダウンロード販売（【図3】）に関する限り、ソフトウェアを販売し、その販売によって利益手数料を得ることが目的であり、著作権の利用は手段にすぎませんので、国内ディストリビューターの合理的意思として、著作権の利用に対して対価を支払っているのではないと理解することができます。このように、我が国の法令解釈としても、「使用料」に該当しないことを導くことができます。

　つまり、コメンタリーの解釈を否定しない我が国税務当局の姿勢は、コメンタリーの記載が我が国所得税法161条1項11号の解釈としても実質的に合理性を有していたことを背景としていたと理解することが可能です。

　以上を要約すると、我が国国内法における「著作権……の使用料」（所法161①十一ロ）の意味について、租税条約3条2項に定められた「文脈」の制約に従って解釈した場合、第1に我が国税務当局による「公的見解の表示」が行われており、第2にコメンタリーに記載された解釈が（コメンタリーの法的拘束力を離れて）その内容において実質的に合理性を有することから、我が国税務当局に対して信義則が適用される結果として、モデル租税条約コメンタリー12条の記載に従った意味を有すると考えられます。

⑵　ウィーン条約31条に従った租税条約の文言の解釈

①　ウィーン条約31条3項

　次いで、東京地判令和4年判決の枠組みによれば、「解釈に関する一般的な規則」としてのウィーン条約31条を適用し、租税条約上の概念を検討すべきことになります。

　東京地判令和4年判決は、ウィーン条約31条1項を適用し、「趣旨及び目的に照らして与えられる用語の通常の意味」を検討していますが、私見によれば、本設例に関しては、むしろ、同条3項(a)「条約の解釈又は適用につき当事国の間で後にされた合意」又は(b)「条約の適用につき後に生じた慣行であつて、条約の解釈についての当事国の合意を確立するもの」に該当するものと解することができると考えます*43（上記第2節3のウィーン条約31条及び32条をご参照ください。）。

　私見によると、使用料条項に関するモデル租税条約コメンタリーの改正の経緯や日本政府の対応に照らし、モデル租税条約コメンタリーのコンピュータ・ソフトウェアに関する記載は、ウィーン条約31条2項(a)「条約の解釈又は適用につき当事国の間で後にされた合意」又は(b)「条約の適用につき後に生じた慣行であつて、条約の解釈についての当事国の合意を確立するもの」に該当します*44。

　なぜならば、コンピュータ・ソフトウェアの租税条約上の取扱いに関しては、上述のとおり、OECDにおいて重要なテーマとなり、複数回にわたり報告書が公表され、それら報告書を反映してモデル租税条約コメンタリーに関しても度重なる改正が行われているところ、我が国政府はこれらの改正に際して留保を付しておらず、上述のとおり、「そうした留保も付さない場合には日本の立場としてOECDコメンタリーの記述に賛成であることを公に示していると見ることができる」*45といえるからです。

　他方において、アイルランドはOECD加盟国であり、かつ、上記のモデル租税条約コメンタリーの改訂に関して留保を付しておりません。そうした留保も付さない場合にはアイルランドの立場としてもOECDコメ

ンタリーの記述に賛成であることを公に示していると見ることができます。私見では、両国を含め、留保を付していない各国の間に(a)「条約の解釈又は適用につき当事国の間で後にされた合意」又は(b)「条約の適用につき後に生じた慣行であつて、条約の解釈についての当事国の合意を確立するもの」に該当するような見解の一致が生じたとみることができると考えます。

② 　ウィーン条約31条３項の「条約の解釈につき後にされた合意および後に生じた慣行」

この点に関し、ウィーン条約31条３項(a)及び(b)の解釈が問題になります。同項について、国連国際法委員会（以下「ＩＬＣ」といいます。）は、「条約の解釈につき後にされた合意および後に生じた慣行に関する結論案」（以下「ＩＬＣ結論案」といいます。）を採択しました（2018年）。

それによれば、専門家で構成される条約の機関（自由権規約委員会など）が表明する見解は、ウィーン条約31条３項(a)又は(b)にいう後にされた合意または後に生じた慣行を生み出す可能性があるとされています[46]。具体的には、ＩＬＣ結論案の結論12第２項では「後の合意、後の慣行及びその他の慣行」が国際組織の慣行（practice）から生じ得るか、表れ得るとされ、国際組織の慣行に対する締約国の反応が「後の合意及び後の慣行」を生じさせるとされています[47]。

またＩＬＣ結論案の結論12第３項では、国際組織の慣行が条約上の用語の通常の意味又は趣旨・目的を明確にする際に関連するか、補足的手段になり得るとして、締約国の慣行とは区別された国際組織の慣行それ自体が設立文書の解釈に関連する可能性があるとも述べています。この結論12については各国の賛否が分かれていますが[48]、日本政府は、「国際組織が採択する決議が慣習国際法規則の存在および内容の証拠となりうるとの［国連国際法］委員会の結論に同意する。しかし、決議の証拠価値は、一般的実行および法的信念についての他の補強証拠次第である。」との立場を採っています[49]。

ＩＬＣ結論案においては、「後の合意」とは、「当事国の間の合意のこ

とで、それ自体として条約の解釈に関わると認識できる共通の行為を指す」とされています。モデル租税条約コメンタリーはOECD租税委員会で決議されるものであり、OECD理事会の勧告（1997年10月23日）においては、「モデル租税条約の条項に基づいてその二国間条約の規定を解釈適用するにあたり、その税務行政は、逐次修正されるモデル租税条約の各条項のコメンタリーに従うべきこと」が勧告されています。また、コメンタリーの効力について、コメンタリー自身は「コメンタリーに加えられたその他の修正や追加は、通常、その採択よりも前に締結された条約の解釈適用に対し適用される。何故なら、それらの修正や追加は、既存の規定の妥当な解釈とその特定の事案への適用についてのOECD加盟国の共通認識を反映しているからである。」（序論、パラグラフ35）と述べています。以上からすると、コメンタリーの規定については、留保が付されていない限り、各国政府の「条約の解釈に関わると認識できる共通の行為」であり、その「一般的実行および法的信念」の補強証拠としての一定の価値を有していることは否定できないと思われます。

　コメンタリー一般については直ちに裁判規範としての効力を認めることはできないとの見解が有力であることは確かです。しかし、コンピュータ・ソフトウェアに関する限り、解釈を統一することを視野に入れて1992年報告書やその後の報告書が作成され、それを受けて複数回にわたるモデル租税条約コメンタリーの改訂が行われており、各国政府はそれに対する検討を求められ、賛否を表示する機会を与えられていたといえます。ILC結論案の結論10.3は「ある実行に国家が反応できる立場にありかつ反応を要する状況であれば、時間が経ってもそれに反応しないことは法としての受容の証拠となりうる。」と述べており、日本政府は同結論に慎重な立場を採るものの[*50]、コンピュータ・ソフトウェアに関するコメンタリーの改訂に留保を付していない各国の間においては、「一般的実行および法的信念」が認められると考えます。

　私見では、上述したモデル租税条約コメンタリーの改訂がここでいう決議に相当し、当該決議について、我が国とアイルランド両政府が留保を付していないことが補強証拠となって、ウィーン条約31条3項(a)の

「当事国の間で後にされた合意」又は(b)「条約の適用につき後に生じた
慣行」に該当するものと考えます。

　なお、この合意について、国際法の実務家は、「特に契約条約におい
ては、当事者間で一定の解釈に一致できるのであれば、あえてそのよう
な解釈が条約法条約に定められたルールに沿って導かれたものであるこ
とをわざわざ確認する必要はないという場面も想定される（これを条約
法条約上の『後にされた合意』であると位置付けることもできるかもし
れないが、それは実態の描写というより、事後的な整理の問題に過ぎな
いように思われる）。」と述べており、解釈の一致についての法的な位置
付けよりも、実質を重視しているように思われます*51。上記のソフト
ウェアに関する報告書やモデル租税条約コメンタリーの改訂の経緯や、
その後の各国政府の姿勢からすると、各国間における解釈の一致を認定
することは可能であると思われます。

③　モデル租税条約コメンタリー第12条（使用料の課税）パラグラフ
　　12ないし17の内容
　モデル租税条約コメンタリーがウィーン条約31条3項(a)又は(b)に該当
するのであるならば、それが両国における合意であるとして、「著作権
と著作権で保護されるプログラムの複製物を組み込んだソフトウェアと
の区別」（第12条パラグラフ12.2）を前提に*52、その区別の基準を同コメ
ンタリーから読み取ることになります。

　第12条に関するコメンタリーは、「プログラムの著作権を使用する（す
なわち、著作権所有者に対して独占的な特権となる権利を活用する）」場合（パ
ラグラフ13.1）と、「著作権に関連して取得した権利［が］、ユーザがその
プログラムを操作できるようにするために必要なものに限定される」場
合（パラグラフ14）を区別しています。そして、「この文脈では、著作権法
のもとで、コンピュータ・プログラムに関連して提供される保護は、国
によって異なる可能性があることに注意することが重要である」（パラグ
ラフ14）のであり、その国内法の対応によって取扱いが異なることは妥当
ではない旨の判断が示されています。そのような認識に基づき、コメン

タリーのパラグラフ14は、「プログラムをコンピュータのハード・ディスクやランダム・アクセス・メモリに複製したり、または保管用のコピーを作成することは、当該プログラムを利用する上で不可欠な手順（essential step）である。したがって、これらの複写用の行為に関連する権利は、ユーザによるプログラムの実効的な操作を可能にするものにすぎない場合には、課税上、取引の性質を分析する際には、無視されるべきである。これらの類型の取引の支払金は、第7条にしたがって事業所得（commercial income）として扱われることになるであろう。」（パラグラフ14）と述べています*53。

　また、ディストリビューターに関しては、特に、「複製する権利」と「複製物」の区別が強調されています。すなわち、「ソフトウェアの著作権の保有者と流通販売業者（ディストリビューター）との契約においては、たびたび、流通販売業者に、プログラムを複製する権利なしに複製物を頒布する権利が付与される。……このような取引では、流通販売業者は、当該ソフトウェアの複製物の取得に対してのみ支払いを行っているのであって、どのような権利であれ、当該ソフトウェアの著作権に係る権利の利用に対して支払いを行っているのではない。したがって、流通販売業者がソフトウェアの複製物の取得および頒布（ただし、ソフトウェアを複製する権利は付与されていない）のために支払いを行う場合、これらの流通行為に関する権利は、租税に関して取引の性質を分析する際には、無視すべきである。」（パラグラフ14.4）とされています。

　モデル租税条約コメンタリーの各パラグラフが二国間の合意をなすものとするならば、ディストリビューターによる販売行為が、上記各パラグラフに記載される複製物の販売と評価することができる限り、著作権の使用は存在しないものと評価され、我が国の支払者における源泉徴収は不要と解されます。

　以上のとおり、まず、国内法の「使用料」の解釈として、租税条約3条2項の「文脈」からモデル租税条約コメンタリーを「解釈の補足的手段」として参照することが許容されます。その上で、租税条約上の「使用料」の解釈に関しては、モデル租税条約コメンタリーがウィーン条約

31条2項(a)の「条約の解釈又は適用につき当事国の間で<u>後にされた合意</u>」又は(b)の「条約の適用につき<u>後に生じた慣行</u>であつて、条約の解釈についての<u>当事国の合意を確立するもの</u>」に該当すると解するならば、上記パラグラフ14等のコメンタリーの規定に従った解釈に従うことができると考えます。

(3)　租税条約3条2項とウィーン条約31条の総合的解釈

　以上の検討をまとめます。グラクソ事件最高裁判決における「解釈の補助的手段」としてのモデル租税条約コメンタリーの参照は、あくまでも「文理解釈によって得られた結論の確認作業に過ぎない」[*54]と解されており、コメンタリーから独自の解釈を導く積極的な根拠とはされていませんでした。これに対し、本設例において、我が国の所得税法161条1項11号の文理解釈からは「使用料」に該当しないとの解釈を直接導くことはさらなる議論を要すると思われます。他方で、モデル租税条約コメンタリーが一般的にモデル租税条約3条2項の「文脈」に該当するとした場合、もし、それが国内法の解釈よりも常に優先される（国内裁判所の条約解釈を拘束する地位を認める）とする解釈については、そのような強い規範的効力を認めてよいのかは議論のありうるところです[*55]。

　私見は、一方において、モデル租税条約コメンタリーが租税条約3条2項の「文脈」に該当し、<u>国内法上の「使用料」の意味について</u>、モデル租税条約コメンタリーの参照が許されると考えます。このことは、直ちに、同コメンタリーの解釈に従うことを意味しませんが、昭和62年最高裁判決に照らして、モデル租税条約コメンタリー改訂に関する我が国政府の対応を検討し、意思表示の解釈としても、コンピュータ・ソフトウェアに関しては、「著作権……の使用料」の国内法上の意味に関し、同コメンタリーの記載に従った解釈が認められると考えます。他方において、東京地裁令和4年判決に従い、<u>租税条約上の「使用料」の意味について</u>、ウィーン条約31条に従った解釈を並行的に行い、OECDがコンピュータ・ソフトウェアに関する取扱いに関し複数回報告書を公表して

いること、モデル租税条約コメンタリーの改正はそれらの報告書を反映していること、日本国政府、アイルランド政府を含めた各国政府がこれらの改正に関し留保を付していないことから、同コメンタリーの解釈は、同条3項(a)の「当事国の間で後にされた合意」又は(b)の「条約の適用につき後に生じた慣行であつて、条約の解釈についての当事国の合意を確立するもの」として考慮するというものです。このように、東京地裁令和4年判決のように、モデル租税条約3条2項とウィーン条約31条に基づく複数の観点から文言の解釈について検討し、その一致を確認することで合理的な解釈が導かれるものと考えます。

4　OECD非加盟国との間の租税条約について

　ここまで、OECD加盟国との間で締結された租税条約について論じました。これに対し、OECD非加盟国は、モデル租税条約コメンタリーに関し、留保を付するか否かによってその国の賛否を示すわけではありません。すなわち、モデル租税条約コメンタリーが両国の共通認識となるわけではありませんので、モデル租税条約コメンタリーへの留保の有無をもって、同条3項(a)の「当事国の間で後にされた合意」又は(b)の「条約の適用につき後に生じた慣行であつて、条約の解釈についての当事国の合意を確立するもの」に該当するとみることはできないと思われます。
　しかし、グラクソ事件最高裁判決は、OECD非加盟国であるシンガポールとの間の租税条約についても、モデル租税条約コメンタリーが「解釈の補助的手段」であることを認めていることから、その限度での効力は認めることが可能と思われます。そこで、相手国政府の立場をパラレル条約における各国政府の立場などを参照しつつ、ウィーン条約31条各項に基づいて、当該租税条約におけるモデル租税条約コメンタリーの参照の是非を判断すべきであると思われます。

[注]

＊23　モデル租税条約コメンタリーの位置付けについて判示した裁判例及び裁決例として、東京地判昭和57年6月11日判例時報1066号40頁、国税不服審判所裁決平成29年8月22日裁決事例集108集1頁参照。

＊24　評釈として、木村浩之『租税条約上の配当所得条項における保有期間要件に係る文言の解釈』（ジュリスト1578号（2022））10頁、本田光宏「租税条約において定義されていない用語の解釈についての考察－日ルクセンブルク租税条約みなし配当事件を素材として－」筑波ロー・ジャーナル33号（2022年）参照。木村評釈は、東京地裁令和4年判決は、モデル租税条約コメンタリーに関し「その租税条約の解釈における位置づけを［筆者注、グラクソ事件最高裁判決を受けて、］より一歩進めたもの」と評しています。

＊25　同判決の事案は、2014年8月1日に行われたみなし配当に関するものです。しかし、同判決は、モデル租税条約2017年版のコメンタリーを参照し、「モデル条約が2017年（平成29年）の改訂により10条2項(a)に保有期間要件を設けることとしたのは、既に二国間条約に存在していた保有期間要件を抽象化して取り込んだものと解されるのであって、濫用的な事例への対策という趣旨は、先行して保有期間要件を備えていた二国間条約と同じくするものというべきである。」とした上で、「源泉地国における配当課税の軽減に関する濫用的な事例への対策という保有期間要件の目的を達成するためには、最低保有期間として定められる期間が当該配当と一定の関連性を有するものであれば足りるというべきであり、必ずしもこれが配当受領者の特定される時点に先立つ期間であることまでをも要するということはできない。」と判示しました。

＊26　同判決は、「the end of the accounting period for which the distribution of profits takes place」（「利得の分配に係る事業年度の終了の日」）は、「利得の分配（配当）が行われる会計期間の終期」であると判示しました。

＊27　前掲注24木村浩之10頁。

＊28　前掲平成16年3月31日裁決のほか、たとえば、前掲注23東京地判昭和57年6月11日、国税不服審判所裁決平成29年8月22日裁決参照。

＊29　租税条約の解釈に関する租税条約コメンタリーの法的地位については、前掲注22藤谷武史44頁。

＊30　川端康之教授は、「租税条約に定める解釈準則が適用されるより前にウィーン条約法条約の一般原則が適用されるとするのは一般法に対する特別法の優先という法原理からすると奇異なことであって、租税条約の解釈にはまず租税条約3条2項の準則自体が適用されると考えるべきである。……私

見は、コメンタリーは租税条約３条２項の「文脈」に当たり、ウィーン条約法条約32条の解釈の補足的手段に当たると解する」と述べています（川端康之『我が国の租税条約の解釈適用に関する省察』（日税研論集78号（2020））229頁）。なお、ウィーン条約との関係について、Klaus Vogel, "The Influence of the OECD Commentaries on Treaty Interpretation," Bulletin for International Taxation, 2000, 54 (12), pp. 612-616は、コメンタリーおよびそこに至るOECD租税委員会における作業がウィーン条約31条２項の「文脈」を構成する「条約の関係合意」「関係文書」にあたるという議論を否定していました。また、Michael Lang and Florian Brugger, "The Role of the OECD Commentary in Tax Treaty Interpretation," Australian Tax Forum 23 (2008), pp. 95-108は、コメンタリー一般について、ウィーン条約31条３項の「後にされた合意」又は「慣行」を構成するという議論を否定しています（特に、同論文104 ～ 105頁。なお、モデル租税条約コメンタリーと租税条約３条２項との関係については後掲注31、33及び34参照）。

　なお、2003年日米租税条約の締結と同時に交わされた交換公文第３項は、OECD移転価格ガイドラインを両国に共通の規範として用いることを約しています。

＊31　著名なVogel教授原著のモデル租税条約の逐条解説において、Alexander Rust教授は、モデル租税条約３条２項は「条約において使用された用語の解釈を超えて規定するものではない。[同項は、]国内法の一般原則に依拠して条約を解釈することや、国内法を参照して条約における隙間を埋めることを正当化するものではない（"The rule governs no more than the interpretation of words ('terms') used in the treaty. It provides no justification for reliance on general legal principles of domestic law in interpreting treaty law, or for closing loopholes within the treaties by reference to domestic law."）と述べています。Alexander Rust, in Reiner & Rust (eds), Klaus Vogel on Double Taxation Conventions, 4th edn (2015), Article 12 at m.no. 111 (2015).このほか、モデル租税条約３条２項については、今村隆「租税条約３条(2)と性質決定の抵触－英国とドイツの最近の判例を検討して－」税大ジャーナル30号45頁（2019年）、坂巻綾望「租税条約において定義されていない用語の解釈－OECDモデル租税条約３条２項は条約法条約における解釈規則の特別法か？－」国際取引法学会第７号63頁（2022年）参照。坂巻論文で紹介されている「ブルッフェンとレッシュによる補完説」は、「文脈による解釈と国内法令参照を相互排他的なものとして理解するべきではない」との考え方に基づき、「ある用語が締約国の国内法令において有する意味は、その用語の『通常の意味』を見つけるための『文脈』の一部として、ほかのさまざまな要素とともに考慮されるべき」であ

り、「ある用語の国内法令上の意味は十分に考慮されなければならないが、絶対的なものではない」と解するものです。「補完説」は、本稿の問題意識と整合的であって非常に興味深いものですが、本稿では十分に検討することができませんでした。

＊32　前掲注24木村浩之は「複数の観点からの文言の解釈が一致しない場合にどのように解釈を確定するかというのは問題である。」と指摘しています。このように、東京地裁令和4年判決において、租税条約3条2項とウィーン条約31条の優先関係が必ずしも明確になっていないこと、租税条約3条2項の「文脈」の意義が明らかにされていないことなどは、今後の議論が待たれるところです。

＊33　前掲注31の文献において、Alexander Rust教授は、モデル租税条約3条2項は「OECD及び国連モデル租税条約3条2項の『文脈』の意味は、ウィーン条約31条2項で用いられる『文脈』の意味よりも広い。したがって、『文脈』という用語は、租税条約及び［補助的文書］の文言に加え、条項の趣旨及び目的、二国の法体系における関連条項、並びにOECDモデル租税条約及びモデル租税条約コメンタリーを含む。」("The meaning of the term 'context' in Article 3(2) OECD and UN MC is broader than the meaning of the term employed in Article 31(2) VCLT. Accordingly, in addition to the text of the treaty and any supplementary instruments, the term 'context' should also cover the object and purpose of the provision, the relevant provisions of the two national legal systems and also the OECD MC and OECD MC Comm.") と述べています。Alexander Rust, in Reiner & Rust（eds）, Klaus Vogel on Double Taxation Conventions, 4th edn（2015), Article 12 at m.no. 123（2015).

　　また、谷口勢津夫教授は「実際問題としては、条約上定義されていない用語の解釈についても、国内法の参照に対する自律的解釈の優位を明文で定めることが望ましいであろう。」（前掲注22谷口勢津夫26頁）と述べています。なお、自律的解釈優位説とは、「租税条約において定義されていない用語については、まず第一次的に条約の文脈に基づいてその意味が明らかにされるべきであり、このことができない場合にのみ第二次的に、換言すれば、最後の手段（ultima ratio）として国内法を参照して解釈すべきである、というような見解」とされています。

＊34　モデル租税条約コメンタリーが租税条約3条2項の「文脈」に当たると解する学説として、前掲注33Rust, Vogel 4th edn, at m.no. 123、前掲注19宮武敏夫83頁、前掲注14今村隆51頁、前掲注30川端康之等。前掲注22谷口勢津夫26頁は「国内法の参照に対する自律的解釈の優位を明文で定めることが望ましいであろう。」と述べ、肯定的なニュアンスを述べています。反対説として、

John F. Avery Jones, "Tax Treaty Interpretation in the United Kingdom",
Tax Treaty Interpretation（Kluwer Law, 2001）at 369.

　　ただし、今村隆教授は、「使用料」は租税条約において定義された租税条約
上の固有概念であるが、「そのカタログの項目（e.g. 著作権）については租税
条約上定義がなく、3条(2)により国内法を参照して決定されることとなる。」
と述べておられます（前掲注14今村隆62頁）。

＊35　前掲注19宮武敏夫83頁。

＊36　前掲注24木村浩之44頁。藤谷武史教授はモデル租税条約コメンタリーは
「解釈の補足的手段」に留めるのが相当ではないかとの見解を採られていま
す。同教授は、モデル租税条約コメンタリーがウィーン条約31条4項の「特
別な意味」に該当し、常に国内法よりもモデル租税条約コメンタリーが優先
すると解する見解に対し、「租税条約の解釈は、課税権制約規範の限定解釈
を通じて、納税者の税負担を増加させる方向にも作用しうる」ので、「国内
裁判所の条約解釈を拘束する地位を認めるべきではな」いと指摘されていま
す。

＊37　1992年報告書の「序文」は、「［ソフトウェアに関する］課税上の問題は相
対的に未解決であり、そのために、OECD租税委員会は、適切な課税上の取
扱いについて合意に達することを視野に、これらの問題について、－とりわ
け、これらの問題が二重課税防止租税条約の既存の条項に基づいて解決する
ことができるかについて－分析することは有用であると考えた。」と述べて
いました。

＊38　コンピュータ・ソフトウェアに対する対価の支払が使用料に該当するのか、
あるいは事業所得等の他の所得に該当するのかについて、OECDは1992年報
告書を公表し、その判断原則が1992年にモデル租税条約コメンタリーに追加
されました。これらの原則を精緻にするため、1997年のトゥルク会議資料に
おいてデジタル情報の所得分類についての基本的考え方が示され、1998年に
ソフトウェアの対価の支払に関する第12条のコメンタリーの改正が公表され、
これらに基づいて2000年にコメンタリーが大幅に追加されました（同パラグ
ラフ12、12.1、12.2、13、13.1、14、14.1、14.2、14.3、17）。さらに、2001年
に報告書「電子商取引から生じる所得の租税条約上の所得分類」が公表され、
これに基づいて2003年には電子的なダウンロードに関するコメンタリーが追
加されました（同パラグラフ17.1、17.2、17.3、17.4）。さらに、2008年に、
ソフトウェアの著作権保有者が、ディストリビューターにプログラムの複製
物を販売する権利を許諾する場合について、使用料に該当しない旨が規定さ
れました（同パラグラフ14.4、15、16）。川田剛・德永匡子『2017 OECDモ
デル租税条約コメンタリー逐条解説』（税務研究会出版局、2018年）343頁。

OECD (2019), Model Tax Convention on Income and on Capital 2017 (Full Version), OECD Publishing, at C(12)-12 to C(12)17.

＊39　前掲注20浅妻章如・山下貴対談33頁参照。国税庁出身で、国税庁国際調査管理官、OECD租税センターシニア・アドバイザーを歴任された本田光宏教授は「我が国の租税条約ポリシーとして OECDモデル条約に沿うことを公的に明らかにしており、そのコメンタリーに留保又は所見を付していない場合には、条約解釈の基本とすることが適切と考えられる。」と述べています（「ソフトウェアの対価に関する課税関係について－インド最高裁Engineering Analysis事件判決を素材として－」租税事例54巻6号51頁（2022））。

　　なお、我が国政府は、モデル租税条約2010年版まで、源泉地国においてロイヤルティに課税する権利（the right to tax royalties at source）を留保していました。

＊40　昭和62年最高裁判決の要件は、以下のように要約されています。「①　税務官庁による納税者への信頼の対象となる公的見解の表示、②　納税者の公的見解への信頼とそれにもとづく一定の行動、③　①の見解に反する処分がなされたこと、④　③の処分により納税者が経済的不利益をこうむったこと、⑤　②における納税者の信頼と行動に責めるべき理由がないこと」（佐藤英明『所得税法〔第3版〕』（弘文堂、2022）489頁）。なお、最判令和2年3月24日判例タイムズ1478号21頁における宇賀克也裁判官補足意見は、「通達の公表」は「公的見解」の表示に当たり、それに反する課税処分は、場合によっては、信義則違反の問題を生ぜしめると述べています。

＊41　第2章第2節4（手塚崇史執筆）参照。

＊42　四宮和夫・能見善久『民法総則〔第9版〕』（弘文堂、2018）213頁

＊43　ウィーン条約31条3項（c）「当事国の間の関係において適用される国際法の関連規則」、あるいは同条4項「当事国がこれに特別の意味を与えることを意図していたと認められる場合」には該当しないと考えます。

＊44　前掲注38参照。

＊45　前掲注20浅妻章如・山下貴対談33頁参照。

＊46　浅田正彦編著『国際法〔第5版〕』（東信堂、2022）69頁。同結論案において、「後の合意」とは、「当事国の間の合意のことで、それ自体として条約の解釈に関わると認識できる共通の行為を指す」とされ、「後の慣行」とは、「二以上の当事国による声明を含む行動からなり、個別の行動の集合を通じて特定できた、条約適用時における当事国の合意を設定するものを指す」とされています。

＊47　"Subsequent agreements and subsequent practice of the parties under article 31, paragraph 3, or subsequent practice under article 32, may arise from, or be expressed in, the practice of an international organization in the application of its constituent instrument."

＊48　ＩＬＣ結論案については、山田卓平「慣習国際法の形成論」浅田正彦・桐山孝信・德川信治・西村智朗・樋口和彦編集『坂元茂樹・薬師寺公夫両先生古希記念論集　現代国際法の潮流１』（東信堂、2020）125頁以下参照。155〜162頁。

＊49　前掲注47山田卓平161頁。

＊50　前掲注48山田卓平158頁参照。

＊51　小松一郎『実践国際法（第３版）』（信山社、2022）297頁

＊52　この両者の区別は、著作物である小説に関する著作権と、著作物の複製物である本の区別と同様です。すなわち、「さまざまなコンテンツの価値の源となる『最もおいしい部分』（＝知覚行為。たとえば、本であればそれを読むこと）が、著作権法による保護の対象からすっぽり抜け落ちており、それに到達する一歩手前の『周縁部分』（＝知覚幇助行為）だけが、法定利用行為として限定列挙される形で著作権法による保護の対象とされているにすぎない」のです。本書第４章（山下貴執筆）参照。

＊53　このほか、パラグラフ14.1、14.2、14.4、17.2、17.3などが関連します。

＊54　前掲注22藤谷武史45頁。

＊55　前掲注22藤谷武史44頁。

第5節 ─────────────────────────
本設例への当てはめ

1　複製物再販売

　外国ＩＴ事業者が、コンピュータ・ソフトウェアを格納したCD-ROM又はUSBメモリ等の物理的媒体をパッケージソフトとして国内ディストリビューターに販売し、国内ディストリビューターは当該パッケージソフトを日本の消費者に再販売する形態においては、「複製物」の販売であって、国内ディストリビューターによる著作権の「複製権」の行使はなく、所得税法161条１項11号に関し著作権の使用に該当しないことが平成16年３月31日裁決において認められています。したがって、国内ディストリビューターは源泉徴収を要しません。

2　国内複製販売

　モデル租税条約コメンタリーは、「流通販売業者がソフトウェアの複製物の取得および頒布（ただし、ソフトウェアを複製する権利は付与されていない）のために支払いを行う場合」には、「流通販売業者は、当該ソフトウェアの複製物の取得に対してのみ支払いを行っている」にすぎないから、「使用料」には該当せず、租税条約７条の事業の利益に該当する旨を述べています。

　これに対し、国内ディストリビューターが、「ソフトウェアを複製する権利」を付与され、それに基づいて複製を製造する場合には、モデル租税条約コメンタリー・パラグラフ「当該ソフトウェアの複製物の取得に対してのみ支払いを行っている」（傍点筆者）とはいえません。

　したがって、国内ディストリビューターがCD-ROM又はUSBメモリ等の複製物を自ら製造し、販売する場合には、所得税法161条 1 項11号との関係でも、モデル租税条約コメンタリーとの関係でも、著作権の一形態である複製権の使用を許諾していることになり、その対価の支払は、源泉徴収の対象となります*56。

3　ダウンロード販売

　外国ＩＴ事業者のコンピュータ・ソフトウェアについて、ウェブサイトにおいてダウンロード可能とし、国内ディストリビューターは、当該ウェブサイトにアクセスすることが可能な暗号解除キーを日本の消費者に販売し、消費者は当該ウェブサイトからコンピュータ・ソフトウェアをダウンロードする形態において、国内ディストリビューターに「複製」行為はありませんが、ウェブサイトにおいてダウンロード可能とすることについて、自動公衆送信権（著法2①七の二、九の四）が問題となります*57。

　まず、外国ＩＴ事業者が自らが保有し、外国に設置・管理するサーバーにおいて、コンピュータ・ソフトウェアをダウンロード可能とした場合、国内ディストリビューターによる自動公衆送信権の行使はなく、所得税法161条 1 項11号に該当しないことになります*58。

　これに対し、国内ディストリビューターが日本に設置するサーバーにおいて、コンピュータ・ソフトウェアをダウンロード可能とした場合、国内ディストリビューターは日本国内において自動公衆送信権を行使することになり、所得税法161条 1 項11号に該当する可能性があることになります*59。

　また、消費者のダウンロードは、複製権（著法21）の行使に該当する可能性があります*60。

　しかし、租税条約の使用料条項に関してモデル租税条約コメンタリーが参照され、二国間の合意とされる場合には、以下のパラグラフが関連

します。

　ソフトウェアの著作権の保有者と流通販売業者との契約においては、たびたび、流通販売業者に、プログラムを複製する権利なしに複製物を頒布する権利が付与される。これらの取引では、当該著作権に関連して取得される権利は、流通販売業者がソフトウェアのプログラムの複製物を頒布するために必要な権利に限定されている。このような取引では、流通販売業者は、当該ソフトウェアの複製物の取得に対してのみ支払いを行っているのであって、どのような権利であれ、当該ソフトウェアの著作権に係る権利の利用に対して支払いを行っているのではない。流通販売業者がソフトウェアの複製物の取得および頒布（ただし、ソフトウェアを複製する権利は付与されていない）のために支払いを行う場合、これらの流通行為に関する権利は、租税に関して取引の性質を分析する際には、無視すべきである。これらの種類の取引における支払金は、第7条にしたがって事業利益として扱われる。これは頒布されている複製物が有形のメディアとして引き渡されるのか、電子的に引き渡されるのか（頒布者（当該流通業者）はソフトウェアを複製する権利を有することなしに）、またはソフトウェアはインストールのために若干の操作の変更を必要としているかどうかにかかわらず、妥当する。　（第12条パラグラフ14.4）

　同パラグラフに従うならば、上記事例において、国内ディストリビューターは、ディストリビューターとして、あくまでもコンピュータ・ソフトウェアの複製物を頒布しているにすぎず、著作権の使用は存在しません。そのことは物理的媒体を譲渡するのか、電子的に引き渡す("distributed electronically（without the distributor having the right to reproduce the software)"）のかによって変わりません。

　したがって、この場合は源泉徴収を要しないと解することができます。

4 SaaS販売

外国ＩＴ事業者は、コンピュータ・ソフトウェアへのアクセス可能なウェブサイトを外国又は日本国内のサーバーに設置し、国内ディストリビューターは、当該ウェブサイトにアクセスすることが可能なアクセス情報を日本の消費者に販売し、消費者は当該ウェブサイトにアクセスし、SaaS（Software as a Service）として、コンピュータ・ソフトウェアを利用する形態があります。この場合も、国内ディストリビューターは「プログラムを複製する権利なしに複製物を頒布する権利」が付与されるにすぎず、上記3（ダウンロード販売）と同様に、源泉徴収は不要であると解することができます。

なお、この場合、国内ディストリビューターはアクセス情報を消費者に開示するにすぎず、それ以外に自らコンピュータ・ソフトウェアの複製も、公衆に向けた送信も行っていません。消費者は外国ＩＴ事業者が保有するサーバーにアクセスしコンピュータ・ソフトウェアを利用しますが、消費者にも著作権の行使は介在しません。なぜならば、「ホストコンピュータにプログラムがあり，ユーザは端末から当該プログラムを使用し，結果だけが端末に送られるような場合には，そもそもプログラムの送信行為がないので公衆送信権の問題にはならない」からです*61。

したがって、国内法の問題としても、この場合は国内ディストリビューターにも、消費者にも、著作権の使用は存在せず、著作権の使用料の発生の余地はなく、源泉徴収を要しません。

[注]

*56 国税不服審判所裁決平成19年3月23日裁決TAINS・F0-1-775参照。同裁決について、北村導人弁護士は「本件では、本件マスターコピーを請求人自ら複製し、本件各顧客に当該複製物を納品しており、また請求人のウェブサイトから本件各顧客にダウンロード可能な状況とし、現にダウンロードさせていたという事実が存する。当該事実からすれば、請求人の自己使用であるこ

とや流通頒布業者として、複製権を有することなく、単に頒布しているだけという事実関係を前提としたOECDコメンタリーで言及されている状況とも異なるため、審判所を説得することは困難であったともいえよう。」と述べています（北村導人「デジタル・ネイティブ企業を取り巻く税法と私法の交錯問題」『デジタル取引と課税』（日税研論集79号、2021）138頁）。

＊57　公衆送信とは「公衆によって直接受信されることを目的として無線通信又は有線電気通信の送信……を行うこと」をいい、自動公衆送信とは「公衆からの求めに応じ自動的に行う」公衆送信（放送・有線放送を除く。）をいいます（著法2①七の二、九の四）。すなわち、自動公衆送信とは、「公衆からの求めに応じて行う送信であり、放送・有線放送以外の公衆送信」を意味します。前掲注7中山信弘318頁。

＊58　所得税法161条1項11号は、「国内において業務を行う者から受ける次に掲げる使用料又は対価で当該業務に係るもの」と規定し、使用地主義を定めています。これに対し、たとえば、日本・イスラエル租税条約12条4項は、「使用料は、その支払者が一方の締約国又は当該一方の締約国の地方公共団体若しくは居住者である場合には、当該一方の締約国内において生じたものとされる。」と規定し、債務者主義を定めています。

＊59　前掲注56国税不服審判所裁決平成19年3月23日裁決参照。

＊60　著作権法47条の3第1項のプログラムの所有者による複製等の例外は「複製物の所有者」に限定されており、インターネット上でコンピュータ・ソフトウェアをダウンロードした場合には、複製物を「所有」していないため、少なくとも文言上は、同条に該当せず、形式的には著作権の侵害に該当します。著作権法47条の3については、第4章第2節（山下貴執筆）参照。なお、この場合に消費者が著作権（複製権）を利用しているとみるならば、①外国IT事業者が国内ディストリビューターに対して「複製権の使用を消費者に許諾（サブライセンス）する権利」を与え、②国内ディストリビューターはその権利に基づいて消費者にサブライセンスを行っていることになります。この①の部分について「使用料」が生じているといえるのかが問題となります。

＊61　前掲注7中山信弘317頁。

第6節 ───────────────────────

結語

　ディストリビューターによるコンピュータ・ソフトウェアの販売に関
し、源泉徴収がなされるか否かについては、長年にわたり混乱が続いて
きました。しかし、上述のとおり、モデル租税条約コメンタリーにおい
ては1992年の報告書においてすでに使用料に該当しない旨が明確にされ
ており、少なくともOECD加盟国との間ではモデル租税条約コメンタ
リーに沿った解釈が行われるべきです。また、OECD加盟国でないイン
ドにおいても、同国の最高裁判所は同国所在のディストリビューターに
よるコンピュータ・ソフトウェアの販売に関し、源泉徴収が課されない
旨の判決を下しており（2021年3月2日判決）*62、モデル租税条約コメンタ
リーの解釈の合理性が世界的にも承認されてきていることからしても、
我が国だけがそのような潮流と離れた解釈を行うことは、租税条約の相
互主義の観点からも問題を有するものと思われます。

　モデル租税条約3条2項の解釈論については未だ問題が残っていると
言わざるを得ませんが、少なくとも使用料条項に関する限り、モデル租
税条約コメンタリーを参照し、かつそれに従った解釈を行うことには合
理性があります。コンピュータ・ソフトウェアの販売形態も時代に合わ
せて進化しています。我が国政府はモデル租税条約コメンタリーに留保
を付していない以上、それと整合的な執行方針を採用すべきであり、本
稿で取り上げた取引類型に関し、源泉徴収の有無について明確にするこ
とが望まれます。

───────────────────

[注]

*62　前掲注39本田光宏51頁は、「租税条約上の『使用料』該当性については、
　　　OECDモデル条約のコメンタリーで示されたガイダンスに基づく解釈姿勢に
　　　変更する時期が来ているのではないかと思われる。」と述べています。

第6章

外国子会社合算税制における著作権の取扱い

（朝長 英樹）

第6章　目次

はじめに……………………………………………………………………276

第1節　外国子会社合算税制の概要の確認………………………………277

第2節　事業基準における「著作権の提供」……………………………278
　1　事業基準の概要の確認………………………………………………278
　⑴　事業基準の基本的な仕組み………………………………………279
　⑵　事業基準の趣旨等…………………………………………………279
　　①　事業基準の趣旨は、「その地に本店をおくことに積極的な
　　　経済合理性を認め難い」外国子会社等を合算課税の対象と
　　　するというものとされている………………………………………279
　　②　事業基準の定めは、その文言に従い、「株式等若しくは
　　　債券の保有」等の三つの事業を「主たる事業」としている
　　　のか否かということによって判定すると解釈するべきである……281
　　③　事業基準の定めは、限定的に解釈する必要があり、「著作
　　　権の提供」に関しては、なお一層、限定的に解釈する必要が
　　　ある………………………………………………………………284
　2　事業基準における「著作権の提供」の解釈………………………285
　⑴　「株式等若しくは債券の保有」と「船舶若しくは航空機の
　　　貸付け」の解釈……………………………………………………286
　　①　「株式等若しくは債券の保有」の解釈 ……………………286
　　②　「船舶若しくは航空機の貸付け」の解釈 ……………………287
　⑵　「著作権の提供」の解釈 …………………………………………290
　　①　「著作権の提供」は、「著作物の提供」ではない………………290
　　②　「提供」は、「譲渡」を含まず、能動的な「運用」も
　　　含まない………………………………………………………………293
　　③　「著作権の提供」は、「人的サービス提供」を含まない…………295
　　④　「著作権の提供」には、「著作権」を有しない者が提供する
　　　ものは含まれない……………………………………………………297
　　⑤　「著作権〔括弧内略〕」の範囲は、狭く捉えられており、
　　　「著作権」、「出版権」、「著作隣接権」及び「著作隣接権に
　　　準ずるもの」に限られる……………………………………………298

はじめに─────────────────────

　本章では、外国子会社合算税制（以下「本制度」といいます。）における
著作権の取扱いについて解説します。

　本制度については、著作権の取扱いの解説をするに当たって必要と認
められる範囲内で、概要等を説明することとします。

　なお、本章も、第1章において確認した税について定める法令等にお
ける著作権に関する用語と文言の内容と用い方を踏まえて解説をするこ
ととしていますので、第1章の記述を確認すれば済むことについては、
その記述があるところを示すにとどめ、できるだけ記述が重複しないよ
うにしているということを予め確認しておきます。

第1節
外国子会社合算税制の概要の確認

　本制度は、外国子会社等を利用した租税回避を防止するために、一定の要件に該当する外国子会社等の所得を我が国の親会社の所得として合算して課税する制度となっています。

　本制度は、昭和53年に創設され、租税特別措置法66条の6（内国法人の外国関係会社に係る所得の課税の特例）に定められています。

　現在の本制度の概要は、国税庁が公表している「外国子会社合算税制に関するQ＆A（平成29年度改正関係等）」（平成30年1月（平成30年8月・令和元年6月改訂））の冒頭に、次のように、分かり易く図示されています。

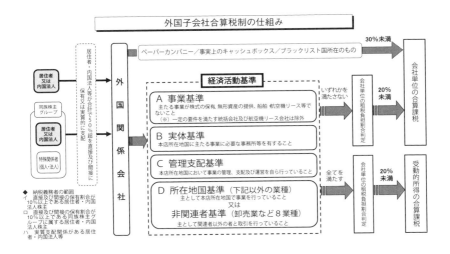

　本章においては、この図の「経済活動基準」の中の「事業基準」と「受動的所得の合算課税」における著作権の取扱いについて解説をします。

第2節

事業基準における「著作権の提供」

1 事業基準の概要の確認

　事業基準は、現在、経済活動基準の一つとして位置付けられており、租税特別措置法66条の6第2項3号の「対象外国関係会社」の定義の中に、同号イとして、次のように定められています。

> 三　対象外国関係会社　次に掲げる要件のいずれかに該当しない外国関係会社（特定外国関係会社に該当するものを除く。）をいう。
> 　イ　株式等若しくは債券の保有、工業所有権その他の技術に関する権利、特別の技術による生産方式若しくはこれらに準ずるもの（これらの権利に関する使用権を含む。）若しくは著作権（出版権及び著作隣接権その他これに準ずるものを含む。）の提供又は船舶若しくは航空機の貸付けを主たる事業とするもの（次に掲げるものを除く。）でないこと。
> 　　(1)～(3)　〔省略〕

　上記の租税特別措置法66条の6第2項3号イの定めは、昭和53年の本制度の創設時（昭和53年の本制度の創設時には、現在の同号イの定めは、同条3項各号列記以外の部分の括弧書きとなっていました。）から現在まで、実質的な変更は行われていません。

(1)　事業基準の基本的な仕組み

　事業基準の基本的な仕組みは、上記において引用した租税特別措置法66条の6第2項3号イの定めから分かるとおり、外国関係会社について、「株式等若しくは債券の保有」、「工業所有権その他の技術に関する権利、特別の技術による生産方式若しくはこれらに準ずるもの（これらの権利に関する使用権を含む。）若しくは著作権（出版権及び著作隣接権その他これに準ずるものを含む。）の提供」及び「船舶若しくは航空機の貸付け」の三つを「主たる事業」とするものでないことを求めるものとなっています。

(2)　事業基準の趣旨等

①　事業基準の趣旨は、「その地に本店をおくことに積極的な経済合理性を認め難い」外国子会社等を合算課税の対象とするというものとされている

　租税特別措置法66条の6第2項3号イの事業基準の趣旨は、本制度における著作権の取扱いにも密接に関係することとなりますので、少し詳しく解説することとします。

　本制度が創設された昭和53年に、本制度の企画立案及び条文案の作成を担当した大蔵省主税局の職員が執筆した『昭和53年版　改正税法のすべて』（大蔵財務協会）においては、事業基準について、次のように説明されています。

> 　株式の保有や船舶の貸付け等の事業は、我が国からでも十分に営むことができるものであり、その地に本店をおくことに積極的な経済合理性を認め難いので、これら業種に属する外国子会社等はかりに実体があっても適用除外基準をはじめから考えないこととしています（必ずその留保所得を親会社に帰属させます）。これらの業種とは、株式（出資を含む。）又は債券の保有、工業所有権等又は著作権等の提供、船舶又は航空機の貸付けです（措法40の4③、66の6③）。　　（164頁）

　この説明によれば、租税特別措置法66条の6第2項3号イの事業基準
の定めの趣旨は、「その地に本店をおくことに積極的な経済合理性を認
め難い」外国子会社等を合算課税の対象とするというものということに
なります。

　そして、この説明によれば、「その地に本店をおくことに積極的な経
済合理性を認め難い」外国子会社等については、「かりに実体があって
も」、事業基準によって合算課税の対象とすることに変わりはない、と
いうことになります。

　一方、デンソーのシンガポール子会社が本制度によって課税されて争
いとなった事件の最高裁平成29年10月24日判決においては、事業基準の
趣旨について、次のように判示されています。

　措置法66条の6第4項が株式の保有を主たる事業とする特定外国子
会社等につき事業基準を満たさないとした趣旨は、株式の保有に係る
事業はその性質上我が国においても十分に行い得るものであり、タッ
クス・ヘイブンに所在して行うことについて税負担の軽減以外に積極
的な経済合理性を見いだし難いことにある。　（判決理由5(2)）

　ここで示されている事業基準の趣旨は、上記の『昭和53年版　改正税
法のすべて』からの引用部分にあったものと同じであると判断してよい
と考えられます。

　デンソー事件の最高裁平成29年10月24日判決においては、上記引用部
分の後に、次のような判断が示されています。

　この点、Aの行っていた地域統括業務は、地域経済圏の存在を踏ま
えて域内グループ会社の業務の合理化、効率化を目的とするもので
あって、当該地域において事業活動をする積極的な経済合理性を有す
ることが否定できないから、これが株式の保有に係る事業に含まれる
と解することは上記規定の趣旨とも整合しない。　（同前）

　この判断に対しては、確かに事業基準の趣旨を踏まえたものとはなっているものの、「地域経済圏の存在を踏まえて域内グループ会社の業務の合理化，効率化を目的とするもの」が「我が国からでも十分に営むことができるもの」（換言すれば「我が国において行い得ない」）とした理由が明確ではないという指摘があり得る[*1]と考えられます。

　事業基準に抵触するのか否かということが争いとなった事件に下された最高裁判決でさえ、このようなものとなっているということは、実際に、実務において、「その所在する国又は地域において事業活動を行うことにつき十分な経済合理性がある」のか否かということを適切に判断するということは、容易ではないことを示していると言ってよいと考えられます。

② 　事業基準の定めは、その文言に従い、「株式等若しくは債券の保有」等の三つの事業を「主たる事業」としているのか否かということによって判定すると解釈するべきである

　筆者は、租税特別措置法66条の6第2項3号イについて、「その地に本店をおくことに積極的な経済合理性を認め難い」外国子会社等を合算課税の対象とする趣旨の定めであるとして、「その所在する国又は地域において事業活動を行うことにつき十分な経済合理性がある」のか否かということを判定する必要がある、と解釈することには、大きな疑問がある、と考えています。

　上記①において引用した『昭和53年版　改正税法のすべて』の説明を正確に読んでみると、「株式の保有や船舶の貸付け等の事業」は、「我が国からでも十分に営むことができるもの」であるということを所与の前提とした上で、「その地に本店をおくことに積極的な経済合理性」が認められるのか否かということにかかわらず、「必ずその留保所得を親会社に帰属させ〔る〕」ということとされており、「その地に本店をおくことに積極的な経済合理性」が認められるのか否かということを問わない基準として事業基準が制度化されているということが分かります。

　また、「積極的」、「経済」、「合理性」という用語は、多くの法令で数

多く用いられており、これらの用語を用いて条文を設けることには何の問題もありませんので、「その地に本店をおくことに積極的な経済合理性」が認められるということが必要であるということを事業基準として定めようということであれば、それらの用語を用いてそのように定めればよいわけです。

しかし、実際には、そのようなことを基準とすることはせずに、「株式等若しくは債券の保有」などの三つの事業が「主たる事業」となっているのか否かということを基準とすることとされています。

何故、このようなことになっているのかということを考えてみると、「その地に本店をおくことに積極的な経済合理性」が認められるということが必要であるということを基準として定めたとしても、実務においてはその判断が難しいというケースが少なからず出てきてしまうため、制度上の割切りとして、「株式等若しくは債券の保有」などの三つの事業が「主たる事業」となっているのか否かという、実務においてもその判断が比較的容易に行い得る基準とするという、条文作成上の判断があったためであろうと考えられます。

そうすると、租税特別措置法66条の6第2項3号イの定めを解釈する場合に、「その地に本店をおくことに積極的な経済合理性を認め難い」ものについて合算課税の対象とするということをその定めの「趣旨」として語り、その定めについて、その「趣旨」を基準として判断をするべきであるという解釈を採ることができるのか、という問題が出てくることとならざるを得ません。

この点に関しては、租税特別措置法66条の6第2項3号イにおいて、事業基準として「その地に本店をおくことに積極的な経済合理性」が認められることが必要であるということを定めようとすれば定めることができる中にあって、そのようなことを定めることとはしないという選択をして、「株式等若しくは債券の保有」などの三つの事業は「我が国からでも十分に営むことができるもの」であるということを所与の前提とした上で、それらの三つの事業が「主たる事業」となっていないということを事業基準として定めることとされているわけですから、事業基準と

して定めることをしないという選択がなされたことについて、それを「趣旨」ということで持ち出し、その「趣旨」を判断に用いるべきであるというような解釈をすることは、適当ではない、ということになるものと考えられます。

「趣旨」という用語は、法令用語ではなく、一般用語であり、もとにある考え方、主なねらい、言おうとする事柄、要点、目的、理由など、その意味するものがかなり広くなっていますので、事業基準を創るに当たって考えられていたことを「趣旨」という用語で示すことは、勿論、可能です。

しかし、法令の文言から離れて、法令の文言に定めることとはされなかったことを持ち出して、それを「趣旨」として判断の基準に用いるべきであると解釈するということになると、「租税法律主義」に抵触するという指摘を受けることとならざるを得ないと考えられます。

勿論、文理解釈では条文の解釈が明確にならないなどというような事情がある場合には、条文の趣旨を確認して解釈を明確にするということがあるわけですが、しかし、事業基準の定めに関しては、実務を考慮して条文に定められているとおりに解釈すればよいように創られていると考えられますし、また、文言から離れて趣旨を判断基準として条文の適用関係を判断するということは、通常、行われないはずです。

このような事情にあるため、筆者は、法令解釈の常識どおりに、事業基準の定めは、その文言に従い、「株式等若しくは債券の保有」等の三つの事業を「主たる事業」としているのか否かということによって判定すると解釈するべきである、と考えています。

デンソー事件の最高裁平成29年10月24日判決に関して言えば、「当該地域において事業活動をする積極的な経済合理性を有することが否定できない」（判決理由5(2)イ）のか否かということを判断基準として判断するということをせずとも、シンガポールの子会社が行っている「主たる事業」が「株式等若しくは債券の保有」という事業であるのか否かということを判断基準として判断するということで済んだはずである、ということです。

　なお、後に4において確認しますが、国も、その後、サンリオ事件において、事業基準の定めは、趣旨によって判断すると解釈するのではなく、文理解釈をするべきであるという主張をしています。

③　事業基準の定めは、限定的に解釈する必要があり、「著作権の提供」に
　関しては、なお一層、限定的に解釈する必要がある

　上記①において引用した『昭和53年版　改正税法のすべて』の説明においては、「これら業種に属する外国子会社等はかりに実体があっても適用除外基準をはじめから考えないこととしています（必ずその留保所得を親会社に帰属させます）」とされていますが、この「適用除外基準をはじめから考えない」とはどういうことかというと、本制度の創設時には、事業基準は、適用除外基準の中の基準として位置付けられていたわけではなく、実体基準等の適用除外基準を適用する前の段階で、本制度を適用するのか否かということを判断するための措置とされていたことによるものです。

　つまり、事業基準は、適用除外基準による判定を行うことさえ入り口で排除して課税をするという非常に厳しい措置として創られたものであるということです。

　このように、事業基準は、他の適用除外基準とは性質が異なるため、当初から、限定的に解釈をするものとされており、その文言は、経済活動基準の中の基準として位置付けられた現在も何ら変わっていないため、現在も、同様に解釈する必要があります[*2]。

　このように、事業基準を限定的に解釈することとされているということを端的に示すのが次の2(1)②において詳述する「船舶若しくは航空機の貸付け」の解釈です。

　租税特別措置法66条の6第2項3号イにおいては、「船舶若しくは航空機の貸付け」としか規定されていませんが、その解釈を示す租税特別措置法関係通達66-6-15（船舶又は航空機の貸付けの意義）においては、「船舶又は航空機の貸付け」に該当するものは、いわゆる裸用船（機）契約に基づく貸付けのみであって、定期用船（機）契約・航海用船

（機）契約に基づく貸付けは「船舶又は航空機の貸付け」に含まないという解釈が示されています。

　また、「著作権の提供」に関しては、租税特別措置法66条の６第２項３号イの定め方からも、なお一層、限定的に解釈するべきものとされていることが分かります。

　それはどういうことかというと、次の２(2)④及び⑤において詳しく確認するとおり、「著作権の提供」には、「著作権」を有しない者が提供するものは含まれず、また、「著作権（…）」の範囲は、「工業所有権」等の範囲と比べてみるとすぐに分かるとおり、狭く捉えられており、「著作権」、「出版権」、「著作隣接権」及び「著作隣接権に準ずるもの」に限られている、ということです。

　要するに、事業基準は、適用除外基準による判定を行うことさえ入り口で排除して課税をするという非常に厳しい措置として創られたものであり、現在もその文言は変わっていないため、限定的に解釈する必要があり、「著作権の提供」に関しては、なお一層、限定的に解釈する必要がある、ということです。

２　事業基準における「著作権の提供」の解釈

　２においては、事業基準における「著作権の提供」の解釈の解説を行うこととしますが、租税特別措置法66条の６第２項３号イにおいては、「著作権の提供」についてのみ定めているわけではなく、「株式等若しくは債券の保有」、「工業所有権」等若しくは「著作権」の「提供」、「船舶若しくは航空機の貸付け」の三つを定めていますので、「著作権の提供」の解釈は、他の定めの解釈と整合するものでなければなりません。

　このため、租税特別措置法66条の６第２項３号イの全体を見ながら、まず、「株式等若しくは債券の保有」と「船舶若しくは航空機の貸付け」の解釈について確認を行い、その後に、「工業所有権」等の「提供」とともに「著作権の提供」の解釈について解説を行うこととし、４におい

て、「著作権の提供」に関する事例であるサンリオ事件を取り上げて解
説を行うこととします。

⑴ 「株式等若しくは債券の保有」と「船舶若しくは航空機の貸付け」の解釈

① 「株式等若しくは債券の保有」の解釈

　租税特別措置法66条の6第2項3号イにおいては、「株式等若しくは債券」について、「保有」という用語が用いられていますので、この「保有」という用語について確認を行うこととします。

　租税特別措置法においては、同法66条の6第6項7号を初めとして、8か所で、「資産の運用、保有、譲渡、貸付けその他の行為」という全く同一の文言が用いられています。

　これは、租税特別措置法においては、「資産」について、「運用」、「保有」、「譲渡」及び「貸付け」という用語が区別して用いられるということを意味しており、また、それらの後に、それらを例示として含む場合に用いられる「その他の」という用語を用いて「その他の行為」という文言が置かれていることから、それらは、いずれも「行為」と捉えられているということになります。

　租税特別措置法においては、「保有」という行為に、「運用」、「譲渡」又は「貸付け」という行為が含まれると解釈するべきであると判断される規定は、どこにも見当たりません。

　当然のことながら、「保有」をしていれば、「運用」、「譲渡」又は「貸付け」という行為を行うということがあり得ますが、しかし、それは「保有」という行為に、「運用」、「譲渡」又は「貸付け」という行為が含まれるということを意味するわけではありません。

　他方、「運用」、「譲渡」又は「貸付け」をするためには、必ず、「保有」をしていなければなりません。

　このため、「運用」、「譲渡」又は「貸付け」という行為をする場合には、必ず、「保有」という行為もするということになります。

　しかし、「保有」という行為に止まらず、「運用」、「譲渡」又は「貸付け」という行為までするということであれば、「保有」をすると定められることはなく、「運用」、「譲渡」又は「貸付け」をすると定められることになります。

　そして、「保有」という行為を「事業」として捉えるということになると、租税特別措置法70条の6の8第2項4号・5号等において「資産保有型事業」と「資産運用型事業」とが区分されていることからも分かるとおり、「保有」という「事業」は、「運用」、「譲渡」又は「貸付け」という「事業」とは異なるものとして定められることになります。

　このため、租税特別措置法66条の6第2項3号イの「株式等若しくは債券」の「保有」についても、「株式等若しくは債券」の「運用」、「譲渡」又は「貸付け」とは異なると解釈する必要があります。

　仮に、「株式等若しくは債券」の「運用」、「譲渡」又は「貸付け」をするものを租税特別措置法66条の6第2項3号イに定めるということであったとすれば、「株式等若しくは債券の運用、譲渡若しくは貸付け」と定めることとなり、「株式等若しくは債券の保有」と定めることとはなりません。

　換言すれば、租税特別措置法66条の6第2項3号イの「株式等若しくは債券の保有」となるものは、「株式等若しくは債券」について、「運用」、「譲渡」又は「貸付け」とはならない受動的な行為としての「保有」のみを行うものと解釈する必要があるということです。

② 「船舶若しくは航空機の貸付け」の解釈

　租税特別措置法66条の6第2項3号イの「船舶若しくは航空機の貸付け」の「貸付け」についても、上記①で確認した「株式等若しくは債券の保有」の「保有」と同様に解釈する必要があります。

　つまり、「船舶若しくは航空機の貸付け」の「貸付け」は、「船舶若しくは航空機」の「運用」、「保有」又は「譲渡」とは異なると解釈する必要があるということです。

　そして、この「船舶若しくは航空機の貸付け」の「貸付け」に関して

は、「いわゆる裸用船（機）契約に基づく船舶（又は航空機）の貸付けを
いい、いわゆる定期用船（機）契約又は航海用船（機）契約に基づく船
舶（又は航空機）の用船（機）は、これに該当しない。」（措通66の6-15)
という解釈が示されています。

　これに関しては、昭和54年1月に当時の大蔵省主税局の職員によって
執筆された書籍*3において、次のように言い換えて説明されています。

水運業においては、定期用船契約等は裸用船契約の場合とは異なり、
船主が船員の配乗、船用具品の配備等の責務を負っており、単なる貸
付けというよりは、むしろ船舶の運航を行っているとみるのが適当で
あると考えられているからである（措置通66の6-9）。

　上記の説明の括弧書きにある「措置通66の6-9」とは、現在の租税
特別措置法関係通達66の6-15（船舶又は航空機の貸付けの意義）で、発遣
当時は、次のようなものとなっていました。

（船舶又は航空機の貸付の意義）
66の6-9　措置法第66条の6第3項に規定する「船舶若しくは航空
　機の貸付け」とは、いわゆる裸用船（機）契約に基づく船舶（又は
　航空機）の貸付けをいい、いわゆる定期用船（機）契約又は航海用
　船（機）契約に基づく船舶（又は航空機）の用船（機）は、これに
　該当しない。

　そして、この通達については、その発遣当時、国税庁の職員により、
次のように説明されていました*4。

> 「船舶もしくは航空機の貸付け」とは、単なる船体又は機体の貸付契約であるいわゆる裸用船（機）契約に基づく船舶（又は航空機）の貸付けをいい、運航サービスの提供と一体となって行われる船体又は機体の貸付契約ないしは一種の再運送契約であるいわゆる定期用船（機）契約又は航海用船（機）契約に基づく船舶（又は航空機）の用船（機）は、これに該当しないのである。

　この説明は、『措置法通達逐条解説』の最新版である平成26年３月１日現在版まで、そのまま引き継がれています。

　このように、「船舶若しくは航空機の貸付け」の範囲を狭く捉えることは、条文にその範囲を狭く捉える文言を定めることによって行われているのではなく、「貸付け」という用語を解釈することによって行われています。このため、「船舶若しくは航空機の貸付け」の範囲を狭く捉えることは、条文の趣旨目的に基づいて行われているということになります[*5]。

　要するに、租税特別措置法66条の６第２項３号イの「船舶若しくは航空機の貸付け」となるものは、「船舶若しくは航空機の貸付け」のうち、船主に注意義務が課されていないか、または、船主が船員の配乗、船用具品の配備等の責務を負っていないもので、その所得が「事業所得」や「雑所得」とはならずに「賃貸所得」となるという、受動的な行為としての「船舶若しくは航空機の貸付け」のみを行うものとなると解釈する必要がある、ということです。

　このような解釈は、上記①で確認した「株式等若しくは債券の保有」の解釈ともよく整合するものです。

(2)　「著作権の提供」の解釈

　上記(1)①の租税特別措置法66条の６第２項３号イの「株式等若しくは債券の保有」の解釈と上記(1)②の同号イの「船舶若しくは航空機の貸付

け」の解釈を踏まえて、以下、同号イの「工業所有権その他の技術に関する権利、特別の技術による生産方式若しくはこれらに準ずるもの（これらの権利に関する使用権を含む。）若しくは著作権（出版権及び著作隣接権その他これに準ずるものを含む。）の提供」の解釈を確認することとします。

① 「著作権の提供」は、「著作物の提供」ではない

　第１章において確認したとおり、著作権法は、昭和45年の改正時から、同法２条（定義）１項１号で、「著作物」について、「思想又は感情を創作的に表現したものであつて、文芸、学術、美術又は音楽の範囲に属するものをいう。」と定義しています。そして、「著作権」については、著作権法17条（著作者の権利）１項で「第21条から第28条までに規定する権利（以下「著作権」という。）」とされており、同法21条から28条までにおいては、複製権（21条）、上演権及び演奏権（22条）、上映権（22条の２）、公衆送信権等（23条）、口述権（24条）、展示権（25条）、頒布権（26条）、譲渡権（26条の２）、貸与権（26条の３）、翻訳権・翻案権等（27条）、二次的著作物の利用に関する原著作者の権利（28条）が挙げられています。

　このように、著作権法においては、「著作物」と「著作権」は、明確に分けられており、実際の取引においても、「著作物」と「著作権」は、別途、取引の対象とされています。

　税について定める法令においても、「著作物」と「著作権」は異なるものであることを前提とした規定が設けられています。

　例えば、変動所得の定義を定める所得税法２条１項23号の政令委任規定である所得税法施行令７条の２（変動所得の範囲）においては、「原稿若しくは作曲の報酬に係る所得又は著作権の使用料に係る所得」というように、「著作物」である「原稿」及び「曲」と「著作権」とを分けて規定が設けられており、報酬等の源泉徴収について定める所得税法204条（源泉徴収義務）１項１号においても、「原稿、さし絵、作曲、レコード吹込み又はデザインの報酬、放送謝金、著作権（著作隣接権を含む。）又は工業所有権の使用料及び講演料並びにこれらに類するもので

政令で定める報酬又は料金」というように、「著作物」である「原稿」
等と「著作権」とを分けて規定が設けられています。

　また、消費税法においても、「著作物」と「著作権」を明確に分けた
規定が設けられていますので、確認してみましょう。

　消費税法2条（定義）1項8号の3においては、「電気通信利用役務
の提供」の定義が設けられていますが、同号は、「資産の譲渡等のうち、
電気通信回線を介して行われる著作物（著作権法（昭和45年法律第48号）
第2条第1項第1号（定義）に規定する著作物をいう。）の提供（当該
著作物の利用の許諾に係る取引を含む。）その他の電気通信回線を介し
て行われる役務の提供」というように、著作権法における「著作物」の
定義規定を引用した規定となっています。

　そして、次のとおり、消費税法基本通達5－8－3において、消費税法
2条1項8号の3の「著作物の提供その他の電気通信回線を介して行わ
れる役務の提供」のうちの一定のものについて、例示が行われています。

（電気通信利用役務の提供）
5－8－3　電気通信利用役務の提供とは、電気通信回線を介して行
　われる著作物の提供その他の電気通信回線を介して行われる役務の
　提供であって、他の資産の譲渡等の結果の通知その他の他の資産の
　譲渡等に付随して行われる役務の提供以外のものをいうのであるか
　ら、例えば、次に掲げるようなものが該当する。
　(1)　インターネットを介した電子書籍の配信
　(2)　インターネットを介して音楽・映像を視聴させる役務の提供
　(3)　インターネットを介してソフトウエアを利用させる役務の提供
　(4)　インターネットのウエブサイト上に他の事業者等の商品販売の
　　　場所を提供する役務の提供
　(5)　インターネットのウエブサイト上に広告を掲載する役務の提供
　(6)　電話、電子メールによる継続的なコンサルティング
　(注)〔省略〕

　また、国税庁消費税室が公表している「国境を越えた役務の提供に係る消費税の課税に関するＱ＆Ａ」の問２－１（「電気通信利用役務の提供」の範囲①）の答からも、「インターネット等を介して行われる電子書籍・電子新聞・音楽・映像・ソフトウエア（ゲームなどの様々なアプリケーションを含みます。）の配信」が「著作物の提供」に該当することを確認することができます。

　これに対し、消費税法基本通達５－７－６（著作権等の範囲）においては、「著作権」について、「著作権法の規定に基づき著作者が著作物に対して有する権利をいう。」とされています。

　この消費税法の定めなどからも分かるように、「著作物」と「著作権」は異なるものであることが明らかであるため、租税特別措置法66条の６第２項３号イの「著作権の提供」に該当するのか否かということを判断する場合には、「提供」をするものが「著作権」であるのか「著作物」等であるのかということを正確に確認することが必要となります。

　「著作物の提供」と「著作権の提供」とを比べてみると、消費税法基本通達５－８－３や「国境を越えた役務の提供に係る消費税の課税に関するＱ＆Ａ」の問２－１の答などからも分かるとおり、「著作権の提供」が権利（著作権法21条から28条までに規定する支分権）の「提供」に止まるのに対し、「著作物の提供」は、非常に多様なものを多様な方法で「提供」することになるとともに、その「提供」には様々な人的サービスの「提供」が伴うことが少なくありません。

　「著作物の提供」と「著作権の提供」にこのような違いがあるということまで踏まえて判断してみると、租税特別措置法66条の６第２項３号イの「著作権の提供」についても、受動的な行為が指標とされているという点で、「株式等若しくは債券の保有」及び「船舶若しくは航空機の貸付け」と整合的なものとなっているということが分かります。

　要するに、租税特別措置法66条の６第２項３号イにおいて、「著作物の提供」と規定するのではなく、「著作権の提供」と規定していることには、理由がある、ということです。

　当然のことながら、租税特別措置法66条の６第２項３号イの「著作権

の提供」は「著作物の提供」ではないため、「著作物」等の「提供」をするものしかないということであったり、そうするものの方が「著作権」の「提供」をするものよりも多いということであったりすると、「著作権の提供」を「主たる事業」とはしていないということになります。

　なお、租税法律主義の下、租税法規を解釈するに当たっては、文理解釈によるのが原則であり、濫りに規定の文言を離れて解釈することは、許されない、ということを念のために付言しておくこととします。

② 「提供」は、「譲渡」を含まず、能動的な「運用」も含まない

　第1章第4節2(2)④ⅰ(ⅰ)において、「著作権〔括弧内略〕の提供」という文言の中の「提供」に関しては、「譲渡」は含まないと解するべきであるということを述べましたが、②においては、この点について、詳しく説明をすることとします。

　現在、租税特別措置法においては、著作権に関し、「提供」という用語しか用いられていませんので、現在の租税特別措置法の規定だけを見ていたのでは、「提供」という用語が「譲渡」を含むのか否かということは、よく分かりません。

　しかし、本制度が創設された昭和53年に、租税特別措置法66条の6において、著作権に関し、「提供」という用語が用いられた時には、同法21条（技術等海外取引に係る所得の特別控除）2項3号などで、「著作権の譲渡又は提供」という文言が用いられていました。

　つまり、租税特別措置法66条の6においては、同法の他の規定において、「著作権の譲渡又は提供」というように、「譲渡」という用語と「提供」という用語とを並べて用いている中にあって、著作権に関し、「提供」という用語のみを用いるということになっていたわけです。

　そうすると、当然のことながら、租税特別措置法66条の6においては、著作権に関し、「譲渡」を含まないものとして「提供」という用語を用いることとする、という立法判断がなされたと評価すべきことになります。

　また、次に引用した現在の法人税法施行令5条（収益事業の範囲）1項33号の規定からも、同様のことを確認することができます。

三十三　その有する工業所有権その他の技術に関する権利又は著作権
（出版権及び著作隣接権その他これに準ずるものを含む。）の譲渡又
は提供（以下この号において「無体財産権の提供等」という。）の
うち次に掲げるもの以外のものを行う事業
イ　国又は地方公共団体（港湾法（昭和25年法律第218号）の規定
による港務局を含む。）に対して行われる無体財産権の提供等
ロ　国立研究開発法人宇宙航空研究開発機構、国立研究開発法人海
洋研究開発機構その他特別の法令により設立された法人で財務省
令で定めるものがその業務として行う無体財産権の提供等
ハ　その主たる目的とする事業に要する経費の相当部分が無体財産
権の提供等に係る収益に依存している公益法人等として財務省令
で定めるものが行う無体財産権の提供等

　この法人税法施行令５条１項33号の「工業所有権その他の技術に関す
る権利又は著作権（出版権及び著作隣接権その他これに準ずるものを含
む。）の譲渡又は提供」という定め方から、「工業所有権その他の技術に
関する権利」と「著作権（出版権及び著作隣接権その他これに準ずるも
のを含む。）」については、「譲渡」と「提供」が区別されていることが分
かります。

　他方、租税特別措置法、法人税法、所得税法、消費税法等の租税法規
及びそれらの解釈通達のいずれにも、「工業所有権」等や「著作権」の
「提供」に「譲渡」が含まれるとした文言が存在しないことは勿論のこ
と、そのように解釈すべきことをうかがわせる解説等も、全く見当たり
ません。

　このような「工業所有権」等や「著作権」の「提供」の解釈は、上記
(1)で確認した「株式等若しくは債券の保有」及び「船舶若しくは航空機
の貸付け」の解釈とも整合するものです。

　また、租税特別措置法においては、同法66条の６第６項７号を初めと
して、12か所で「資産の運用、保有、譲渡、貸付けその他の行為」とい

う文言が用いられていますので、この「提供」については、「運用」という行為が含まれるのか否かということも考えておく必要がありますが、上記(1)で確認した「保有」と「貸付け」がいずれも受動的な行為をいうものであったことから判断すると、この「提供」も、受動的な行為をいうものであって、受動的な「運用」という行為は含むものの、能動的な「運用」という行為は含まない*6と解釈するのが妥当であると考えられます。

　「運用」という用語は、租税特別措置法の中でも、数多く用いられていますので、能動的な行為を含めるということであれば、「運用」という用語を用いればよいわけですが、租税特別措置法66条の6第2項3号イにおいては、「運用」という用語は、用いられていません。

　租税特別措置法66条の6第2項3号イの「提供」という用語に関しては、このように、受動的な「運用」という行為は含むものの、能動的な「運用」という行為は含まないと解釈することが事業基準の規定を統一的に解釈するという観点からも適当であると考えられます。

③　「著作権の提供」は、「人的サービス提供」を含まない

　本制度が創設された昭和53年に、大蔵省主税局が作成した事業基準の創設理由に関する想定問答（問42）の答には、アメリカでは、「受動的な所得」が「外国同族持株会社所得」という名称で一つのカテゴリーにまとめられており、それらは、「配当、利子、使用料、賃貸料、有価証券売却等からの利得、商品の先物取引からの利得、人的サービス提供からの所得等」であるということを述べた後に、本制度について、次のように記述されています。

　わが国の対策税制には、利子（金融機関の利子収入を除く。）賃貸料一般、人的サービス提供からの所得等を含んでいないがこれは所在地国内で行われる事業を適用除外とするとの原則により所在地国基準を充たすものには適用除外を働かせる余地を残さんがためである。

　この記述は、我が国の税制においては、アメリカの税制とは異なり、「利子（金融機関の利子収入を除く。）」、「賃貸料一般」、「人的サービス提供」からの所得等について、事業基準によって実体の有無等に拘らず課税の対象とするということとはせずに、「所在地国内で行われる事業を適用除外とするとの原則により所在地国基準を充たすものには適用除外を働かせる余地を残さんがためである〔制度の適用の対象外とする〕」と説明したものです。

　つまり、租税特別措置法66条の6第2項3号イの「株式等若しくは債券の保有」、「工業所有権」等と「著作権」の「提供」及び「船舶若しくは航空機の貸付け」には、「人的サービス提供」は含まれない、ということです。

　このため、租税特別措置法66条の6第2項3号イの「著作権の提供」には、消費税法2条1項8号の3の「電気通信回線を介して行われる役務の提供」で「人的サービス提供」に該当するようなものも含まれないと解釈するべきことになります。

　「人的サービス提供」の中に「著作権の提供」が含まれていたり、「著作権の提供」に付随して一体的に「人的サービス提供」が行われていたりする場合には、それらの行為は、租税特別措置法66条の6第2項3号イの「著作権の提供」とはならないと考えられます。

　それは何故かというと、それらの行為が租税特別措置法66条の6第2項3号イの「著作権の提供」となると解釈するとすれば、上記の説明に反して「人的サービス提供」からの所得（上記の記述においては、「人的サービス提供からの所得」とされており、「人的サービス提供からの収入」とはされていないため、上記の記述の中の「人的サービス提供」は、収入を得るためだけの狭い範囲のものが想定されているわけではないと解すべきことになります。）に課税をすることになってしまうからです。

　このように、租税特別措置法66条の6第2項3号イの「著作権の提供」に該当するものは、かなり限定されたものということになりますが、このような解釈は、受動的な行為としての「保有」のみを行うものが同号イの「株式等若しくは債券の保有」となるという上記(1)①で確認した解

釈、そして、受動的な行為としての「貸付け」のみを行うものが同号イ
の「船舶若しくは航空機の貸付け」となるという上記(1)②で確認した解
釈とも、よく整合することとなります。

④　「著作権の提供」には、「著作権」を有しない者が提供するものは含
　まれない

　「工業所有権」等や「著作権」を有しない者が「提供」をするものは、
それが「工業所有権」等や「著作権」に何らかの関係があるものの「提
供」であったとしても、租税特別措置法66条の6第2項3号イの「工業
所有権」等の「提供」や「著作権の提供」には含まれない、ということ
に留意する必要があります。

　所得税法における変動所得に関する解釈通達である所得税基本通達2
－32には、「著作権」そのものの解釈ではなく、「著作権の使用料に係る
所得」の解釈ではありますが、次のとおり、著作権者が得るもののみが
「著作権の使用料に係る所得」となり、著作権者以外の者が得るものは、
「著作権の使用料に係る所得」とはならず、「管理することにより受ける
対価に係る所得」となるということが明らかにされています。

> （著作権の使用料に係る所得）
> **2－32**　令第7条の2に規定する「著作権の使用料に係る所得」には、
> 著作権者以外の者が著作権者のために著作物の出版等による利用に
> 関する代理若しくは媒介をし、又は当該著作物を管理することによ
> り受ける対価に係る所得は含まれない。

　つまり、「工業所有権」等や「著作権」を有する者でなければ、それら
の「提供」をするということはできず、「工業所有権」等や「著作権」を
有しない者ができることは、それらの「提供」をすることではなく、そ
れらの利用に関する「代理」若しくは「媒介」又は「管理」（これらの役
務提供は、「人的サービス提供」ということになります。）をすることというこ

とになります。

　このように、租税特別措置法66条の6第2項3号イの「工業所有権」等の「提供」と「著作権の提供」には、「工業所有権」等や「著作権」を有しない者が提供するものは含まれないと解釈するのが妥当です。

　この「「工業所有権」等や「著作権」を有しない者が提供するもの」は、非常に多様であり、上記の通達にある「代理」若しくは「媒介」又は「管理」などの他にも、様々なものが存在します。その例を挙げると、消費税法2条1項8号の3（「電気通信利用役務の提供」の定義）の「電気通信回線を介して行われる役務の提供」のうち、「著作物の提供」に該当しないもので、消費税法基本通達5−8−3（電気通信利用役務の提供）の(4)から(6)までに掲げられている「インターネットのウエブサイト上に他の事業者等の商品販売の場所を提供する役務の提供」、「インターネットのウエブサイト上に広告を掲載する役務の提供」、「電話、電子メールによる継続的なコンサルティング」、そして、国税庁消費税室が公表している「国境を越えた役務の提供に係る消費税の課税に関するQ＆A」の問2−1（「電気通信利用役務の提供」の範囲①）の答にある「顧客に、クラウド上で顧客の電子データの保存を行う場所の提供を行うサービス」、「インターネット等を通じた広告の配信・掲載」、「インターネット上のショッピングサイト・オークションサイトを利用させるサービス」、「インターネット上でゲームソフト等を販売する場所を利用させるサービス」、「インターネットを介して行う宿泊予約、飲食店予約サイト（宿泊施設、飲食店等を経営する事業者から掲載料等を徴するもの)」、「インターネットを介して行う英会話教室」などとなります。

⑤　「著作権〔括弧内略〕」の範囲は、狭く捉えられており、「著作権」、「出版権」、「著作隣接権」及び「著作隣接権に準ずるもの」に限られる
　租税特別措置法66条の6第2項3号イの「工業所有権」等に関しては、「工業所有権その他の技術に関する権利、特別の技術による生産方式若しくはこれらに準ずるもの（これらの権利に関する使用権を含む。)」とされており、「工業所有権」だけでなく、「その他の技術に関する権利」

を含め、「工業所有権その他の技術に関する権利」と「特別の技術による生産方式」に「これらに準ずるもの」を加えた上で、更に、「これらの権利に関する使用権」を含めるというように、非常に広く捉えられています。

　これに対して、著作権に関しては、「著作権（出版権及び著作隣接権その他これに準ずるものを含む。）」としか規定されておらず、この括弧書きの中の「これに準ずるもの」も、上記の「工業所有権」等において用いられている「これらに準ずるもの」とは異なり、「これ」がその直前の「著作隣接権」しか指さないため、その範囲は、「著作権」、「出版権」、「著作隣接権」及び「著作隣接権に準ずるもの」に限られることとなっています。

　このように、租税特別措置法66条の6第2項3号イにおいては、「工業所有権」等の範囲と「著作権」の範囲に関する規定の仕方が大きく異なっており、「工業所有権」等の範囲とは反対に、「著作権」の範囲を狭く捉えています。

　このため、租税特別措置法66条の6第2項3号イの「著作権」に関しては、その範囲を「工業所有権」等の範囲のように広く捉えないという同号イの趣旨を正しく踏まえて、その文言に正確に従って解釈することとし、拡大解釈をすることがないように、十分、注意する必要があります。

3　事業基準における「主たる事業」の解釈

　租税特別措置法66条の6第2項3号イにおいては、「株式等若しくは債券の保有」、「工業所有権」等若しくは「著作権」の「提供」、「船舶若しくは航空機の貸付け」の三つについて、それらを「主たる事業」とするものは、事業基準に抵触するとしていますので、「主たる事業」という文言をどのように解釈するべきかということについても、簡単に触れておくこととします。

　「主たる」という用語は、一般用語として用いる場合には、「主要な」という用語と同義と解してもよいわけですが、法令用語として用いる場合には、「主要な」という用語とは異なり、一つのものをいうことになります。

　このため、「主たる事業」は、「主要な事業」とは異なり、一つしかなく、最も主要と言い得る事業ということになります。何が「最も主要と言い得る」のかということに関しては、売上の金額や従業者の数などの指標を用いて一律に判断することはできず、個々に、様々な事情を勘案して客観的に判断することとなるものと考えられます。

　また、上記2(1)①において確認したとおり、租税特別措置法66条の6第2項3号イの「株式等若しくは債券の保有」という文言の中の「保有」という用語は、「運用」、「譲渡」及び「貸付け」という用語とは区別して用いられています。

　このため、租税特別措置法66条の6第2項3号イの「主たる事業」の中の「事業」については、「保有」をするものと、「運用」、「譲渡」や「貸付け」をするものとを区別することができる捉え方をする必要があるということになります。

　つまり、「保有」をする「事業」の範囲を広げ過ぎて、「運用」、「譲渡」や「貸付け」をする「事業」まで含めて捉えてしまうことがないようにする必要があるわけです。

　同じく、上記2(1)②において確認したとおり、租税特別措置法66条の6第2項3号イの「船舶若しくは航空機の貸付け」に関しては、裸用船契約による「貸付け」と定期用船契約等による「貸付け」とが区別されています。

　このため、租税特別措置法66条の6第2項3号イの「主たる事業」の中の「事業」については、裸用船契約による「貸付け」をするものと定期用船契約等による「貸付け」をするものとを区別することができる捉え方をする必要があるということになります。

　そして、上記2(2)②において確認したとおり、租税特別措置法66条の6第2項3号イの「工業所有権」等と「著作権」に関しては、「提供」

と「譲渡」及び「運用」とが区別されていると考えられます。また、上記2⑵③において確認したとおり、「工業所有権」等及び「著作権」の「提供」と「人的サービス提供」も区別することが必要となります。

　このような事情にあることからすると、租税特別措置法66条の6第2項3号イの「主たる事業」の中の「事業」については、「工業所有権」等及び「著作権」の「提供」をするものと、「譲渡」や「運用」をするものとを区別し、また、「工業所有権」等及び「著作権」の「提供」をするものと「人的サービス提供」をするものとを区別することができる捉え方をする必要があるということになります。

　要するに、租税特別措置法66条の6第2項3号イの「事業」は、あまり広く捉えられるべきではなく、従って、同号イの「主たる事業」も、同様に、あまり広く捉えられるべきではない、ということになります。

　なお、租税特別措置法66条の6第2項3号の事業基準の定めに関しては、同号ロに、「その主たる事業（イ⑴に掲げる外国関係会社にあつては統括業務とし、イ⑵に掲げる外国関係会社にあつては政令で定める経営管理とする。…)」というように、「事業」、「業務」と「経営管理」を同列に捉えているとも解される規定があることからも推測できるように、その解釈において「事業」と「業務」などを峻別する意義は乏しいと考えられるということを付言しておくこととします。

4　「著作権の提供」に関する事例の検証

　4においては、香港子会社が租税特別措置法66条の6第2項3号イの「著作権の提供」を「主たる事業」とするものに当たるとして本制度により課税を受けて争いとなったサンリオ事件について、検証を行ってみることとします。

　この事件は、第一審である東京地裁において、旧租税特別措置法66条の6第7項の適用除外規定の適用がある旨の書面の添付がなかったことを理由として、香港子会社が「著作権の提供」を「主たる事業」として

行っているのか否かということには判断を示さず、サンリオの敗訴とする判決（令和3年2月26日）が出され、その後、第二審である東京高裁においてもサンリオの控訴が棄却（令和3年11月24日）され、令和4年8月8日に最高裁がサンリオの上告棄却及び上告不受理の決定をして、確定しています。

　本書は、本制度の解説書ではありませんし、旧租税特別措置法66条の6第7項は平成29年度税制改正において廃止されていますので、以下、4においては、適用除外規定の適用がある旨の書面の添付がなかったことには言及しないこととし、第一審において、国が香港子会社について「著作権の提供」を「主たる事業」とするものに当たると主張した理由を中心に取り上げて検証を行うこととします。

　この事件における国の主張は、第一審の判決に要約されていますが、正確に知るためには、国自身の準備書面における主張を確認した方がよいと思われますので、国の主張が最も詳細に確認できる準備書面(1)（令和元年12月6日付。以下、同じです。）から国の主張を引用することとします。

　国の準備書面(1)における「著作権の提供」の意義に関する主張は、次のとおりです。

イ　事業基準における「著作権の提供」の意義

　㈠　**本件各適用除外規定に規定する「著作権（出版権及び著作隣接権その他これに準ずるものを含む。）の提供」における著作権の意義について**

　　事業基準における「著作権（出版権及び著作隣接権その他これに準ずるものを含む。）の提供」については、租税法上定義規定は置かれておらず、その意義を明確にする規定は必ずしも見当たらない。しかしながら、我が国においては、著作権法が著作物に係る著作者の権利等について定めているところ、事業基準における「著作権」の意義を解釈するに当たっては、著作権法において定められた著作者の権利等の内容や意義を踏まえて、これと整合

的に解釈することが、予測可能性の確保や法的安定性の要請に合致し、相当であると解される。

　ここで、著作権法17条1項は、「著作者は、次条第1項、第19条第1項及び第20条第1項に規定する権利（以下「著作権」という。）を享有する。」と規定し、「著作権」の語は、同法21条から28条までに規定する権利の総称であるところ、これには、同法21条「複製権」、同法26条の2「譲渡権」及び同法26条の3「貸与権」のほか、同法27条「翻訳権、翻案権等」も含まれている。

　また、事業基準における「著作権」には、措置法66条の6第2項3号イの規定上、「出版権及び著作隣接権その他これに準ずるものを含む。」とされていることから、著作権法上の「出版権」及び「著作隣接権」の意義を踏まえると、同法において定められた「出版権」（同法3章）及び「著作隣接権」（同法4章）その他これに準ずるものが含まれていると解される。

　そうすると、<u>事業基準における「著作権（出版権及び著作隣接権その他これに準ずるものを含む。）」については、著作権法21条から28条までに規定する著作権法上の著作権を構成する各権利に加えて、同法第3章の「出版権」及び同法第4章の「著作隣接権」その他これに準ずるものを含めたものをいうと解するのが相当である</u>（以下においては、本件各適用除外規定に規定する「著作権（出版権及び著作隣接権その他これに準ずるものを含む。）」をいう用語として、単に「著作権」という。）。

(ｲ)　**本件各適用除外規定に規定する「著作権（出版権及び著作隣接権その他これに準ずるものを含む。）の提供」における「提供」の意義について**

　事業基準における「著作権（出版権及び著作隣接権その他これに準ずるものを含む。）の提供」における「提供」についても、租税法上定義は置かれていない。

　しかしながら、<u>法律用語としての「提供」とは、「他人の用に供すること、他人が利用できる状態に置くこと」（法律用語辞典、有斐閣）を意味するものであり、より具体的には、何らかの対象</u>

を、譲渡、貸与、使用許諾等することにより、他人の用に供すること、他人が利用できる状態にすることをいうものと解され、事業基準における上記「提供」についても、このような意義のものと解すべきである。

(ウ)　事業基準における「著作権の提供」の意義について

　　前記(ア)及び(イ)を踏まえれば、事業基準における「著作権の提供」とは、著作権法上の著作権並びに出版権及び著作隣接権その他これに準ずるものに位置づけられる各種権利について、譲渡、貸与、使用許諾等することにより、他人の用に供すること、他人が利用できる状態にすることをいうと解するのが相当である。

（第6の3⑴イ）

　上記引用中の(ア)の記述から、国は「著作権の提供」の中の「著作権」について文字どおり「著作権」と解釈しているということを確認することができます。

　この国の解釈は、妥当であると考えられます。

　また、上記引用中の(イ)の記述から、国は「著作権の提供」の中の「提供」について「譲渡、貸与、使用許諾等」と解釈しているということを確認することができます。

　このように、「法律用語辞典」の記述を根拠として[*7]、「提供」を広く解釈することは、誤りと言わなければなりません。「著作権の提供」の中の「提供」については、上記2⑵②において詳述したとおり、狭く解釈する必要があります。

　また、上記引用中の(ウ)の記述から、国は「著作権の提供」について「著作権法上の著作権」等の「譲渡、貸与、使用許諾等」をすることと解釈しているということを確認することができます。

　この国の解釈は、上記の「提供」のところで述べたとおり、その範囲を広く解釈し過ぎています。

　さらに、国は、準備書面(1)において、次のように、香港子会社の主たる事業は著作権の提供であると主張しています。

4　本件各香港子会社の主たる事業は著作権の提供であること

⑴　主たる事業の判定基準

　〔中略〕

　ここにいう「事業」とは、企業による個々の経済的行為（「業務」レベルにとどまるもの）を指すものではなく、企業全体を通じての有機的な一体としての経済活動を意味していると解され、当該「事業」にはその関連する業務も含まれ、ある業務が当該「事業」に含まれるか否かは、当該「事業」とは異なる独自の目的、内容、機能等を有するか否かによって判断されるべきである（法曹時報70巻10号2922及び2933ページ参照）。

　そして、上記「主たる事業」については、特定外国子会社等の当該事業年度における事業活動の具体的かつ客観的な内容から判断することが相当であり、特定外国子会社等が複数の事業を営んでいるときは、当該特定外国子会社等におけるそれぞれの事業活動によって得られた収入金額又は所得金額、事業活動に要する使用人の数、事務所、店舗、工場その他の固定施設の状況等を総合的に勘案して判定するのが相当である（最高裁平成29年10月24日第三小法廷判決・民集71巻8号1522ページ〔以下「最高裁平成29年10月24日判決」という。〕）。

（第6の4⑴から一部を抜粋）

　上記引用から分かるとおり、国は、事業基準における「主たる事業」の中の「事業」について、デンソー事件の最高裁平成29年10月24日判決の解説の中の「本件地域統括業務の「事業」該当性」について説明をした「法曹時報70巻10号2922及び2933ページ」の記述を根拠として、「企業全体を通じての有機的な一体としての経済活動を意味していると解さ

れ、当該「事業」にはその関連する業務も含まれ〔る〕」と主張しています。

　しかし、「法曹時報70巻10号2922及び2933ページ」には、「ここにいう「事業」とは、企業による個々の経済的行為（「業務」レベルにとどまるもの）を指すものではなく、」（2922頁）という部分に続けて「企業全体を通じての有機的な一体としての経済活動を意味していると解される」（同前）という記述は存在するものの、「当該「事業」にはその関連する業務も含まれ、ある業務が当該「事業」に含まれるか否かは、当該「事業」とは異なる独自の目的、内容、機能等を有するか否かによって判断されるべきである」という記述は存在しません。

　事業基準における「主たる事業」の「事業」に関しては、上記3において確認したとおり、デンソー事件でも問題となった「株式等若しくは債券の保有」の例で言えば、「保有」という用語は、「運用」、「譲渡」及び「貸付け」という用語と区別する必要があるなど、あまり広く捉えられるべきものではありません。つまり、事業基準における「主たる事業」の「事業」に関しては、一般的な「事業」の捉え方で足るということにはならない、ということです。

　また、「株式等若しくは債券の保有」の例で言えば、通常、「保有」は、「運用」、「譲渡」及び「貸付け」と「関連する」と認定される関係にあるはずですから、「保有」という「事業」に、「関連する業務」が含まれるということになると、「運用」、「譲渡」及び「貸付け」という「業務」まで、「保有」という「事業」に含まれるということになってしまいます。

　要するに、上記の国の主張は、事業基準における「主たる事業」の中の「事業」について、一般的な捉え方に止まる捉え方をしてその範囲を広く捉え過ぎた「法曹時報70巻10号2922ページ」の解説[*8]を根拠とした上に、さらに「当該「事業」にはその関連する業務も含まれ、〔後略〕」という独自の見解を追加することで、その範囲を大きく拡大したものとなっているということです。

　ところで、国は、準備書面(1)の「4　事業基準の趣旨を強調して特定事業該当性を判断する必要があるとする原告の主張は誤りであること」という部分で、事業基準の定めの解釈の仕方に関して、次のような注目すべき主張を行っています。

　確かに、法令解釈においてその条文の趣旨は必要に応じ考慮されるべきものではあるが、<u>趣旨を重視する余り具体的な条文の文言を離れて、実質的に新たな要件を加えるような解釈をすることが許容されることにはならない</u>。この点、最高裁平成29年10月24日判決が外国子会社合算税制の趣旨目的に言及したのは、適用除外要件である<u>事業基準のうち「株式保有に係る事業」の範囲について、文理解釈によってその範囲を確定することが困難であることによるものと考えられ</u>、したがって、その他の適用除外要件について、<u>個別の規定の文言を離れて、特定外国子会社等が本店所在地国で行う事業につき、当該地域において事業活動をする積極的な経済的合理性を有するか否か、当該事案が租税回避を目的としたものか否かを検討して、適用除外要件を解釈することを是認したものでないことに留意する必要がある</u>（法曹時報70巻10号314ページ参照）。
　この点、前記第6の2(1)のとおり、<u>事業基準における「著作権の提供」の要件については、文理解釈によってその範囲を確定することができるのであるから、上記文言を離れて、外国子会社合算税制の趣旨目的を検討して上記要件を解釈することが是認されるわけではない</u>というべきである。

（判決理由4(2)）

　この国の主張は、「事業基準のうち「株式保有に係る事業」の範囲について、文理解釈によってその範囲を確定することが困難である」という評価の部分を除き[*9]、正当な主張として是認されるべきものであると考えます。

今後とも、事業基準における「著作権の提供」に該当するのか否かということを巡って争いとなる事案が発生することは避けられないと思われますが、そのような事案が生じた場合には、この国の主張にあるとおり、「事業基準における「著作権の提供」の要件については、文理解釈によってその範囲を確定することができるのであるから、上記文言を離れて、外国子会社合算税制の趣旨目的を検討して上記要件を解釈することが是認されるわけではない」という点に十分留意して対応する必要があります。

[注]

*1　第2節4において取り上げているサンリオ事件においては、国は、次のような主張をしています。

「　以上の事実は、原告が主張する「現地市場の嗜好を的確に理解した上で、現地語で各顧客とコミュニケーションを図る」といったことは、交通手段及び通信手段が極めて発達した現在の国際社会においては、「本件各香港子会社の現地スタッフ」ではなくとも、日本に所在する原告又はその子会社の従業員が十分行えることを示しており、「我が国において同等の効果をもって実施することは、事業の性格上およそ不可能」であるなどといえないことは明らかである。」（サンリオ事件の第一審において国が提出した令和元年12月6日付けの準備書面(1)の第7の2(2)）

*2　事業基準に関しては、本制度の創設時から、幾度かの一部改正が行われていますが、その内容の基本的な部分は、何ら変更されていません。

*3　大蔵省主税局長 高橋元監修『タックス・ヘイブン対策税制の解説』（清文社、1979）131頁

*4　桜井巳津男他『措置法通達逐条解説（法人税関係）』（財経詳報社、1980）736頁

*5　このような趣旨目的による限定解釈は、納税者に有利に働くものであるため、異論等が出ることはないはずですが、決して好ましいものではないと考えます。

　このように狭く解釈させようということであれば、通達に定めるのではなく、法律の条文に明確に定めるべきです。

*6　「提供」が「運用」という行為を全く含まないとまで解釈することは、困難と考えられます。

＊7　法令に用いられている用語の意味内容は、「法律用語辞典」ではなく、「法令用語辞典」で確認する必要があります。

＊8　「法曹時報70巻10号2922及び2933ページ」の記述は、デンソー事件において外国子会社の「地域統括業務」が「事業」に該当するとして納税者勝訴の判決を下した最高裁平成29年10月24日判決について、「本件地域統括業務の「事業」該当性」について説明をしたものとなっており、その記述の結論は、「DIASは、企業全体の有機的な一体としての経済活動として本件地域統括業務を行っているといえるから、本件地域統括業務は「事業」として位置付けられると考えられる。」(2933頁) というものとなっています。

　つまり、「法曹時報70巻10号2922及び2933ページ」の記述は、外国子会社が「地域統括業務」を行っており、その「業務」が「事業」と言い得るのか否かということを判断する場合には、それを拠り所とすることができるものではあるが、事業基準における「株式等若しくは債券の保有」等の三つがどのような「事業」であるのかということを判断する場合には、その記述に依拠するだけでは済まない、ということです。

　また、平成29年度税制改正により、租税特別措置法66条の6第2項3号における「統括業務」の規定の仕方が変わっており、例えば、同号ロにおいては「その主たる事業（事業持株会社にあつては、統括業務。〔後略〕)」と規定されていますが、法令作成の常識からして、同号において「事業」と「業務」を峻別するという観点があるのであれば、このように「事業」と「業務」を同列に捉えていると解される規定の仕方をすることはないはずです。要するに、事業基準の定めにおいては、「事業」と「業務」を厳密に区別して捉える意義は乏しいと考えられるということです。

＊9　事業基準の定めに関しては、「その地に本店をおくことに積極的な経済合理性を認め難い」のか否かという「趣旨」を持ち出し、その「趣旨」を判断基準として判断するという解釈をするのは適当ではなく、その文言に従って解釈をするのが適当であるということは、既に、1(1)②及び2において詳述したとおりです。

第3節
受動的所得の合算課税制度における「著作権の使用料」

1 受動的所得の合算課税制度の概要の確認

(1) 受動的所得の合算課税制度の基本的な仕組み

　受動的所得の合算課税制度は、平成22年度税制改正によって資産性所得の合算課税制度として創設され、同29年度税制改正によって現在の制度に改組されました。

　受動的所得の合算課税制度は、経済活動基準（事業基準、実体基準、管理支配基準及び所在地国基準又は非関連者基準）に係る要件の全てに該当して会社単位の合算課税が行われない外国関係会社（「部分対象外国関係会社」と呼ばれます。）のうち、外国金融子会社等に該当するもの以外のものについて、その受動的所得のみを取り出して合算課税をするというものです。

　外国関係会社の租税負担割合が20％（ペーパーカンパニー等は30％）以上の場合には、適用が免除されています。

　受動的所得の典型的なものは、株式の配当ということになりますが、著作権の使用料のうちの一定のものも該当することになります。

(2) 受動的所得の合算課税制度の趣旨

　租税特別措置法66条の6第6項（平成22年度税制改正では、同条4項とされていたもの。以下、同じです。）において、同項9号の「著作権（出版権及び著作隣接権その他これに準ずるものを含む。）（括弧内略）の使用料（自ら行つた研究開発の成果に係る無形資産等の使用料その他の政令で定めるものを除

く。〔後略〕)」を含むものに課税をすることとしたことについては、次の
ように説明されています*10。

④　特定外国子会社等の部分課税対象金額の益金算入制度の創設
　　株式や債券の運用による所得等の資産運用的な所得については、わ
が国と比べて著しく税負担の低い外国子会社においてそのような所得
を伴う取引を行うことにつき積極的な経済合理性を見出すことは困難
であり、むしろ、外国子会社への所得の付け替えに利用されやすいと
考えられます。外国子会社によるこうした資産運用的な所得に相当す
る額については、租税回避行為に該当するものとして、わが国親会社
の所得に合算して課税することが適当であると考えられます。そこで、
資産運用的な所得を外国子会社に付け替えるような租税回避行為を一
層的確に防止する観点から、外国子会社の資産運用的な行為に係る一
定の所得に相当する額について、親会社の所得に合算して課税する仕
組みが新たに措置されました。

　　つまり、受動的所得の合算課税制度は、外国子会社の「資産運用的な
所得」を課税の対象とするという趣旨で設けられた、ということです。

2　受動的所得の合算課税制度における「著作権の使用料」の解釈等

(1)　「著作権の使用料」の解釈

　　受動的所得の合算課税制度における「著作権の使用料」は、租税特別
措置法66条の6第6項9号において、次のように定められています。

九　工業所有権その他の技術に関する権利、特別の技術による生産方式若しくはこれらに準ずるもの（これらの権利に関する使用権を含む。）又は著作権（出版権及び著作隣接権その他これに準ずるものを含む。）（以下この項において「無形資産等」という。）の使用料（自ら行つた研究開発の成果に係る無形資産等の使用料その他の政令で定めるものを除く。以下この号において同じ。）の合計額から当該使用料を得るために直接要した費用の額（その有する無形資産等に係る償却費の額として政令で定めるところにより計算した金額を含む。）の合計額を控除した残額

　この租税特別措置法66条の6第6項9号の「著作権（出版権及び著作隣接権その他これに準ずるものを含む。）〔括弧内略〕の使用料（自ら行つた研究開発の成果に係る無形資産等の使用料その他の政令で定めるものを除く。〔後略〕）」は、「著作権の使用料」という部分について、第1章第4節2(2)⑪において確認したように、「著作権を有することで得られる著作物を利用させ又は使用させる対価」[*11]であって狭義の「料金」とは異なるものと解釈した上で、同号括弧書きにあるとおり、「自ら行つた研究開発の成果に係る無形資産等の使用料その他の政令で定めるもの」を除いたものと解釈するべきであると考えられます。

　この「その他の政令で定めるもの」とは、租税特別措置法施行令39条の17の3（部分適用対象金額の計算等）22項において、次のように定められています。

22　法第六十六条の六第六項第九号に規定する政令で定める使用料は、次の各号に掲げる無形資産等の区分に応じ、当該各号に定める使用料（同条第一項各号に掲げる内国法人が次の各号に定めるものであることを明らかにする書類を保存している場合における当該使用料に限る。）とする。

　一　部分対象外国関係会社が自ら行つた研究開発の成果に係る無形
　　資産等　当該部分対象外国関係会社が当該研究開発を主として行
　　つた場合の当該無形資産等の使用料
　二　部分対象外国関係会社が取得をした無形資産等　当該部分対象
　　外国関係会社が当該取得につき相当の対価を支払い、かつ、当該
　　無形資産等をその事業（株式等若しくは債券の保有、無形資産等
　　の提供又は船舶若しくは航空機の貸付けを除く。次号において同
　　じ。）の用に供している場合の当該無形資産等の使用料
　三　部分対象外国関係会社が使用を許諾された無形資産等　当該部
　　分対象外国関係会社が当該許諾につき相当の対価を支払い、かつ、
　　当該無形資産等をその事業の用に供している場合の当該無形資産
　　等の使用料

　この租税特別措置法施行令39条の17の３第22項の定めに関しては、特
に、同項２号と３号の「相当の対価を支払い」という要件に該当するの
がどのような場合でどのような金額が「相当の対価」となるのかという
点が明確ではありませんので、実務上、注意が必要となります。

⑵　事業基準における「著作権の提供」と受動的所得の合算 課税制度における「著作権の使用料」の関係

　事業基準の定めにおける「著作権の提供」に関しては、前節２⑵にお
いて確認したとおり、その文言どおりに、「著作権」について「提供」
をすることと解釈することになります。
　受動的所得の合算課税制度の定めにおける「著作権の使用料」に関し
ては、第１章第４節２⑵⑪において確認したとおり、「著作権を有する
ことで得られる著作物を利用させ又は使用させる対価」であって狭義の
「料金」とは異なるものと解釈するということになります。
　二つの定めをこのように解釈するということになると、二つの定めの

解釈に整合性がなくなってしまうのではないかという疑問が生じてくることが考えられます。

　確かに、このような疑問が生じてくることも、故なしとはしません。

　しかしながら、前節2(2)と第1章第4節2(2)⑪において詳しく述べたとおり、二つの定めを正しく解釈すれば、それぞれ上記のような解釈となることは、間違いありません。

　もっとも、受動的所得の合算課税制度において、「著作権の使用料」が合算課税の対象となったため、実際に、「著作権の使用料」がある場合には、事業基準における「著作権の提供」に関して上記のように解釈するとしても、結局、合算課税の対象となるというものもあります。

　なお、著作権の使用料に限ったことではありませんが、法人単位の合算課税と受動的所得の合算課税とを比べてみると、一見、前者が不利で後者が有利なように見えますが、例えば、通常の事業所得がマイナスであって、現地では外国法人税が発生していない場合に、受動的所得の合算課税の対象となるということになると、後者において課税所得が発生し、外国法人税が発生していないため、外国税額控除もできずに二重課税となってしまう、というようなこともありますので、両者の関係を勘違いすることのないようにしておかなければなりません。

(3)　「著作権の使用料」の額と異常所得の金額の関係

　平成29年度税制改正により、租税特別措置法66条の6第6項11号に、次のように、異常所得として受動的所得の合算課税の対象となるものに関する定めが設けられています。

> 十一　イからルまでに掲げる金額がないものとした場合の当該部分
> 　　対象外国関係会社の各事業年度の所得の金額として政令で定める
> 　　金額から当該各事業年度に係るヲに掲げる金額を控除した残額
> 　　イ～リ　〔省略〕

　　ヌ　支払を受ける無形資産等の使用料
　　ル　無形資産等の譲渡に係る対価の額の合計額から当該無形資産
　　　等の譲渡に係る原価の額の合計額を減算した金額
　　ヲ　総資産の額として政令で定める金額に人件費その他の政令で
　　　定める費用の額を加算した金額に百分の五十を乗じて計算した
　　　金額

　この租税特別措置法66条の6第6項11号の「各事業年度の所得の金額
として政令で定める金額」に関しては、租税特別措置法施行令39条の17
の3第27項において、次のように定められています。

27　法第六十六条の六第六項第十一号に規定する各事業年度の所得の
　　金額として政令で定める金額は、同号イからルまでに掲げる金額が
　　ないものとした場合の部分対象外国関係会社の各事業年度の決算に
　　基づく所得の金額（当該金額が零を下回る場合には、零）とする。

　また、租税特別措置法66条の6第6項11号ヲの「総資産の額として政
令で定める金額」と「政令で定める費用の額」に関しては、租税特別措
置法施行令39条の17の3第30項と31項において、それぞれ次のように定
められています。

30　法第六十六条の六第六項第十一号ヲに規定する総資産の額として
　　政令で定める金額は、部分対象外国関係会社の当該事業年度（当該
　　事業年度が残余財産の確定の日を含む事業年度である場合には、当
　　該事業年度の前事業年度）終了の時における貸借対照表に計上され
　　ている総資産の帳簿価額とする。
31　法第六十六条の六第六項第十一号ヲに規定する政令で定める費用

の額は、部分対象外国関係会社の当該事業年度の人件費の額及び当
該部分対象外国関係会社の当該事業年度（当該事業年度が残余財産
の確定の日を含む事業年度である場合には、当該事業年度の前事業年
度）終了の時における貸借対照表に計上されている減価償却資産に係
る償却費の累計額とする。

　異常所得を、受動的所得として合算課税の対象とした趣旨に関しては、
次のように説明されています*12。

　イ　異常所得
　　BEPSプロジェクト（行動３）の最終報告書では「合算対象となる
　所得と、配当、利子等の法的な分類によって限定列挙する方法だけ
　では、租税回避への十分な対応は困難」との認識に立ち、個々の外
　国子会社の経済実態に照らせば通常稼得困難と考えられる所得を合
　算課税の対象範囲に含めるアプローチについて言及されています。
　これを踏まえ、外国関係会社の資産規模や人員等の経済実態に照ら
　せば、その事業から通常生じ得ず、発生する根拠のないと考えられ
　る所得について、「異常所得」として部分合算課税の対象とすること
　とされました。

　このように、異常所得が受動的所得として合算課税の対象とされてい
ますので、租税特別措置法66条の６第６項９号の「著作権〔括弧内略〕
の使用料〔括弧内略〕」に該当しないということになったとしても、異
常所得として同項11号の「イからルまでに掲げる金額がないものとした
場合の当該部分対象外国関係会社の各事業年度の所得の金額として政令
で定める金額から当該各事業年度に係るヲに掲げる金額を控除した残
額」に含まれることになるというものが出てくることがあります。
　このため、実務においては、外国子会社等が著作権を有しているとい

う場合には、租税特別措置法66条の6第2項3号イと同6項9号による
取扱いのみならず、同項11号による取扱いまでよく確認をしておく必要
があります。

[注]

*10　財務省『平成22年度　税制改正の解説』496頁

*11　著作権の再実施権（サブライセンス権）が設定されて再実施権を有する者
　　　が著作物を利用させ又は使用させる対価を受け取るということもありますが、
　　　「著作権を有することで得られる著作物を利用させ又は使用させる対価」に
　　　は、「再実施権を有することで得られる著作物を利用させ又は使用させる対
　　　価」も含まれると解するべきであると考えます。

*12　財務省『平成29年度　税制改正の解説』711頁

第7章

消費税法における
著作権及び著作物の取扱い

（秋山 高善）

第7章　目次

はじめに

　平成27年度税制改正によって、「電気通信利用役務の提供」の定義規定である消費税法 2 条（定義） 1 項 8 号の 3 の中に、「著作物（著作権法（昭和四十五年法律第四十八号）第二条第一項第一号（定義）に規定する著作物をいう。）」というように、「著作物」に関する定義が設けられ、また、「著作物」の「提供」に関しては、「提供（当該著作物の利用の許諾に係る取引を含む。）」と規定されました。

　このため、消費税法においては、「電気通信利用役務の提供」における「著作物」とは、著作権法における「著作物」をいい、「思想又は感情を創作的に表現したものであつて、文芸、学術、美術又は音楽の範囲に属するものをいう」（著法 2 ①一）ということになります。

　「著作物」という用語は、消費税法においては、同法 2 条 1 項 8 号の 3 以外では用いられていませんし、消費税法施行令においても、全く用いられていませんので、消費税関係の法令では、同号において用いられているものが唯一の用例ということになります。そこで、同号において「著作物」を著作権法に規定する著作物に限定しているのは、何故なのかという疑問が湧いてくるものと思われます（ただし、消費税法基本通達においては、「著作物」という用語が使用されています。）。

　その理由は、消費税法が他の税に関する法令とは異なり、その性質上、課税の対象を納税義務者だけではなく消費者にも明確に分かるものとする必要があるためであろうと考えられます[*1]。

　他方、平成27年度税制改正前から資産の譲渡等が国内において行われたかどうかの判定を行う規定として設けられている消費税法 4 条（課税の対象） 3 項においては、同項 1 号括弧書きの中で「（当該資産が船舶、航空機、鉱業権、特許権、著作権、国債証券、株券その他の資産でその所在していた場所が明らかでないものとして政令で定めるものである場合

には、政令で定める場所)」と定めた上で、消費税法6条（資産の譲渡等が国内において行われたかどうかの判定）1項7号において、「著作権（出版権及び著作隣接権その他これに準ずる権利を含む。）又は特別の技術による生産方式及びこれに準ずるもの（以下この号において「著作権等」という。）」に係る国内取引か否かは「著作権等の譲渡又は貸付けを行う者の住所地」において判定するというように、著作権法を引用することなく、単に「著作権」と規定しています*2。

ただし、第2節1(2)において述べるとおり、この「著作権」に関しても、消費税法基本通達において、著作権法における著作権をいうという解釈が示されています。

このように、消費税に関する法令は、法人税法や所得税法などとは異なり、「著作権」や「著作物」に関する定めについて、著作権法に依拠しているという特徴がありますので、消費税に関する法令の中の「著作権」や「著作物」に関する定めを解釈する場合には、この特徴をよく踏まえた上で解釈する必要があります。

［注］

*1　源泉徴収の対象となるものに関しても、所得税法において課税の対象とされているものよりも範囲を狭く規定しているというものがありますが、これも所得が帰属する者ではなくその者の所得となるものを支払う者に納税義務を課しているという源泉所得税の性質によるものであると考えられます。このように、著作権に関する税法の規定の解釈に当たっても、それぞれの税法の性質をよく踏まえて行う必要があると考えられます。

*2　消費税法4条3項1号括弧書きにおいては、単に「著作権」とされていますが、「…ものとして政令で定めるもの」というように包括的に政令に委任した上で、消費税法施行令6条1項7号において、「著作権（出版権及び著作隣接権その他これに準ずる権利を含む。）」と定められていますので、同法4条3項1号括弧書きの「著作権」は、正確に言えば、同令6条1項7号に定められているとおり、出版権及び著作隣接権その他これに準ずる権利を含むものということになります。

第1節

消費税法における著作権及び著作物に係る規定の整理

　第1節においては、著作権及び著作物の規定の整理を行います。そこで、消費税法等の法令、通達、Q&A等に用いられている著作権及び著作物に関する条文等を、著作権に関するものと著作物に関するものとに分けて網羅的にまとめると、以下のようになります。

著作権		
	条文番号等	条文等
課税の対象	消法4③一	資産の譲渡又は貸付けである場合　当該譲渡又は貸付けが行われる時において当該資産が所在していた場所（当該資産が船舶、航空機、鉱業権、特許権、著作権、国債証券、株券その他の資産でその所在していた場所が明らかでないものとして政令で定めるものである場合には、政令で定める場所）
資産の譲渡等が国内において行われたかどうかの判定	消令6①七	著作権（出版権及び著作隣接権その他これに準ずる権利を含む。）又は特別の技術による生産方式及びこれに準ずるもの（以下この号において「著作権等」という。）　著作権等の譲渡又は貸付けを行う者の住所地
著作権等の範囲	消基通5-7-6	令第6条第1項第7号《著作権等の所在地》に規定する「著作権」、「出版権」又は「著作隣接権」とは、次のものをいう（外国におけるこれらの権利を含む。）。 (1)　著作権　著作権法の規定に基づき著作者が著作物に対して有する権利をいう。 (2)　出版権　著作権法第3章《出版権》に規定する出版権をいう。 (3)　著作隣接権　著作権法第89条《著作隣接権》に規定する著作隣接権をいう。

著作物		
	条文番号等	条文等
電気通信利用役務の提供の定義	**消法2①八の三**	電気通信利用役務の提供　資産の譲渡等のうち、電気通信回線を介して行われる<u>著作物</u>（著作権法（昭和四十五年法律第四十八号）第二条第一項第一号（定義）に規定する<u>著作物</u>をいう。）の提供（当該<u>著作物</u>の利用の許諾に係る取引を含む。）その他の電気通信回線を介して行われる役務の提供（電話、電信その他の通信設備を用いて他人の通信を媒介する役務の提供を除く。）であつて、他の資産の譲渡等の結果の通知その他の他の資産の譲渡等に付随して行われる役務の提供以外のものをいう。
資産に係る権利の設定の意義	消基通5-4-1	法第2条第2項《資産の貸付けの意義》に規定する「資産に係る権利の設定」とは、例えば、土地に係る地上権若しくは地役権、特許権等の工業所有権に係る実施権若しくは使用権又は<u>著作物</u>に係る出版権の設定をいう。
資産を使用させる一切の行為の意義	消基通5-4-2	法第2条第2項《資産の貸付けの意義》に規定する「資産を使用させる一切の行為（当該行為のうち、電気通信利用役務の提供に該当するものを除く。）」とは、例えば、次のものをいう。 (2)　<u>著作物</u>の複製、上演、放送、展示、上映、翻訳、編曲、脚色、映画化その他<u>著作物</u>を利用させる行為
電気通信利用役務の提供に含まれないもの	国境を越えた役務の提供に係る消費税の課税に関するQ&A問2-1	○　ソフトウエアの制作等 （<u>著作物</u>の制作を国外事業者に依頼し、その成果物の受領や制作過程の指示をインターネット等を介して行う場合がありますが、当該取引も<u>著作物</u>の制作という他の資産の譲渡等に付随してインターネット等が利用されているのですので、電気通信利用役務の提供に該当しません。）

	条文番号等	条文等
通信利用役務の提供に含まれないもの	国境を越えた役務の提供に係る消費税の課税に関するQ＆A問2-1	○　著作権の譲渡・貸付け （著作物に係る著作権の所有者が、著作物の複製、上映、放送等を行う事業者に対して、当該著作物の著作権等の譲渡・貸付けを行う場合に、当該著作物の受け渡しがインターネット等を介して行われたとしても、著作権等の譲渡・貸付けという他の資産の譲渡等に付随してインターネット等が利用されているものですので、電気通信利用役務の提供に該当しません。）
電気通信利用役務の提供の範囲②	国境を越えた役務の提供に係る消費税の課税に関するQ＆A問2-2	電気通信利用役務の提供とは、資産の譲渡等のうち、電気通信回線を介して行われる著作物の提供（当該著作物の利用の許諾に係る取引を含みます。）その他電気通信回線を介して行われる役務の提供（電話等、通信設備を用いて他人の通信を媒介する役務の提供は除きます。）であって、他の資産の譲渡等の結果の通知その他の他の資産の譲渡等に付随して行われる役務の提供以外のものをいいます（法2①八の三）。 　①の取引は、著作権・著作隣接権という資産の譲渡又は貸付けに該当し、電気通信回線を介して行われる役務の提供には該当しませんので、著作権・著作隣接権の譲渡又は貸付けを行う者の住所又は本店若しくは主たる事務所の所在地で内外判定を行うこととなり、国外取引として消費税の課税対象外となります（令6①七）。

第2節─────────────────────

消費税法上の著作権の取扱い

　第2節では、消費税法における「著作権」「出版権」「著作隣接権」の
定義及び内外規定について確認します。

1　著作権の定義

(1)　消費税法上の著作権に関する条文の構造

　消費税の課税の対象について定める消費税法4条（課税の対象）1項に
おいては、「国内において事業者が行つた資産の譲渡等（特定資産の譲渡
等に該当するものを除く。第三項において同じ。）及び特定仕入れ（事業
として他の者から受けた特定資産の譲渡等をいう。以下この章において
同じ。）には、この法律により、消費税を課する。」と規定しています。

　このため、消費税の課税の対象となるのか否かは、「国内において…
行つた」か否かということで判定するということになるわけですが、国
内において行ったか否かは、その資産等の場所が国内にあるかどうかに
より判定することとなります（消法4③）。

　ただし、著作権等（消費税法施行令6条1項7号に規定する「著作権（出版
権及び著作隣接権その他これに準ずる権利を含む。）又は特別の技術による生産
方式及びこれに準ずるもの」をいいます。以下、同じです。）については、資
産の譲渡等を国内において行ったか否かは、「著作権等の譲渡又は貸付
けを行う者の住所地」で判定することとされています（消令6①七）。

　このため、著作権等の権利を有している者が国内に住所地を有してい
れば国内取引となり、その者が国内に住所地を有していなければ国内取
引とはならないということになります。

(2)　著作権の定義

　消費税法施行令6条1項7号に規定する「著作権」がどのようなものかということに関しては、消費税法基本通達において、次のような解釈が示されています。

（著作権等の範囲）

5－7－6　令第6条第1項第7号《著作権等の所在地》に規定する「著作権」、「出版権」又は「著作隣接権」とは、次のものをいう（外国におけるこれらの権利を含む。）。

(1)　著作権　著作権法の規定に基づき著作者が著作物に対して有する権利をいう。

(2)　出版権　著作権法第3章《出版権》に規定する出版権をいう。

(3)　著作隣接権　著作権法第89条《著作隣接権》に規定する著作隣接権をいう。

　上記のとおり、消費税法基本通達5－7－6において、消費税法施行令6条1項7号に規定する「著作権」は、「著作権法の規定に基づき著作者が著作物に対して有する権利」をいうとしています。

　消費税法においては、「著作権」という用語は、同法4条3項1号の課税の対象の判定の規定の中においてのみ用いられており、消費税法施行令においては「著作権」という用語は、同令6条1項7号においてのみ用いられています。そして、消費税法2条1項8号の3と消費税法施行令6条1項7号のいずれにおいても、「著作権」については、単に「著作権」と定めるのみとなっています。このため、消費税法及び消費税法施行令の規定の文言を読んだだけでは、「著作権」について、「著作権法の規定に基づき著作者が著作物に対して有する権利をいう」と解釈するべきか否かということは、明確ではありません。

　しかし、消費税法基本通達5－7－6においては、消費税法施行令6

条1項7号の「著作権」は「著作権法の規定に基づき著作者が著作物に対して有する権利」をいうものであるという解釈が示されているわけです[*3]。

このように、消費税法施行令6条1項7号の「著作権」が「著作権法の規定に基づき著作者が著作物に対して有する権利」であるとすると、自ずと、著作権法において「著作者が著作物に対して有する権利」とはどのような権利とされているのかということが問題となります。

そこで、著作権法を確認してみると、同法17条(著作者の権利)1項において、「第二十一条から第二十八条までに規定する権利(以下「著作権」という。)」と定められています。

この著作権法21条(複製権)から28条(二次的著作物の利用に関する原著作者の権利)までに規定する権利とは、複製権、上演権及び演奏権、上映権、公衆送信権等、口述権、展示権、頒布権、譲渡権、貸与権、翻訳権、翻案権等、二次的著作物の利用に関する原著作者の権利とされています。

したがって、消費税法2条1項8号の3と消費税法施行令6条1項7号の「著作権」は、著作権法21条から28条までに定められているこれらの権利ということになります。

ところで、消費税法基本通達5-7-6の柱書においては、最後に「(外国におけるこれらの権利を含む。)」という括弧書きが付されており、これがどのような意味であるのかということも、確認しておく必要があります。

この括弧書きは、「次のものをいう」という文言の後に置かれていますが、その内容から判断すると、本来は、「いう」の後ではなく、「もの」の後に置かれるべきものです。つまり、本来は、「次のもの(外国におけるこれらの権利を含む。)をいう」とするべきものであるということです。そうすると、「これらの権利」が「次のもの」を指しているということが明確になります。

このように、「これらの権利」が「次のもの」を指しているということになると、「これらの権利」とは、「著作権」で言えば、「著作権法の

規定に基づき著作者が著作物に対して有する権利」ということになり、「外国におけるこれらの権利」とは、「外国における「著作権法の規定に基づき著作者が著作物に対して有する権利」」ということになります。

　このような理解が正しいということは、国税当局の職員が執筆した解説書において、「これらの権利については…資産の所在場所が客観的に明らかとなる性質のものではなく、…」[*4]というように、「これらの権利」の「所在場所」が国内とは限らないという旨の説明が行われていることからも、明確に確認することができます。

(3)　出版権の定義

　「出版権」という用語は、消費税法においては用いられておらず、消費税法施行令においては同令 6 条 1 項 7 号の「著作権（出版権及び著作隣接権その他これに準ずる権利を含む。）」という文言の中で用いられているのが唯一の用例ということになります。

　この「出版権」については、上記(2)で引用した消費税法基本通達 5 - 7 - 6(2)で「著作権法第 3 章《出版権》に規定する出版権をいう」という解釈が示されています。

　そこで、この著作権法第 3 章を確認してみると、同法79条（出版権の設定）から88条（出版権の登録）までにおいて「出版権」に関する定めが設けられており、同法80条において、次のように定められています。

（出版権の内容）

第八十条　出版権者は、設定行為で定めるところにより、その出版権の目的である著作物について、次に掲げる権利の全部又は一部を専有する。

一　頒布の目的をもつて、原作のまま印刷その他の機械的又は化学的方法により文書又は図画として複製する権利（原作のまま前条第一項に規定する方式により記録媒体に記録された電磁的記録として複製する権利を含む。）

　二　原作のまま前条第一項に規定する方式により記録媒体に記録された当該著作物の複製物を用いて公衆送信を行う権利

2　出版権の存続期間中に当該著作物の著作者が死亡したとき、又は、設定行為に別段の定めがある場合を除き、出版権の設定後最初の出版行為又は公衆送信行為（第八十三条第二項及び第八十四条第三項において「出版行為等」という。）があつた日から三年を経過したときは、複製権等保有者は、前項の規定にかかわらず、当該著作物について、全集その他の編集物（その著作者の著作物のみを編集したものに限る。）に収録して複製し、又は公衆送信を行うことができる。

3　出版権者は、複製権等保有者の承諾を得た場合に限り、他人に対し、その出版権の目的である著作物の複製又は公衆送信を許諾することができる。

4　第六十三条第二項、第三項及び第六項並びに第六十三条の二の規定は、前項の場合について準用する。この場合において、第六十三条第三項中「著作権者」とあるのは「第七十九条第一項の複製権等保有者及び出版権者」と、同条第六項中「第二十三条第一項」とあるのは「第八十条第一項（第二号に係る部分に限る。）」と読み替えるものとする。

　このため、消費税法施行令6条1項7号の「出版権」とは、著作権法において「出版権の内容」として同法80条に定められている上記引用にあるものをいう、ということになります。

⑷　著作隣接権の定義

　「著作隣接権」という用語についても、消費税法においては用いられておらず、消費税法施行令においては同令6条1項7号の「著作権（出版権及び著作隣接権その他これに準ずる権利を含む。）」という文言の中で用いられているのが唯一の用例ということになります。

　「著作権」が著作物を創作した者に付与されるものであるのに対し、「著作隣接権」は、著作物などを人々に「伝達した者」に与えられる権利です。「著作権に隣接する権利という趣旨で『著作隣接権』と呼ばれています。」*5 と説明されています。

　この「著作隣接権」についても、上記(2)で引用した消費税法基本通達5－7－6(3)で「著作権法第89条《著作隣接権》に規定する著作隣接権をいう」という解釈が示されています。

　著作権法においては、「著作隣接権」に関する規定は、同法89条（著作隣接権）から104条（著作隣接権の登録）までとなっていますが、同法89条を確認してみると、次のとおりとなっています。

（著作隣接権）

第八十九条　実演家は、第九十条の二第一項及び第九十条の三第一項に規定する権利（以下「実演家人格権」という。）並びに第九十一条第一項、第九十二条第一項、第九十二条の二第一項、第九十五条の二第一項及び第九十五条の三第一項に規定する権利並びに第九十四条の二及び第九十五条の三第三項に規定する報酬並びに第九十五条第一項に規定する二次使用料を受ける権利を享有する。

2　レコード製作者は、第九十六条、第九十六条の二、第九十七条の二第一項及び第九十七条の三第一項に規定する権利並びに第九十七条第一項に規定する二次使用料及び第九十七条の三第三項に規定する報酬を受ける権利を享有する。

3　放送事業者は、第九十八条から第百条までに規定する権利を享有する。

4　有線放送事業者は、第百条の二から第百条の五までに規定する権利を享有する。

5　前各項の権利の享有には、いかなる方式の履行をも要しない。

6　第一項から第四項までの権利（実演家人格権並びに第一項及び第二項の報酬及び二次使用料を受ける権利を除く。）は、著作隣接権という。

このため、消費税法施行令6条1項7号の「著作隣接権」とは、著作権法において「著作隣接権」として同法89条に定められている上記引用にあるものをいう、ということになります。

2　著作権に係る内外判定

(1)　著作権等の取扱い

　資産の譲渡等が国内において行われたかどうかの判定を行う規定である消費税法施行令6条1項7号においては、「著作権（出版権及び著作隣接権その他これに準ずる権利を含む。）又は特別の技術による生産方式及びこれに準ずるもの（以下この号において「著作権等」という。）」について、「著作権等の譲渡又は貸付けを行う者の住所地」によって国内において行われたかどうかの判定を行うこととされています。

　つまり、著作権等の譲渡又は貸付については、それらを行う者の所在地が国内であれば国内取引と判定され、そうでなければ国内取引ではないと判定される、ということです[6]。

　この「著作権等」とは、「著作権（出版権及び著作隣接権その他これに準ずる権利を含む。）」と「特別の技術による生産方式及びこれに準ずるもの」ということになり、この後者の「特別の技術による生産方式及びこれに準ずるもの」は、さらに細かく分けると、「特別の技術による生産方式」と「これ（特別の技術による生産方式）に準ずるもの」ということになります。

　この「著作権等」の定義の「著作権（出版権及び著作隣接権その他これに準ずる権利を含む。）」という部分の括弧内の「その他これに準ずる権利を含む」については、次の(2)でもう少し詳しく説明します。

(2)　「その他これに準ずる権利を含む」の解釈

　消費税法施行令6条1項7号括弧書きの中の「その他これに準ずる権利を含む」の「その他」とは、「その他」の前後の語句が独立しており、それぞれが、一応、別個の概念として並列的に示されている場合に用いる用語です[*7]。また、「準ずる」とは、「大体において則る」、「若干の修正を要する点はあるが概ね同様である」ないしは「類似する」と意味する法令用語です[*8]。

　「その他これに準ずる権利」とは、「これら」ではなく、「これ」とされていますので、「その他」の直前の「著作隣接権」のみを指しているということになります。

　したがって、「その他これに準ずる権利を含む」とは、著作隣接権の他に、著作隣接権に類似する権利を含むということになります。

(3)　所得税法上の著作権の定義との比較

　上記(2)で確認したとおり、消費税法施行令6条1項7号においては、「著作権（出版権及び著作隣接権その他これに準ずる権利を含む。）」と規定していますが、所得税法161条1項11号においては、「著作権（出版権及び著作隣接権その他これに準ずるものを含む。）と規定しています。

　このように、所得税法において「もの」と規定した条文がある中で、消費税法施行令において、「もの」を「権利」に変えて規定を設けたのは、何故なのでしょうか。

　これは、「もの」を「権利」に限定するという意図によるものと考えられます。

　つまり、消費税法施行令6条1項7号においては、「これ（著作隣接権）に準ずる権利」は、「これ（著作隣接権）に準ずるもの」よりも狭く、文字どおり、「権利」と言い得るものでなければならない、ということです。

[注]

＊3　濱田正義編『平成30年版　消費税法基本通達逐条解説』（大蔵財務協会、2018）279頁では、「本通達は、著作権、出版権及び著作隣接権の定義については、それぞれ著作権法において定められているものが該当することを念のために明らかにしている。」と解説しています。

＊4　前掲注3濱田正義279頁参照。

＊5　文化庁著作権課『著作権テキスト（令和4年版）』23頁（https://www.bunka.go.jp/seisaku/chosakuken/seidokaisetsu/93726501.html、2022年11月23日確認）。

＊6　前掲注3濱田正義279頁によると、「これらの権利については、法令に基づいて保護されることにおいては特許権等と同じであるが、資産の所場所が客観的に明らかとなる性質のものではなく、また、特許権等のように登録されるものでもないことから、譲渡又は貸付けを行う者の所在地により国内取引に該当するかどうかを判定することによって客観的な判断が可能となっているのである。」と解説しています。

＊7　伊藤義一『税法の読み方　判例の見方〔改訂第3版〕』（TKC出版、2014）167頁参照。

＊8　前掲注7伊藤義一186頁参照。

第3節───────────────────
消費税法上の著作物の取扱い

　第3節では、消費税法における「著作物」の定義及び内外規定について確認します。

1　著作物の定義

　消費税法では、同法2条1項8号の3の「電気通信利用役務の提供」の定義中に「著作物」の定義が設けられており、同号においては、「資産の譲渡等のうち、電気通信回線を介して行われる著作物（著作権法（…）第二条第一項第一号（定義）に規定する著作物をいう。）の提供（当該著作物の利用の許諾に係る取引を含む。）その他の電気通信回線を介して行われる役務の提供（電話、電信その他の通信設備を用いて他人の通信を媒介する役務の提供を除く。）であつて、他の資産の譲渡等の結果の通知その他の他の資産の譲渡等に付随して行われる役務の提供以外のものをいう。」と規定されています。

　この電気通信利用役務の提供の定義に含まれる「電気通信回線を介して行われる著作物（…）の提供」という部分の「著作物」については、「著作権法（…）第二条第一項第一号（定義）に規定する著作物をいう」というように、著作権法に規定する著作物であることが明確にされています。そして、その「著作物（…）の提供」については、「当該著作物の利用の許諾に係る取引を含む。」としています。

　このため、消費税法2条1項8号の3の「著作物（…）の提供」には、電気通信回線を介して行われる「著作物の提供」だけでなく、電気通信回線を介して行われる「著作物の利用の許諾に係る取引」も含まれることになります。

2　著作物の提供に含まれるもの・含まれないもの

　電気通信回線を介して行われる著作物の提供に含まれるものの例としては、次のようなものが挙げられます（Q&A問2-1）。

① 　インターネット等を介して行われる電子書籍・電子新聞・音楽・映像・ソフトウエア（ゲームなどの様々なアプリケーションを含みます。）の配信

② 　顧客に、クラウド上のソフトウエアやデータベースを利用させるサービス

　他方、電気通信回線を介して行われる著作物の提供に含まれないものの例としては、次のようなものが挙げられます（Q&A問2-1）。

① 　ソフトウエアの制作等

　　著作物の制作を国外事業者に依頼し、その成果物の受領や制作過程の指示をインターネット等を介して行う場合がありますが、当該取引も著作物の制作という他の資産の譲渡等に付随してインターネット等が利用されているものですので、電気通信利用役務の提供に該当しません。

② 　著作権の譲渡・貸付け

　　著作物に係る著作権の所有者が、著作物の複製、上映、放送等を行う事業者に対して、当該著作物の著作権等の譲渡・貸付けを行う場合に、当該著作物の受け渡しがインターネット等を介して行われたとしても、著作権等の譲渡・貸付けという他の資産の譲渡等に付随してインターネット等が利用されているものですので、電気通信利用役務の提供に該当しません。

3　著作物に係る内外判定

　電気通信回線を介して行われる著作物の提供が行われる場合の消費税における内外判定は、当該電気通信利用役務の提供を受ける者の住所若しくは居所（現在まで引き続いて 1 年以上居住する場所）又は本店若しくは主たる事務所の所在地が国内にある場合には国内取引とされ、そうでない場合には国内取引とはされない、ということになります（消法 4 ③三、4 ④）。

　電気通信利用役務の提供を受ける者の住所等が国内であるかどうかについては、電気通信利用役務の提供を行う事業者が客観的かつ合理的な基準に基づいて判定することとなります（Q&A問 9 ）。

　例えば、インターネットを通じて電子書籍、音楽、ゲーム等をダウンロードさせるサービスなどにおいては、顧客がインターネットを通じて申し出た住所地と顧客が決済で利用するクレジットカードの発行国情報とを照合して確認する等、各取引の性質等に応じて合理的かつ客観的に判定できる方法により行うこととなります（消基通 5 - 7 -15の 2 、Q&A問 9 ）。

4　電気通信利用役務の提供以外に係る著作物の取扱い

　電気通信利用役務の提供に含まれる著作物以外に、消費税法上、資産の貸付けに著作物に係る取扱いが規定されています。

　消費税法 2 条 2 項の資産の貸付けの「資産に係る権利の設定」には、「著作物に係る出版権の設定」が含まれます（消基通 5 - 4 - 1 ）。また、消費税法 2 条 2 項の資産の貸付けに規定する資産を使用させる一切の行為には「著作物の複製、上演、放送、展示、上映、翻訳、編曲、脚色、映画化その他著作物を利用させる行為」が含まれます（消基通 5 - 4 - 2 ）。

第4節 ─────────────────────
課題の検討

　前節までに述べたように、消費税法上は、著作権と著作物に係る定義や内外判定については、その取扱いが明確になっています。

　しかし、それで問題が全て解決しているのかというと、必ずしもそうとは言えず、一部、課題があると言わざるを得ないケースも残っています。

　このようなケースは、実務上も注意が必要となりますので、以下、このようなケースの一つを紹介し、検討を行っておきたいと思います。

　次のケースは、海外からコンピュータのソフトウェアの借入れを行ったケースにおける消費税の課否に関する質疑応答事例[*9]として国税庁が公表しているものです。

海外からのソフトウェアの借入れ

【照会要旨】

　当社は、米国のU社からコンピュータのソフトウェア（システム書）を借り入れることとし、U社の本社と直接賃貸借契約を結びました。また、ソフトウェアは直接本社から郵送されてくることとなっており、代金も直接本社に送金することとなっています。

　ところで、U社は日本に支店を有し、そこで営業活動を行っています。当社の契約に際しても、当該支店と交渉し、契約書の取り交わしのみを本社と行ったものです。

　この場合の賃借料は、国内取引に該当し、課税の対象となるのでしょうか。また、当該ソフトウェアは、輸入貨物として引取りの際に消費税が課せられるのでしょうか。

【回答要旨】

　コンピュータのソフトウェア等は、消費税法施行令第6条第1項第7号に規定する「著作権等」に該当するため、貸付けを行う者の住所地により、資産の譲渡等が国内で行われたかどうかを判定することとなります。

　したがって、照会の場合は、U社の本社が米国であるので国外取引となります。

　ソフトウェアが書類又は磁気テープ等として郵便により輸入される場合には、当該郵便物は課税貨物に該当することとなり、原則として消費税の課税対象となります。ただし、当該郵便物の関税の課税価格の合計額が1万円以下である場合には、関税定率法第14条第18号《無条件免税》に該当し、輸入品に対する内国消費税の徴収等に関する法律第13条第1項第1号《免税等》により、その引取りに係る消費税は免除されます。

（注）ソフトウェアを記録している輸入媒体（キャリアメディア）の価格とソフトウェアの価格とが区別されている場合には、輸入媒体の価格が関税の課税価格となります。

　この質疑応答事例では、海外からCD-ROM等によってコンピュータのソフトウェアを借り入れた場合には、そのコンピュータのソフトウェアは、「消費税法施行令第6条第1項第7号に規定する「著作権等」に該当するため、貸付けを行う者の住所地により、資産の譲渡等が国内で行われたかどうかを判定する」ことになるとしています。

　他方、海外からCD-ROM等によってコンピュータのソフトウェアを借り入れるということではなく、インターネットを介してクラウド上のコンピュータのソフトウェアを利用するという場合には、電気通信利用役務の提供を受けるということになるため、そのコンピュータのソフトウェアを利用する者の住所若しくは居所又は本店若しくは主たる事務所の所在地で内外判定を行います。

このように、コンピュータのソフトウェアが利用できるという同様の効果を得ることができるにもかかわらず、その提供を受ける方法の違いによって、著作権の貸付けを受けるということになる場合もあれば、著作物の提供を受けるということになる場合もあって、消費税の課税関係が異なることとなってしまうことがあるということです。

東京高裁平成11年6月21日判決（高民集52巻26頁）の事件においては、同一当事者間で行われた相互の土地の譲渡と取得等が売買であるのかあるいは交換であるのかということが争いとなりましたが、消費税においても、著作権と著作物に係る内外判定については、同種の問題が存在している、ということです。

このように、取引の結果が実質的に同じと言ってよいにもかかわらず、課税関係が異なるという状態となるものに関しては、その取扱いに課題があると言わざるを得ないわけですが、実務においては、そのような税制度の適否の問題とは別に、課税されることになるのか否かということが重要となりますので、上記の質疑応答事例を用いて説明したケースのように、取引の方法の違いによって課税関係が異なるというものには、十分、注意する必要があります。

[注]

＊9　国税庁・質疑応答事例「海外からのソフトウェアの借入れ」（2022年11月30日確認）。

【編著者】

朝長　英樹

　財務省主税局・税務大学校勤務後、平成18年7月に税務大学校教授を最後に退官
　現在、日本税制研究所 代表理事、税理士法人 朝長英樹税理士事務所 代表社員

【共著者】

手塚　崇史

　弁護士・ニューヨーク州弁護士　渥美坂井法律事務所・外国法共同事業
　早稲田大学大学院法務研究科 非常勤講師、(一社)日本知的財産協会 研修会講師

山下　貴

　税理士　山下貴税理士事務所 所長
　中央大学大学院法務研究科 客員教授、早稲田大学大学院法務研究科 非常勤講師

南　繁樹

　弁護士　長島・大野・常松法律事務所 パートナー
　東京大学法学部非常勤講師(法と経済学)、上智大学法科大学院非常勤講師(租税法)
　IFA(国際租税協会)日本支部理事

秋山　高善

　税理士　東京税理士会日本税務会計学会法律部門常任委員
　共栄大学学長・国際経営学部教授

著作権の税務

令和5年3月7日　印　刷
令和5年3月13日　発　行

編著者　　朝　長　英　樹

発行者　　鎌　田　順　雄

発行所　　法令出版株式会社

〒162-0822
東京都新宿区下宮比町2-28-1114
TEL03(6265)0826　FAX03(6265)0827
http://e-hourei.com

印刷：モリモト印刷㈱